W0089284

Helmut Uhlig

BUDDHA
UND
JESUS

Die Überwinder
der Angst

BASTEI-LÜBBE-TASCHENBUCH
Band 64164

© 1996 by Gustav Lübbe Verlag GmbH, Bergisch Gladbach
Lizenzausgabe im Bastei-Verlag Gustav H. Lübbe GmbH & Co.,
Bergisch Gladbach
Printed in Germany, August 1999
Einbandgestaltung: Guido Klütsch, Köln
Titelbild: Zwei Fotos des AKG, Berlin
Satz: Dörlemann Satz, Lemförde
Druck und Bindung: Clausen & Bosse, Leck
ISBN 3-404-64164-7

Sie finden uns im Internet unter
http:/www.luebbe.de

INHALT

VOR ZWEITAUSEND JAHREN WURDE JESUS GEBOREN

Mit der bevorstehenden Jahrtausendwende geht das Christentum auf den zweitausendsten Geburtstag seines Begründers und Namensgebers zu, freilich, ohne sich des genauen Jahres seiner Geburt sicher sein zu können. Das bleibt vielmehr eines der vielen Rätsel um Jesus und seine Zeit wie um Jesus in seiner Zeit. Es sieht auch nicht so aus, als ob der ungewisse Geburtstag ein großes, bewegendes Fest würde, trotz der Hunderte von Millionen, die sich auf dieser Erde Christen nennen.

Der Glaube an Jesus Christus als dem Heiland der Menschheit versinkt mehr und mehr im Elend der vielen, viel zu vielen Armen sowie im materiellen Glanz der Erfolgreichen. Kirchen füllen sich nur noch aus Anlaß besonderer Festtage oder unter dem bedrückenden Zwang von Verfolgung, Angst und Not.

Die Jesus-Literatur ist in den letzten Jahren der Sensationsmache anheimgefallen oder zum Ausdruck massiver Zweifel geworden, soweit sie sich nicht an Überkommenes, aber kaum noch Überzeugendes klammert. Schon Albert Schweitzer hat vor neunzig Jahren in seinem berühmten Werk *Zur Geschichte der Leben-Jesu-Forschung* über das »Irrewerden an dem historischen Jesus« geschrieben, während Arthur Drews in seiner *Christusmythe* zur gleichen Zeit dessen Historizität überhaupt bestritt.

Heute sind wir so weit, daß die eifrige Leben-Jesu-Forschung, die seit zweihundert Jahren betrieben wird, am Ende ihrer Weisheit ist. Der amerikanische Bibelwissenschaftler John Dominic Crossan von der De Paul University, Chicago, kommt in seinem Buch *Der historische Jesus* nach ausgedehnten Exkursen über das Umfeld des Nazareners zu dem Schluß, Jesus sei im Grunde ein

Magier, ein Zauberpriester und Wunderheiler gewesen, von denen es in seiner Zeit so viele gab.

Dieses Fazit entfernt den historischen Jesus weit von dem Christenheiland, der, wie die Kirche lehrt, den Menschen Erlösung versprochen hat durch seinen Opfertod am Kreuz. Doch schon, wenn wir diese gängigen Worte aus Sonntagspredigten hinschreiben, erhebt sich aus historischer Sicht die begründete Frage, ob Jesus das je behauptet und für sich in Anspruch genommen hat. Beweise jedenfalls gibt es nicht dafür. Crossans exakte Recherchen zumindest sprechen dagegen. Und auch kein anderes der in den letzten Jahrzehnten erschienenen zahllosen Bücher zum Thema Jesus vermag die Glaubenszuversicht der Christen zu erneuern, die seit dem achtzehnten Jahrhundert mehr und mehr verlorengegangen ist und die auch von den christlichen Kirchen seither nicht wiederhergestellt werden konnte.

Christentum ist heutzutage ein mehr oder weniger ernsthaftes Festhalten am Überkommenen und ein oft verzweifeltes Nicht-zur-Kenntnis-Nehmen einer Entwicklung, die immer deutlicher macht, daß die von Christus verkündete Hoffnung auf eine Auferstehung der Toten und den Eintritt der Erlösten ins Reich Gottes eine Illusion ist und bleiben wird.

Erst kürzlich hörte ich von einem bedeutenden Kirchenmann die resignierenden Worte: »Das Elend der Christen von heute ist der Verlust des Glaubens an die Unsterblichkeit.«

Wir leben in einer Zeit sich ausbreitender Zweifel und nivellierender Konvention. In vielen Gesprächen, bei denen ich Christen die Frage nach ihrem Glauben stellte, bekam ich keine Antwort. Auch Pastoren waren auffällig zurückhaltend – als ob ich ein Tabu berührt hätte. Bekenner sind heute fast nur noch fanatische Sektierer, deren vordergründiges Christentum nicht überzeugend ist. Es scheint, als stecke die Christenlehre in einer tiefen Krise, sowohl was die Gestalt ihres Begründers als auch was ihr Glaubensbekenntnis betrifft, das jeden Sonntag von Unzähligen so leichtfertig dahergesagt wird, als handle es sich um eine Formalie. Doch wo der Glaube zur Formalie verkommt, ist er eigentlich schon tot. Das sollten wir bedenken, wenn wir heute von Christentum sprechen.

Vergegenwärtigen wir uns, was nach christlicher Lehre vor zweitausend Jahren von Jesus verkündet worden sein soll und woran durch die Jahrhunderte seither Millionen von Menschen geglaubt, auf dessen Erfüllung sie gehofft haben. Doch die in der Apokalypse angedrohten Schrecken des Jüngsten Gerichts mit der Bestrafung aller Sünder, die zur letzten Jahrtausendwende noch sehr ernst genommen und voller Angst erwartet wurden, verloren sich schon bald im Auf und Ab der Geschichte. Da hielt sich die Hoffnung auf Erlösung, auf einen Einzug der Gerechten ins Reich Gottes, ins himmlische Jerusalem, schon länger, obgleich auch ihre in der Frühkirche glänzenden Formen und Farben – ihre geglaubte Realität – mehr und mehr verblaßten. In unserer Zeit hat Kirchenleben etwas schemenhaft Befremdliches, das allenfalls der Papst mit seinen auf das Überleben der vatikanischen Behörde zielenden Masseninszenierungen noch illusionsreich zu beschwören vermag.

Welcher bekennende Christ glaubt heute noch wirklich an die Auferstehung der Toten, an das Jüngste Gericht und an das ewige Leben zu seiten Gottes? Ich wiederhole es: Viele Christen habe ich nach ihrem Gottesglauben und ihrem Verhältnis zu Jesus gefragt, aber keine Antwort bekommen. Selbst den meisten Büchern, die nach Glauben, nach Bekenntnis klingen, fehlt die Überzeugungskraft. Sie kolportieren Glaubenssätze und Religionsvorstellungen, die schon zu Lessings Zeiten kaum noch überzeugten, wenn sie auch seither unentwegt, dabei unüberprüft, weitergegeben werden von Kanzelrednern und Traktateschreibern, denen eine oberflächliche, naiv-gläubige Zuhörer- oder Leserschaft genügt. Doch auch jene, die nicht mehr mitmachen, die Konsequenzen ziehen – aus der Kirche austreten –, sind zum großen Teil nicht ernst zu nehmen. Sie haben eine lästige, kostenträchtige Konvention abgestreift, ohne über die wirkliche Bedeutung des Schrittes nachzudenken. So gibt es heute Millionen von Menschen, die, außerhalb der Kirchen, heimatlos sind und das auch so empfinden. Viele von

ihnen sieht man umgetrieben auf der Suche nach Antworten zu
letzten Fragen, die sie kaum noch formulieren, geschweige denn
in ihrer Bedeutung erfassen können.

Solchen Menschen bin ich nach dem Erscheinen meines Buches *Buddha. Die Wege des Erleuchteten* oft begegnet. So mancher
von ihnen hatte schlimme Erfahrungen mit Sekten, Selbsterfahrungsgruppen und falschen Gurus, aber auch mit christlichen
Menschenfischern hinter sich, die nicht nur das Portemonnaie
geleert, sondern auch die geistig-seelische Befindlichkeit der Betroffenen tief angegriffen hatten.

Das ist die Situation, in der sich heute viele befinden, soweit sie
nicht völlig der materialistischen Scheinwirklichkeit unserer Tage
verfallen sind. Und das ist für mich der Grund, suchenden Lesern
Antwort anzubieten auf Fragen, die, wie ich immer wieder erfahre, viele Menschen beschäftigen, ohne daß sie sich damit in die
heutige Öffentlichkeit, ja oft nicht einmal, so sie noch Kirchenmit-
glieder sind, zu ihrem Pfarrer wagen.

Nun möchte ich mit diesem Buch nicht Seelsorge betreiben. Es
geht mir vielmehr darum, für Suchende die Grundlagen zu erweitern, auf denen die Lehren zu sinnstiftendem Leben beruhen,
deren wir heute so sehr bedürfen.

Was heißt das: sinnstiftendes Leben? Es heißt Lebenserfüllung
aus dem Geiste, und mehr noch: aus der Ganzheit unseres Seins.
Darauf richtete sich auch einmal der christliche Glaube, wie ihn
die Kirchenväter predigten. Doch die Unmittelbarkeit dieses Be-
zugs ist längst verloren. Sie ist im Mittelalter durch die Kirche
selbst zerstört worden. Die Angst vor der Inquisition hat sie ver-
nichtet. Eines ihrer Opfer war der große Sinnstifter Giordano
Bruno, der auf dem Scheiterhaufen endete, weil er nicht müde
wurde, die Wahrheit zu verkünden, die kirchlicherseits untergegangen war im Sumpf einer verkommenen Institution und ihrer
blutdürstigen Inquisitoren, die Jesu frohe Botschaft in eine Schrek-
kensbotschaft verkehrt hatten.

Wenn wir wissen wollen, wann das Christentum am Menschen
scheiterte, müssen wir diese Zeiten der Inquisition und der welt-

weiten Missionierung durch Feuer und Schwert studieren. Damals begann das Elend der Christenheit, von dem sich die Kirche bis heute nicht erholt hat und von dem sie sich auch nicht erholen wird, solange das Dogma über die reine Lehre und die angebliche Unfehlbarkeit des Papstes über den Glauben, über den Geist des Christentums triumphiert.

Die Frage nach dem wahren Geist des Christentums ist wie die nach dem Ursprung der Lehre bis heute kaum ernsthaft gestellt, geschweige denn beantwortet worden, trotz einer unübersehbaren Flut von Büchern, die das versprechen.

Was wissen wir schon von dem Jesus, den sie Christus nennen, von seinem Leben, von der Herkunft seiner Botschaft und von dem Gott, den er in seinen Reden gemeint hat? Ich weiß nicht, ob wir diese Grundfragen je werden beantworten können, ob sie nicht Geheimnis bleiben müssen.

Trotzdem sollte man aus der Zeit und dem Geist der Jahrhunderte vor Jesus das Umfeld zu erhellen versuchen, aus dem das Christentum, diese zwiespältige Religion des Abendlandes, und ihr erster Verkünder, so er das wirklich ist, erwuchsen.

Es geht noch einmal um Aufklärung, wie schon vor mehr als zweihundert Jahren, in der Zeit des Jesus-Forschers Reimarus, den damals Lessing durch die Veröffentlichung des sogenannten Fragmentenstreits als kritischen Geist bekannt gemacht hat, und dem Albert Schweitzer in seiner *Leben-Jesu-Forschung* zum erstenmal volle Gerechtigkeit widerfahren ließ. Dort, wo Reimarus endete, müssen wir neu ansetzen mit der Frage nach der Herkunft und dem Lebensweg Jesu, nach dem Urgrund seiner Lehre und ihrer religiösen Bedeutung. Diese Frage wurzelt im Begriff von Religion überhaupt, von Gottesvorstellung und Gläubigkeit, von unserem Verhältnis zum Überirdischen und zur Transzendenz.

Es ist wahrscheinlich die älteste Menschheitsfrage. Ersten Versuchen ihrer Beantwortung begegnen wir in den zum Teil mehr als zwanzigtausend Jahre alten Höhlenmalereien Frankreichs und Spaniens. Diese vermitteln uns nicht nur eine Vorstellung von den künstlerischen Fähigkeiten des Steinzeitmenschen, sondern auch von der zunehmenden Vertiefung religiösen Bewußtseins, das wir heute schon beim Neandertaler nachweisen können, der noch vor wenigen Jahrzehnten als Affenmensch bezeichnet wurde.

Kultur und Religion, das wird hier deutlich, haben die gleichen Wurzeln, sind Urbedürfnisse des Menschen. Das habe ich in meinem Buch *Die Große Göttin lebt* darzustellen und mit vielen Funden zu belegen versucht. Doch waren, wie wir wissen, Kultur und Religion nicht die einzigen Aktivitäten der menschlichen Gemeinschaft. Je größer sie wurde, um so zwiespältiger erscheint sie in ihrem Verhalten, ihrem Handeln. Aus Notwendigkeit – etwa der Lebensbehauptung – entstanden Aggression und Gewalt, aus dem friedlichen Neben- oder Miteinander Krieg und Vernichtung. Der Mensch erscheint uns seither als zwiegesichtiges Wesen dieser Erde, als ein Wechselbalg aus Leistung und Vernichtung, aus Schöpfertum und zerstörerischer Grausamkeit.

Aus dieser Entwicklung müssen wir nicht nur historische Reaktionen und frühe Herrscheraktivitäten, wie etwa die Alexanders des Großen, begreifen, sondern auch das Auftreten von Menschheitslehrern, die wir heute, aus der Sicht ihrer Nachwirkungen, Religionsstifter nennen. Zwei von ihnen, Buddha und Jesus, sollen uns in diesem Buch besonders beschäftigen. Mit ihrem Dasein wie mit ihrer Lehre reagierten sie auf die Zeitverhältnisse – auf Ungerechtigkeit, Unmenschlichkeit, Haß, Neid und Gewalt, die gerade zu ihren Lebzeiten und in ihrer Umwelt besonders stark in Erscheinung traten.

Doch bevor wir uns den beiden, ihren Lehren und ihren Wirkungen zuwenden, müssen wir einen Blick auf die Entwicklung, die Aktivitäten und die Leiden derer werfen, die ihre Hörer, ihre Nachfolger oder auch ihre Feinde, ihre Verfolger wurden: auf die Menschen jener Zeit.

Sie waren, soweit wir ihren Alltag, ihr Verhalten, ihre Sorgen und ihre Erwartungen aus der Literatur jener Tage, aus Funden ihrer Lebens- und Wohnwelt, etwa ihrer Totenkulte, erschließen können, kaum anders als wir. Wirtschaftliche Sorgen, soziale Nöte quälten die einen. Erfolgsdenken und Machtstreben charakterisierten eine Minderheit, die im politischen, im wirtschaftlichen, aber auch im religiösen Bereich ihre Interessen zum großen Teil ohne Rücksicht auf die Masse, sogar durch deren Ausbeutung, vertrat. Das führte zu verbreiteter Unzufriedenheit, ja Aggression und Gewalt. Wir begegnen revolutionären Tendenzen, terroristischen Aktivitäten, vor allem dort, wo eine Besatzungsmacht die freie Lebensentfaltung des Volkes behinderte und Steuern erpreßte – etwa im römisch besetzten Palästina der Zeit Jesu.

Doch auch in Buddhas Umwelt herrschten Bedrückung, Ausbeutung und Betrug. Die Priesterschaft der vedischen Götter Indiens – die Brahmanen – hatte zu jener Zeit ein aufwendiges Opferwesen, vor allem von Pferdeopfern, entwickelt, das die Bevölkerung um große Teile ihres Besitzes brachte. Das führte zum Verlust von Grund und Boden, von Haus und Hof, ja zur Obdachlosigkeit für viele, die dann ihre Zuflucht als Asketen im Dschungel suchten.

Dabei kam es unter den Armen zu einem neuen religiösen Bewußtsein, das sich auflehnte gegen die konventionellen Opferkulte der Brahmanen, die dabei vor allem ihre eigene Bereicherung im Sinn hatten. Eine völlige Abwendung vom Religiösen – von den Göttern – dagegen war äußerst selten. Denn aus dem sich verbreitenden Elend der Massen – vor allem in Indien – wie aus der Not durch Unterdrückung und Ausbeutung überhaupt erwuchsen Ängste, die man wiederum nur durch Hinwendung zu den Göttern glaubte überwinden zu können.

Buddha und Jesus –
die Überwinder
der Angst

Es gibt keine Phase der uns bekannten Menschheitsgeschichte –
zurück bis in die Altsteinzeit –, die nur im Sichtbaren, in der Realität gründete. Schon immer wußte der Mensch um das Überirdische, das Transzendente wie um das Heilige, das Numinose. Und es gab von Anfang an Menschen, die eine Beziehung dazu hatten, die das Hier mit dem Jenseits, die Wirklichkeit mit dem Geheimnisvollen zu verbinden vermochten.

In die Reihe dieser besonderen Menschen, die schon früh aus Magiern, Schamanen und Priestern bestand, gehören, in einer verhältnismäßig späten Zeit – der Epoche, die der Philosoph Karl Jaspers als »Achsenzeit der Weltgeschichte« bezeichnet hat –, auch Buddha und Jesus. Sie umfaßt die letzten fünfhundert Jahre vor der Zeitenwende – Jahrhunderte des Aufbruchs von Philosophie, Politik und Religion: schöpferische, aber auch kämpferische Jahrhunderte.

In ihrem Zentrum steht – zwischen den Religionsstiftern Buddha und Jesus, die den Beginn und das Ende der Achsenzeit markieren – Alexander der Große als Herrscher. Sein Wirken hat zu beiden – Buddha wie Jesus – eine Beziehung. Es ist die West-Ost-Beziehung schlechthin: die Beziehung zwischen Vita activa und Vita contemplativa, die Alexander und Jesus auf der einen, Buddha auf der anderen Seite sinnbildhaft verkörpern. Alle drei hatten auf ganz verschiedene Weise das gleiche Ziel: die Überwindung eines Urphänomens unseres Daseins – der Angst.

Angst herrschte unter den Menschen weltweit, seit der Mann die Idee der Herrschaft geboren, das männliche Zeitalter begründet und die lange dauernde Vormachtstellung der Großen Mutter – der universalen Göttin – gewaltsam beendet hatte. Es ist zugleich die Zeit sich entfaltender Hochkulturen. Angst ist das diese

Entwicklung begleitende Urgefühl seit nunmehr fünftausend Jahren. Sie bestimmt neben aller Größe menschlicher Leistungen zugleich das Verhängnis unseres Seins: Rivalität und Feindschaft der Menschen untereinander. Habgier, Neid, Mißgunst, Verfolgung, Kampf, Krieg und Vernichtung sind daraus entstanden und beherrschen seitdem auf grauenvolle Weise einen Großteil unseres Lebens in fast allen Bereichen, selbst dort, wo das Gegenteil verkündet und gelehrt wird: in den Religionen.

Buddha und Jesus stehen für Anfang und Ende der Achsenzeit als dem schöpferischen Zentrum dieser zwiespältigen Entwicklung sowie für Morgenland und Abendland in ihrer Gegensätzlichkeit. Alexander der Große beherrschte den Zenit jener Epoche mit der Tendenz, beide – Abendland und Morgenland – gewaltsam zu vereinen, was ihm fast gelungen wäre, wenn nicht seine Armee gemeutert und sein Leben in Babylon ein allzu frühes Ende gefunden hätte.

Abendland und Morgenland verkörpern aber auch das gewaltige Spannungsgefüge der Achsenzeit, auf das Buddha wie Jesus in unvergleichlicher Weise reagiert haben als einmalige Vertreter einer gegen die politischen Zeittendenzen gerichteten Mächtigkeit, die zum großen Teil nicht wie bei Alexander im Kriegerischen, sondern vor allem im Geistigen, in einer Betonung des Menschlichen gründete. Sie waren beide Wegweiser gegen die menschenbedrängende Angst, die eine Folge der bis heute herrschenden menschenverachtenden Gewalt ist. Und ihre Lehre ist Wegweisung geblieben, wenngleich sie nur noch von wenigen so gesehen und angenommen wird.

Buddha und Jesus gehören deshalb als Lehrer gegen Angst und Gewalt zusammen. Aus diesem Grunde erscheinen sie hier als Zeitzeugen einer Entwicklung, die zu unserem Schrecken letztendlich das Gegenteil dessen hervorgebracht hat, was die beiden, jeder auf seine Weise, zu bewirken beabsichtigten. Diese Entwicklung war nicht ihre Schuld und konnte von ihnen auch nicht vorausgesehen oder verhindert werden. Sie ist die spätere Schuld derer, die ihre Lehren nicht ernst genug nahmen, ja sie zum Teil –

wie die christliche Kirche – ins Gegenteil dessen verkehrten, was sie aussagen und bewirken wollten.

Wahrscheinlich ist es den meisten Menschen in ihrer Unruhe nicht gegeben, den rechten Lehren zu folgen, ihr Bewußtsein im Sinne eines menschenwürdigen Daseins einzusetzen und – was das Wichtigste ist – dementsprechend zu handeln.

Das hat schon Buddha erkannt, als er in der Erleuchtung die Vier Edlen Wahrheiten fand, deren zwei den menschlichen Lebensweg bestimmen, während die zwei weiteren nur wenigen Sterblichen aufgehen und hilfreich werden. Es ist zunächst die Erkenntnis unseres leidvollen Daseins und der Ursachen seiner Entstehung. Daraus ergibt sich für Buddha die Frage, wie Leiden aufgehoben werden könne und welcher Weg zur Aufhebung der Leiden führe. Buddha weist uns dazu einen Achtfachen Pfad: von der Erkenntnis zur Erleuchtung. Das ist der Kern seiner Lehre – nicht mehr und nicht weniger. Doch sie umfaßt alles, dessen der Mensch bedarf, um den rechten, den sinnvollen Weg zum Heil zu beschreiten. Das war im sechsten Jahrhundert vor Christus, zu einer Zeit, die, betrachten wir sie historisch, dieser Lehre dringend bedurfte, so wie sie auch in unserer Zeit – und das bezeugen viele, die ihr heute folgen – sehr hilfreich sein kann.

Vom Heil sprach auch – fünfhundert Jahre später – Jesus, in einer Welt, die nicht weniger bedrängend und leidvoll war als die Buddhas oder die unsere. So sehen wir bei beiden Lehrern einen gemeinsamen Ausgangspunkt, einen vergleichbaren Anlaß ihres Verkündens, obgleich das bisher nur selten erkannt und kaum schlüssig interpretiert worden ist.

Zwischen dem Leben und Wirken von Buddha und Jesus erstreckt sich die interessanteste, geistig bewegteste Phase der Weltgeschichte: fünfhundert Jahre, in denen das Fundament unserer Kultur gelegt wurde. In dieser Zeit herrschten aber auch Schrekken und Grausamkeit, ergaben sich folgenschwere Fehlentwicklungen.

Das alles endete im rasanten Fortschritt des letzten Jahrhunderts, der uns heute so janusköpfig erscheint in all seiner Fragwürdigkeit und uns darum zurückdenken läßt an die Zeit seines Ursprungs, die aus Statik Dynamik, aus Beharren schnelle Bewegung werden ließ. Eine der Folgen davon ist die weltweit verbreitete Angst vor dem Morgen, die den Menschen zu Zeiten Buddhas und Jesu genauso beherrschte und bedrückte wie heute. Beider Erscheinen als Weisheitslehrer, als Religionsstifter inmitten einer Welt der geistigen, der intellektuellen Entfaltung ist ein Zeichen der Zwiespältigkeit jener damals beginnenden Neuentwicklung, deren Spätfolgen wir heutzutage voller Bewunderung, aber auch voll tiefer Besorgnis sehen. Darum geht unter uns Angst um wie damals. Und die Menschen suchen Antworten auf die gleichen Fragen, die schon vor zwei Jahrtausenden die Welt bewegten.

Wenn wir uns heute mit den Ursprüngen unserer Kultur in der Achsenzeit beschäftigen wollen, finden wir seit Karl Jaspers ein reiches Literaturangebot. Auch zu Buddha, Alexander und Jesus ist die Literatur unüberschaubar, und alljährlich kommt Neues hinzu.

So mag man sich fragen, ob angesichts dieser Fülle ein weiteres Buch zu diesem Themenkreis nötig sei. Ich würde sagen: nein, soweit es um die Einzelphänomene geht. Sie scheinen mir ausgeschöpft und von allen Seiten interpretiert. Was mir allerdings auffällt, ist der Mangel an Durchblick und Darstellung der Zusammenhänge. Es fehlt der Versuch, die Angst jener Zeit zu begreifen sowie die beiden großen Helfer gegen jene damals bewußt werdende Angst zu vergleichen. Und das nicht nur nach ihrer Lehre, wie es etwa Gustav Mensching in seinem Buch *Buddha und Christus* getan hat, sondern auch im historisch-geographischen Zusammenhang zwischen Buddhas Lebenszeit und dem Beginn der modernen Zeitrechnung, als Jesus wirkte, sowie zwischen Indien und dem Mittelmeerraum als den Lebenszentren der beiden.

Die Betrachtung und der Vergleich dieser Welten und ihres vielfältigen Zusammenspiels sollen unser Thema sein, nicht nur historisch, sondern auch wirkungsgeschichtlich. So werden wir zugleich versuchen, ausgehend vom Zeitgeschehen und dem Wirken von Buddha und Jesus, Hilfe und Ratschlag für unsere Gegenwart zu vermitteln.

Wir alle kennen das geflügelte Wort »Wissen ist Macht«. Daß es auch ein Mittel gegen Angst sein kann, möchte ich durch die Darstellung und Deutung der Umwelt und des Wirkens von Buddha und Jesus zu zeigen versuchen.

Wenn wir hier die beiden mit Alexander als Zentralfiguren der Achsenzeit sehen, müssen wir uns dessen bewußt sein, daß wir damit eine historische Akzentverschiebung vornehmen. Jesus war zu seiner Zeit keineswegs eine Zentralfigur. In den meisten zeitgenössischen Werken wird er gar nicht erwähnt. Sein Leben bleibt Legende, und seine Lehre, wie sie die Evangelien vermitteln, hat seither vielfältige Deutung und oft willkürliche Auslegung erfahren.

Wir betrachten und beurteilen also die Geschichte – auch die Entwicklung und Entfaltung der Religionen – aus heutiger Sicht. Dabei wird es vor allem darauf ankommen, die zwiespältige Rolle des Menschen als Mächtiger und Machtloser – als Angstverbreitender und Angstempfindender – zu analysieren und in ihrer historischen Dimension darzustellen. Neben der weltlichen Macht, die auf überwältigende Weise in jener Zeit Alexander verkörpert, sind es vor allem die Religionsvertreter – Orakelpriester, Magier, Heilige, Wanderprediger und Tempelherren –, die Macht besitzen und ausüben. Selbst Alexander zeigt sich immer wieder von religiösen Erlebnissen, von Priesterbegegnungen, überwältigt. So etwa, als ihn der Orakelpriester der Oase Siwah als Sohn des Zeus begrüßt. Hier, wo die Ägypter ihren Gott Ammon befragten, zu Alexanders Zeiten aber auch Zeus verehrt und ausgeforscht wurde, hatte der Makedone nach seinem Persien-Zug die entscheidende Zukunftsvision. Er beschloß, nach Indien zu ziehen – Europa und Asien zu einen.

So können wir uns die Bedeutung und die Vermittlung des Religiösen durch seine Vertreter seit frühester Zeit gar nicht intensiv und wirkungsträchtig genug vorstellen. Aber Religion, die ursprünglich einmal die Macht des Numinosen, des Geheimnisvollen wie des Segensreichen darstellte, die ein Schutz war für den der Natur und ihren Gewalten ausgesetzten Menschen, gelangte nun durch ihre Vertreter ins Zwielicht. Religion wurde selbst ein Element weltlicher Herrschaft und verlor damit mehr und mehr von ihrer ursprünglichen, alle Menschen beschützenden Bedeutung.

Sie war nicht mehr das allumfassende Eine, der Leben erfüllende wie Leben sichernde Bezug, sondern ein Stück vom Menschen genutzter Wirklichkeit, das sich nur noch durch das in ihm verborgene und von ihm ausgesagte Geheimnis des äußeren Verlaufs unseres Lebensganzen unterschied. Auf diese Weise wurde Religion nicht nur kraftloser, schwächer, sie wurde vor allem vom Menschen manipulierbar. Das aber heißt auch: Aus Religion wurden Religionen.

Buddha und Jesus stehen für zwei dieser Religionen. Ihr Wort versucht allerdings den in der Zeit verlorenen Allzusammenhang des Seienden wiederherzustellen. Gelungen ist das bis heute weder im Buddhismus noch im Christentum, wenngleich es, wie wir sehen werden, hoffnungsvolle Ansätze gab und gibt.

Heil und Unheil
der Religionen

Wenn heute von Religionen die Rede ist, meinen die meisten Menschen die jeweils eigene. Anderen Religionen steht man ablehnend, zumindest mißtrauisch gegenüber. Wobei von den Religionen fremder Völker oder früherer Zeiten bei uns gern im Ton christlicher Überheblichkeit als Heidentum und Götzendienst gesprochen wird – in einem verurteilenden Vokabular, das christliche Missionare im Dienst ihres Gottes, wie sie behaupten, entwickelt haben.

Nur sehr langsam hat sich in den letzten Jahrzehnten ein Bewußtseinswandel vollzogen, der allerdings noch längst nicht Allgemeingut geworden ist. Und der sich vor allem im Islam immer weiter ausbreitende gewalttätige Fundamentalismus trägt auch nicht zum besseren Verständnis fremder Religionen und ihrer Denk- oder Glaubensweisen bei.

Zudem steht Religion, wie sie heute noch zum Teil in Kirchen gepredigt und im Religionsunterricht gelehrt wird, im krassen Gegensatz zu den modernen Naturwissenschaften und den neueren Erkenntnissen der Geschichte. Gegnerschaft von beiden Seiten ist trotz aller Toleranzaufforderungen verbreitet, und das, obwohl aufklärendes Schrifttum in reichem Maße zur Verfügung steht. Doch noch immer sind Engstirnigkeit und mangelnde Bereitschaft, sich mit den zentralen Lebensfragen kritisch auseinanderzusetzen, gang und gäbe. Und die Neigung, das eine neben dem anderen gelten zu lassen, entspricht, trotz vielseitiger Bemühungen, offenbar nicht dem Zeitgeist.

Unter sogenannten strengen Christen, besonders den missionierten, ist nach wie vor der wörtliche Glaube an Gottes Weltschöpfung – wenn auch vielleicht nicht in den biblischen sieben

Tagen – an Paradies, Sündenfall und Vertreibung weit verbreitet. Genauso groß aber ist unter Wissenschaftlern und Atheisten die Neigung, der Genesis und ihrem Bericht vom Anfang der Menschheit jede auch nur mythische Glaubwürdigkeit abzusprechen. Dabei bedarf es als Brücke zwischen Altem Testament und früher Geschichte nur der Vorstellung, daß, wenn auch kein Paradies, doch paradiesische Zustände oder entsprechende Hoffnungen einer Urmenschheit durchaus denkbar wären, die sich in der biblischen Weltschöpfungssage ahnungsreich spiegeln. Darauf hat schon der bekannte Paläontologe Edgar Dacqué hingewiesen, der aus uralten Mythenresten ein frühmenschliches Paradiesesbewußtsein glaubte erschließen zu können. Und viele Belege ältester Menschheitsgeschichte weisen mit zunehmender Forschungsgenauigkeit in diese Richtung, die allerdings, je weiter wir zurückschauen, nicht an einen Schöpfergott denken läßt, sondern an eine universale weibliche Gottheit, wie ich sie in meinem Buch *Die Große Göttin lebt* (1992) als Urgrund des Religiösen erkennbar zu machen und darzustellen versucht habe.

Dabei enthüllt sich Religion als frühes Heil der Menschheit. Émile Durkheim nennt sie in seinem Buch *Die elementaren Formen des religiösen Lebens* eine »eminent soziale Angelegenheit«. Wahrscheinlich war sie die Voraussetzung der geistigen Menschwerdung überhaupt. An ihr bildete sich und wuchs Bewußtsein. Wobei sich so früh schon die elementare Frage stellt, ob sich der Mensch allmählich eines außer ihm wirkenden Göttlichen – des Numinosen – bewußt wurde oder ob er die Göttin, die wir in der Frühzeit so vielfältig gestaltet sehen, aus eigener Vorstellung geschaffen hat. Vieles spricht für letzteres. Denn durch die Jahrtausende hat der Mensch seine Sehnsüchte, seine Hoffnungen und seine Erwartungen immer wieder ins Jenseits projiziert, das er als Götterhimmel und später als Reich Gottes zu interpretieren, ja, zu erwarten nicht müde wurde. Dabei spielt die Frage, ob es Gott oder Götter wirklich gibt oder ob sie der Mensch nach seinem Bild geformt hat, für dieses verbreitete Glaubensphänomen jenseits der sichtbaren Wirklichkeit keine Rolle. Denn unterschiedlichste Gottesvorstellungen und Glaubensweisen beherrschten Christen, Juden, Moslems, Buddhisten, Hindus aller Arten und Sekten genauso wie jene Frühmenschen, die vor Jahrzehntausenden an eine weibliche Gottheit – die große Göttin – als höchste Instanz von Werden und Vergehen glaubten. Später, bei den Sumerern und Ägyptern, den Indern der Veden und Upanishaden, den Griechen und Römern, vervielfachten sich die Gottheiten – weibliche und männliche –, wie bei den Naturvölkern, deren Fetische und Götterbilder die christlichen Missionare hochmütig Götzen nannten.

Es war stets der gleiche Anlaß und das gleiche Ziel. Der Mensch konnte sich nicht zufriedengeben mit dem, was ist, weil er das, was ist, was er mit seinen Sinnen wahrnimmt, nicht wirklich begreift – weil ihm nichts so fragwürdig ist wie das eigene Leben und nichts so bedrängend wie das unumgängliche Sterben.

Doch kann die verbreitete Auffassung, daß Gott oder die Götter Schöpfungen des Menschen seien – Hilfskonstruktionen zur Bewältigung des Seins –, Religion genausowenig überflüssig machen, wie sie den geglaubten, den verkündeten Gott oder das Göttliche überhaupt für Gläubige nicht aus der Welt schaffen wird. Im Gegenteil. Wenn es in Wirklichkeit oder in der Vorstellung der Menschen keine Götter gäbe, müßten sie geschaffen werden, gerade in unserer Zeit, wenn auch anders, als sie heute gesehen, gebraucht – vor allem aber mißbraucht werden, und das in fast allen Religionen.

Die Gottheiten sind in den Köpfen und in den Händen der Menschen selbst zum Fetisch geworden. Sie sind in den meisten Kirchen und Glaubensgemeinschaften zum gewinnbringenden Gebrauchsartikel unserer Konsumgesellschaft verkommen oder werden zu Monstren menschlicher Machtgier.

Die Frage aber, ob Gott ist oder nicht ist, kann aus menschlichem Geist ohnehin nicht beantwortet werden. Denn es gibt keinen Gottesbeweis. Darum ist und bleibt die Frage nach Gott eine offene Frage, so wie die Frage nach Lebenssinn und Lebensziel. Es sind Fragen, die die Totale des Seins betreffen, von der unser Leben nur ein Teil ist. Deshalb antwortet unser Bewußtsein darauf so unterschiedlich, je nach Lage und Begriff. Gesehen hat ihn keiner – den

Gott. Und der Glaube? Ist er wirklich das Gegenteil von Sünde, wie die Christen meinen?

Hat nicht gerade er in der Geschichte der Kirche vielfältig zur Versündigung des Menschen am Menschen geführt? Wenn frühe Religion dem Menschen Heil gebracht hat, so war sie doch auch bald – neben anderen Ursachen – ein Quell des Unheils, dort, wo sie von Menschen selbstsüchtig manipuliert wurde. Auch dabei ist die Frage nach der Existenz Gottes kaum von Bedeutung – denn ihm verantwortlich haben sich offenbar nur die wenigsten gefühlt, die in seinem Namen handelten und Macht ausübten. Das Unheil der Religionen kam meist von den Würdenträgern, nicht von den anbetenden Gläubigen, für die es einen Zweifel an Gott lange nicht gab und zum Teil auch heute noch nicht gibt.

Wir erkennen Heilserfahrungen in den ältesten Religionen, in Kulten und magischen Zirkeln wie in gegenwärtigen religiösen Bindungen, die uns verstehen lassen, daß es sich hier um ein Verstehen und Begreifen handelt, das weder an die Zeit noch an eine Konfession gebunden ist.

Ein Wandel in der Religionserfahrung, im Glaubensleben der Menschen setzte ein mit der intellektuellen Verfremdung des Göttlichen, mit Definitionen des Numinosen und seines Umfeldes, die eine Folge des kritischen Hinterfragens, des Analysierens von Glaubenserfahrungen waren, die man mehr und mehr als Denkvorgänge begriff.

Wann sich das anbahnte und als menschliche Erfahrung durchsetzte, wissen wir nicht. Es begann sicher in der Steinzeit und erreichte seinen Höhepunkt vor sechs- oder fünftausend Jahren, als an die Seite der bis dahin allmächtigen Göttin der Gott in Gestalt eines Königs oder Priesters trat, der das Spannungsverhältnis auslöste, das zur Geschlechterspannung und schließlich – von Herrscher zu Herrscher, von Gott zu Gott – zur Menschheitsspannung führte, unter der wir noch heute – trotz oder gerade wegen unserer religiösen Bindungen – leiden.

Vom Heil und Unheil religiöser Vorstellungen kündet historisch zuerst die Geschichte des frühsumerischen Pantheons, das

Schrecken künftiger Menschheitsgeschichte in der Art eines Pan-
dämoniums vorausnimmt. Hier spiegelt sich erstmals formuliertes
Menschheitsgeschick im wechselvollen Erleben von Göttergenerationen. Es ist die Zeit des Umbruchs vom weiblichen Urgottsein
zum Auftreten von Göttergenerationen und damit des Eintritts des
Menschen und seiner Götter in die Zeitlichkeit.

Der Mann als Herrscher beendet die weitgehend friedliche herr-
schaftslose Zeit weiblicher Dominanz und zerstört damit die ursprüngliche Einheit des Menschlich-Religiösen, das allein dem
Dasein eine bewahrende Basis zu sichern vermochte. Das war zu
Beginn dessen, was wir heute historische Zeit nennen.

Es gibt seither nur ganz wenige uns erhaltene Beispiele im
artikulierten Menschheitsdenken, die den Spannungsgegensatz
zwischen Heil und Unheil, zwischen Gut und Böse, letztlich zwischen Menschlichem und Unmenschlichem überbrücken, die den
Dualismus überwinden, aus dem Menschsein besteht, soweit wir
zurückdenken können.

Eines davon ist zweifellos das Alte Testament der Heiligen
Schrift, die große Dichtung der Juden, die uns Martin Buber und
Franz Rosenzweig in einer genialen Verdeutschung vorgelegt
haben.

Buber hat dieses Phänomen des alle Gegensätze Übergreifen-
den, des Ganzheitlichen dieser Texte – wie ich es nennen möchte –
in seinem Begleitaufsatz »Zu einer neuen Verdeutschung der
Schrift« überzeugend ausgedrückt. Er schreibt dort:

»Ein Doppeltes hebt die Schrift, das sogenannte Alte Testament, von den großen Büchern der Weltreligionen ab. Das eine ist,
daß Ereignis und Wort hier durchaus im Volk, in der Geschichte,
in der Welt stehen. Was sich begibt, begibt sich nicht in einem aus-
gesparten Raum zwischen Gott und dem Einzelnen, über diesen
hin geht das Wort an das Volk, das hören und verwirklichen soll.
Was sich begibt, erhebt sich nicht über die Volksgeschichte, es ist
nichts andres als das offenbare Geheimnis der Volksgeschichte
selber. Das Heilige dringt in die Geschichte ein, ohne sie zu ent-
rechten. Und das andere ist, daß hier ein Gesetz spricht, das dem

natürlichen Leben des Menschen gilt. Fleischessen und Tieropfer sind aneinander gebunden, die eheliche Reinheit wird monat-
lich im Heiligtum geweiht; der triebhafte, der leidenschaftliche
Mensch wird angenommen, wie er ist, und eingeheiligt, daß er
nicht süchtig werde. Das Verlangen nach Bodenbesitz wird nicht
verpönt, Verzicht wird nicht geboten; aber Eigner des Bodens ist
Gott, der Mensch nur ›Beisaß‹ bei ihm, und der Eigner setzt den
Rhythmus des Besitzesausgleichs ein, damit die überwachsende
Ungleichheit nicht die Gemeinschaft zwischen den Genossen
sprenge. Das Heilige dringt in die Natur ein, ohne sie zu vergewal-
tigen. Der lebendige Geist will begeistern und beleben; will, daß
Geist und Leben einander finden, daß Geist sich ins Leben ge-
stalte, Leben aus Geist sich kläre; er will, daß die Schöpfung sich
aus sich vollende. Dieses Willens und des gebotenen Dienstes am
lebenverbundenen Geist Zeugnis will das ›Alte Testament‹ sein.«

Hier spricht Buber unübertrefflich von der im Laufe der Geschichte bei fast allen Völkern verlorengegangenen, ursprünglichen
Einheit – von der Ganzheit –, die der Mensch als einzelner wie in
der Gemeinschaft im Laufe der Jahrtausende mehr und mehr ein-
gebüßt hat. Dabei geht es um das Heil und Unheil, Gut und Böse
überspannende Sein, in dem Leben ursprünglich einmal nichts als
Religion – *religio* – war und damit mehr, als das aufgefächerte
Leben, zu dem auch Religion gehört, heute ist.

Ich kenne recht gut zwei Volksgruppen, bei denen sich die Einheit von Leben und Religion wenigstens teilweise erhalten hat. Es
sind die indonesischen Balinesen und die Himalaya-Völker, von
denen mir die Tibeter besonders vertraut sind. In ihren Lebensformen und Glaubensvorstellungen, die weithin eins blieben, ist zum
Teil noch heute etwas von dem lebendig, was Martin Buber als
den Geist des Alten Testaments beschreibt.

Wir erkennen an beiden Fällen, daß Religion als isolierte, vor-
dergründige Erscheinung niemals Heil zu bringen vermag. Nur
dort, wo sie als umfassendes Medium hilfreichen, heilbringenden
Seins für die Menschen begriffen und gelebt wird – wie auf Bali
oder in Teilen der Himalaya-Region, soweit sie im Buddhismus

gründet –, kommt sie in diesem Sinne noch immer – wenn auch nicht ohne Gefährdung – zum Wirken. Denn Religion wirkt nicht nur auf den Menschen und sein Verhalten, sie ist in ihrer Wirkung auch abhängig vom Menschen und seinem Selbstverständnis.

Das aber heißt: Es besteht eine Wechselwirkung zwischen Mensch und Religion, zwischen Dasein und Glauben. Diesen Problemen ist bisher kaum jemand nachgegangen, weil es den Menschen nicht um die Frage nach dem religiösen Heil, sondern vor allem um die religiöse Auseinandersetzung, um Recht oder Unrecht von Bekenntnis und Dogma ging und geht. Damit wird dem Unheil der Weg gebahnt, dort, wo Heil zu erwarten wäre, wenn nur die rechte Gesinnung bestünde – vor allem eine Gesinnung der Toleranz.

Wegweiser und Weichensteller auf diesem Wege aus heilloser Situation zum Heil waren zu ihrer Zeit Buddha und Jesus. Warum es auch ihnen nur zeitweise und nur zum Teil gelungen ist, Unheil abzuwenden und Heil zu bringen, wird aus vielerlei Sicht das Thema der folgenden Kapitel sein, in denen die Frage nach Heil und Unheil nicht mehr verstummen wird. Sie betrifft den Menschen und sein Verhältnis zu Gott, zu den Göttern, zum Numinosen und meint die Bringer, die Vermittler von Heil und Unheil unter ihnen. Denn ohne den Menschen geschieht letzten Endes nichts unter den Menschen – weder ein Wunder noch ein Unglück. Der Mensch ist immer dabei, und einer bewirkt es.

Vom Verhängnis
des Priestertums

Gott zu dienen ist schwerer als den Menschen zu dienen – das zeigt die Geschichte. Und wenn wir auch nicht in der Lage sind, die Geschichte der ursprünglichen Religion sowie ihrer späteren Aufsplitterung in zahlreiche Religionen bis ins letzte zu erforschen und schlüssig nachzuzeichnen, so wird uns doch bei der Betrachtung der religiösen Entwicklung deutlich, daß es stets der Mensch war, der das Heil oder das Unheil religiöser Bewegungen erzeugt hat. Und die Frage stellt sich: Welche Art von Mensch war das?

Wir unterscheiden zwischen Religionsstiftern, Religionsdienern und Religionsnutznießern. Die großen Religionsschöpfer sind selten und echt, obwohl wir selbst hier schon – und das sehr früh – auf falsche Verkünder und Propheten stoßen. Die Religionsdiener – Priester, Schamanen, Medizinmänner und Zauberer – können echt, aber auch falsch oder korrupt sein. Sie versehen ihr Amt als Mensch, wenn auch meist von ihrer Auserwähltheit und religiösen Macht überzeugt, und sind wie alle Menschen der Gefahr ausgesetzt, falsch zu handeln. Die Religionsnutznießer, jene, die sich religiöser Verkündung und kultischer Praxis aus eigennützigen, von Täuschungslust und Machtgier bestimmten Gründen bedienen, sind die Erzeuger unheilvollen religiösen Wirkens, das fast so alt ist wie das religiöse Bewußtsein selbst.

Vorgetäuschte Göttlichkeit und mißbrauchte priesterliche Macht begleiten menschliches religiöses Wirken, wie wir sehen werden, durch die Jahrtausende. Dabei hat dieses schon sehr früh einsetzende, unheilvolle Wirken von falschen »Heiligen« der Menschheit in ihrer Entwicklung mehr Schaden zugefügt als viele andere menschliche Aktivitäten, die wir mit Recht kritisieren.

Das heißt freilich nicht, wie Randolph Charles Darwin in seinem 1929 erschienenen Buch *Die Entwicklung des Priestertums
und der Priesterreiche* glauben machen will, daß alles menschliche Wirken im Dienste einer Religion oder eines Kultes Macht-
anmaßung und Menschentäuschung gewesen sei und ist. Eine
solche antiklerikale Haltung schießt genauso über das Ziel hinaus
wie die Praktiken vieler Religionsvertreter aller Kontinente, die
nicht den Geist der Religion, sondern den eigenen Vorteil im
Auge haben.

Wir müssen hier zwischen numinoser, sakraler Wirklichkeit
und charakterlich-psychologisch bedingter menschlicher Egozen-
trik unterscheiden. Mit dem Entstehen religiösen Bewußtseins
und der Entfaltung darauf bezogener Praktiken gewann der Mensch
eine neue Seinsdimension. Zugleich aber geriet er in die Gefahr,
sie in solchen Praktiken zu mißbrauchen. Das war der Beginn
einer Spezifizierung wie einer Differenzierung des Menschseins,
die sich nach Kraft und Fähigkeiten sowie nach ihrer Anwendung
im Umgang mit anderen Menschen unterschieden.

Es ist der Ursprung des Selbstbewußtseins und seines Aus-
lebens im mitmenschlichen Verhalten. Das heißt, auf den einfach-
sten Nenner gebracht: der Ursprung von Gut und Böse. Was in
der Genesis der Baum der Erkenntnis ist, bedurfte zu seinem
Wirksamwerden für den Menschen nicht der mythischen Verfüh-
rungskraft der biblischen Schlange, sondern nur des verhängnisvollen Aufbrechens eines Gedankens, der bis heute Unheil stiftet
und das – wie wir feststellen müssen – in ständig zunehmendem
Maße. Es ist der Drang nach Selbstverwirklichung, der meist ohne
Rücksicht auf andere zur Entfaltung kommt. Er besteht aus oft
unkontrolliertem Wollen und dem Streben nach Vollbringung.
Das geht zwangsläufig einher mit Mißachtung, ja Unterdrückung
der anderen. Der Mensch sieht in dieser Haltung nur sich selbst,
seine Wünsche, seine Forderungen, seine Ziele. Um sie zu erreichen und durchzusetzen, bedient er sich einer menschenunwür-
digen Verhaltensweise, die sich in Überheblichkeit, Mißgunst,
Falschheit, Täuschung, endlich in Neid und Haß ausdrückt –

den häufigen Wurzeln von Kriminalität, Gewalt, Terror und Vernichtung.

Die Anfänge dieses psycho-physischen Prozesses im Menschen können wir ebensowenig aufspüren wie den Ursprung religiösen Empfindens. Doch dürfen wir wohl davon ausgehen, daß sich die Elemente des Bösen erst mit der Differenzierung des Menschseins entwickelt haben, daß sie also wie in der Legende vom biblischen Sündenfall genauso sekundär sind wie im menschlichen Einzelleben. Sieht man doch keinem Neugeborenen an, ob es ein guter oder ein böser Mensch wird. Deshalb glaube ich nicht, daß Religion aus dem Drang zur Reglementierung entstanden ist, wie sie auch sicher nicht dem Hirn von Ausbeutern und Betrügern der ersten Stunde entsprungen ist, was uns R. C. Darwin glaubhaft machen möchte.

Empfinden wir richtig das Numinose als den heiligen Schauer beim Wachwerden menschlichen Bewußtseins, so war der Mensch in dieser Stunde noch sehr weit von aller Gier und Arglist oder – um es christlich zu sagen – von aller Sünde entfernt.

Doch so, wie wir das nur erahnen, vermuten können, bleibt der Ursprung des Religiösen selbst und seiner ersten Verkünder und Vermittler für uns eine Terra incognita. Daran hat auch mehr als ein Jahrhundert wissenschaftlichen Fleißes und interpretatorischen Bemühens nichts ändern können, wenngleich zahlreiche Bücher zu diesem Thema mit sehr unterschiedlichen Aussagen erschienen sind. Die meisten ihrer Autoren klammern sich an Begriffe, mit denen sie wissenschaftlich zu erklären versuchen, was nur aus der Zusammenschau von Funden und daraus zu ziehenden Schlüssen enträtselt werden kann.

Die ältesten Zeugnisse religiösen Ausdrucks sind mehr als dreißigtausend Jahre alt und in Form von Artefakten, Skulpturen, Malereien und Felszeichnungen über weite Teile der Erde verstreut zu finden. Sie lassen uns wohl nicht den ersten, aber doch einen sehr frühen religiösen Horizont erkennen. Wenn es sicher auch unmöglich bleiben wird, ihn zeitlich und in seinen gelebten Erscheinungsformen näher zu bestimmen, so können wir doch davon ausgehen, daß schon damals, wohl von Anfang an, einzelne sich des Numinosen, des als heilig Empfundenen angenommen haben und erste Kultformen zelebrierten.

Älteste Zeugnisse dafür finden wir in den französischen Höhlen der Altsteinzeit. An erster Stelle ist hier der sogenannte »Zauberer« aus der Höhle von Les Trois Frères in den Pyrenäen zu nennen – eine aufrecht gehende Figur mit Hirschgeweih, Gesichtsmaske, Bärenpranken und Pferdeschweif. Eine unter Prähistorikern und Religionswissenschaftlern verbreitete, wenn auch zum Teil angezweifelte Meinung deutet diese vor mehr als zwanzigtausend Jahren entstandene Ritzzeichnung als einen Vorgänger der Schamanen.

In ähnlichem Sinne interpretiert Martin Street die in mittelsteinzeitlichen Schichten des rheinischen Bedburg-Königshofen wie im mecklenburgischen Plau, in Berlin-Biesdorf und im ostenglischen Star Carr gefundenen Hirschgeweihmasken. Ob wir hier Früherscheinungen eines Zauberpriester- oder Schamanentums vermuten dürfen, ist ein in der Wissenschaft umstrittenes, für unsere Fragestellung aber auch nicht relevantes Problem.

Mit Sicherheit jedoch dürfen wir urreligiöse, magische Beschwörungsformen hinter diesen Zeugnissen eines frühen Umgangs mit dem Numinosen und seinen Ausdruckskräften zwischen Mensch und Kosmos vermuten. Wir sind hier auf den Spuren der ersten heiligen Männer, der Vorfahren von Magiern, Zauberern, Medizinmännern und Priestern.

Eine solche Schicht bildet sich aus durch besondere Fähigkeiten wie hohe Sensibilität, mediale Veranlagung, Deutungsvermögen und Beschwörungskraft. Diese Charakteristika machen bereits hier am Anfang priesterlicher Aktivitäten deutlich, daß so veranlagte Menschen – Frauen wie Männer – außergewöhnliche Fähigkeiten im Guten wie im Bösen – Kräfte zu Hilfeleistungen wie zur Unterdrückung – entfalten können.

Das ist die Ausgangslage, die zwar auf alle Menschen und ihr Tun zutrifft, aber im religiösen und übrigens genauso im herrschaftlich-politischen Bereich deshalb besonders heikel ist, weil dort unübersehbarer Machtzuwachs und Vertrauenserweis durch die Mitmenschen eine entscheidende Rolle spielen. Das aber heißt: Der religiöse Würdenträger ist – wie ein Häuptling – ein Mensch mit besonderen Vollmachten, die er von einer überirdischen und deshalb unkontrollierbaren Instanz – dem Numinosen – ableitet.

Hier liegt im irdischen wie im sakralen Machtbereich die Gefahr der Versuchung, der Konflikt zwischen Anständigkeit und Mißbrauch, der vor etwa sechstausend Jahren mehr und mehr zur Quelle des Amtsmißbrauchs von Herrschern wie von Priestern, später von Kirchenvertretern und sogenannten geistlichen Würdenträgern wurde. Über den Grund kann man nur spekulieren. Doch erfolgt ist die Wende von geistlicher Dienerschaft zu weltlicher und geistlicher Herrschaft – wie schon das letzte Wort ausdrückt – in der Zeit der Überwindung der Großen Göttin und ihrer Vertreterinnen durch Fürsten, die Göttinnen und Priesterinnen zu Liebesdienerinnen erniedrigten und damit ihre Macht an die Stelle von Religion, Täuschung an die Stelle des so leicht zu entstellenden Numinosen setzten.

Der Mann als Priester wie als Herrscher, der oft beides war, ist der damals aufgekommenen Versuchung des Glaubensmißbrauchs durch Machtmißbrauch nie mehr entronnen. Bis heute steht er in den christlichen Kirchen sowie im Islam unter diesem Verhängnis einer ihm gegebenen Macht, die er in vielen Fällen nicht vertreten und die er aus religiösem Geist auch kaum bewältigen kann. Hier liegt die Wurzel für das häufige Versagen, ja, für die verbreitete Nichtigkeit christlichen Priestertums durch zwei Jahrtausende. Das hat seinen Grund im Konflikt zwischen der Unantastbarkeit des Heiligen und der Fragwürdigkeit, der Anfälligkeit alles Menschlichen.

Den reinen Menschen gibt es nicht, nur den, der nach Reinheit strebt. Er ist aber zugleich der Gefährdetste, weil er oft der Unduldsame, der Selbstgerechte ist. Hier wird die Problematik des Gottesdieners wie des Verkünders, des von der Wahrheit, die er meint, Durchdrungenen offenbar.

So war auch das Schicksal der Jünger Buddhas wie Jesu bereits in Frage gestellt, bevor sie ihr Amt antraten. Sie waren gefährdet von Anfang an, und bis heute ist es jeder, der sich berufen fühlt, zu verkünden. Denn Verkündung ist zugleich Versuchung, den Gläubigen zu mißbrauchen. Viele Vertreter der christlichen Kirche haben das über zwei Jahrtausende genauso erfahren und zum Teil betrieben wie führende Männer des Islam seit eintausendfünfhundert Jahren. Sie haben sich etabliert als Träger von Institutionen gegen den Geist ihrer Begründer. Sie haben zu oft Gewalt gegen verkündete Liebe und Tod gegen das Vertrauen von Gläubigen gesetzt. Darin besteht das Verhängnis vieler, die sich gern, aber ohne Berechtigung Gottesdiener nennen.

Die indische Welt
der Rishis und
Brahmanen

Älteste zuverlässige Nachrichten über ein institutionelles Priestertum haben wir aus dem sumerischen Mesopotamien. Dort hat sich auch die Vormacht des Mannes als Herrscher über den bis dahin weithin verbreiteten Kult der Großen Göttin in Form der heiligen Hochzeit ausgebildet. Sie war das Fest der Begegnung des Königs mit einer Hohenpriesterin, in der das Volk die Große Mutter verehrte, die auf diese Weise in der Vorstellung zwar noch präsent war, aber doch nur in Gestalt einer dem Herrscher unterlegenen Frau.

Als nächste Stufe entwickelte sich eine im Dienste des Königs stehende, oft mit ihm verschwisterte oder verschwägerte Priesterschaft, die sich zunächst noch und an manchen Plätzen – wie später in Rom – für lange Zeit mit den Priesterinnen in die sakralen Ämter teilte. Der weltliche oder doch verweltlichte Hintergrund solcher Strukturen ist dabei deutlich erkennbar.

Religion hat in den meisten dieser Fälle die Rolle des Machtdenkens übernommen. Der Priester ist ihr Funktionär. Er dient dem König. Nicht selten hat er aber auf Grund spiritueller Fähigkeiten oder starken Einflusses bei Hofe selbst Macht über den Herrscher gewonnen.

In vielen Ländern waren der Einfluß und die Gewalt der Priester um so größer, je weniger autoritär die Herrschaft im Lande ausgeübt wurde. Dabei kam es mancherorts schon früh, besonders in Asien, zur Ausbildung eines Priesterkönigtums oder doch zu einer alles kontrollierenden, im Staat an erster Stelle stehenden Priesterkaste. Das war vor allem in Indien der Fall, wo die Kaste der Brahmanen bis heute besteht und ihre geistige wie kultische Macht behauptet. Doch diese Kraft- und Bedeutungserhaltung des Brah-

manentums und seiner Religion – des Hinduismus – ist auch dort
zu beobachten, wo sich vorderindische religiöse Einflüsse früh entfaltet haben und trotz starker Gegenkräfte – wie des Islam – erhalten blieben. Das gilt ganz besonders für die Insel Bali und ihren seit
mehr als tausend Jahren vorherrschenden Bali-Hinduismus, jedoch
ebenso für die nördlich von Indien lebendigen Religionsformen in
Nepal, Tibet, Bhutan und den übrigen Regionen des Himalaya.

Man muß sich fragen, worin diese einmalige Konsistenz religiösen Bewußtseins und Wirkens ihre Ursache hat. Offenbar wurzelt sie im Geistig-Numinosen – in einer früh ausgebildeten Kraft
des Einwirkens mythischer wie kultischer Kräfte auf die Gesamtheit des menschlichen Daseins.

Im indischen Kulturkreis gab es keine Trennung irdischer und
überirdischer Phänomene, keine Aufteilung des Lebens in all-
tägliche und sakrale Bereiche, keine Unterscheidung zwischen
menschlich und göttlich, sondern eine kosmische Zusammenschau der Existenzen, eine ganzheitliche Lebenserfahrung und
Lebenserfassung, die der Brahmane vermittelte, ohne sich dabei
zu isolieren.

Solche Grundhaltung, die im Religiösen wurzelt, kann man außer im nichtislamischen Indien bis in unsere Zeit, wie schon ver-
merkt, auf Bali wie auch in Nepal, Tibet, Bhutan und dem Ladakh
finden. Leben als Religion ist dort eine Selbstverständlichkeit, die
den Menschen in seinem persönlichen Handeln, aber auch im
Umgang mit anderen – in der Gemeinschaft – prägt. Religion ist
das volkhafte wie das ethische Fundament solchen Lebens. Sie bestimmt den Menschen, das Rechte zu tun, ohne ihn zu reglemen-
tieren. Es scheint, daß da ein Urimpuls des Religiösen aus frühesten Zeiten wirkt. Das ist um so wahrscheinlicher, als wir der
Großen Mutter aus der Frühreligion im indischen Kulturraum bis
heute in vielerlei Gestalt begegnen.

Doch es gibt auch früh schon andere, negative Erscheinungsformen aus dem Religiösen, die mit menschlichem Wandel und
menschlicher Schwäche zu tun haben. Ihr Grund liegt in den
Machtgelüsten und im Segensbegehren des Menschen, die mit der

Zahl und mit der Produktivität der Bevölkerung wuchsen. So wie diese Entwicklung in Mesopotamien, Ägypten und dem Mittelmeerraum bereits sehr früh zu beobachten ist, tritt sie auch im indischen Raum in Erscheinung. Sie begegnet uns hier vor allem als ein Problem der Brahmanen. Es ist ursprünglich mit der machtverleihenden Weisheit, noch nicht mit materiellem Begehren oder Habsucht verknüpft, wie das am Beginn anderer Hochkulturen der Fall war.

Indische Religion und indisches Geistesleben waren von Anfang an eins. Von Philosophie im Sinne des Abendlandes kann man in Indien genausowenig sprechen wie von indischen Naturwissenschaften. Kritische Unterscheidung, Differenzierung, Aufteilung sind dem Inder fremd. Für ihn ist Leben Eingefügtsein in einen zeitlich wie räumlich unendlichen Kosmos – den Makrokosmos –, der seine Entsprechung im Mikrokosmos des Einzelmenschen hat. So begreift sich der Mensch und zumal der geistige Mensch – der Brahmane – als ein dem Makrokosmos völlig entsprechendes mikrokosmisches Spiegelbild.

Hier fragt man sich: Wie kam es zu dieser, westlicher Weltsicht völlig entgegengesetzten Vorstellung vom Leben im All, die offenbar auch von der naturwissenschaftlich-technischen Entwicklung des westlichen Denkens nicht tangiert, geschweige denn überwunden werden konnte? Es scheint im Gegenteil so, als ob die im alten Asien weitverbreitete Vorstellungswelt der Inder, die heute noch so lebendig ist, durch die jüngsten naturwissenschaftlichen Forschungsergebnisse mehr und mehr bestätigt wird. Grund genug, den Ursprüngen indischen Denkens und Glaubens nachzugehen und ihre Bedeutung für den heutigen Menschen zu erhellen. Bei diesem Versuch helfen uns die ältesten indischen Texte – die Veden – und ihre Schöpfer.

Veda heißt Wissen, in dem – anders als etwa in der westlichen Philosophie – Ursprung und Gegenwart, Sichtbares und Unsichtbares, Materielles und Spirituelles, Menschen und Götter, hilfreiche und dämonische Kräfte nicht als Gegensatz und Spannung, sondern als höhere Einheit gesehen und begriffen werden.

So steht unserer abendländisch-technischen Welt der Dialek-
tik – des streitbaren Entweder-Oder – in weiten Teilen Asiens eine
Welt des ausgleichenden Sowohl-Als-auch gegenüber. Sie ist das
Ergebnis frühen indischen Denkens, wie es Seher und Priester in
den Veden formuliert haben. Dabei unterscheiden wir im frühen
indischen Priestertum schöpferische und nachgestaltende Erscheinungen.

Die schöpferischen Geister am Anfang heißen Rishi. Sie sind
Verkünder und Offenbarer. Ihnen verdanken wir die ältesten Veden und damit den Einblick in die geheimnisvolle kosmische Welt
des frühen Indien. Sie fußt auf der Vorstellung vom Brahman, dem
ewigen, unvergänglichen und unzerstörbaren Absoluten – der
gegensatzlosen All-Einheit –, die weder Unterschiede noch Dualismus kennt.

Vom Rishi, in dem sich der ursprüngliche Schöpfergeist des
Brahman verkörpert und vokal ausdrückt, übernahmen die Brahmanen zunächst als Sänger, später als Opferpriester die vedischen
Mysterien, die sie den Gläubigen in einer Art Geheimsprache über-
mittelten. So fühlte sich das Volk eingeschlossen in den Kreis vedi-
scher Offenbarung, ohne sie wirklich zu begreifen. Das Mysterium
blieb. Es war die Kraft, später die Macht der Brahmanen. Aus ihrem
Mund erreichten die Veden – das heilige Wissen – die Menschen.

Das war vor mehr als dreitausend Jahren. Doch das Wissen gelangte damals wie heute nur zu den Aufgeschlossenen. Für die
Masse blieb es Mysterium. Das macht es auch so schwer, die vedischen Geheimnisse dem abendländischen Menschen zu vermitteln. Denn er gehört seinem Wissen und seiner Vorbildung nach
nicht zu den Aufgeschlossenen. Er erlebt bei der Lektüre der Veden bestenfalls das Wort, die Sprache, nicht aber den Geist – das
Mentale, nicht das Spirituelle. Damit begegnen wir der ersten
Schwierigkeit bei der Vermittlung indischer Geistigkeit, die für alle
alten indischen Texte – auch für die Reden des Buddha – besteht.

Denn indisches Denken ist mit abendländischem Denken nicht
zu vergleichen. Sie sind sich fremd wie die Praxis der daraus erwachsenen Religionsformen. Das wird in den Veden und der Art,

wie sie von der abendländischen Wissenschaft interpretiert werden, besonders deutlich. Da gibt es nur wenige Ausnahmen. Gerade diese aber bestätigen die Fremdheit in besonderem Maße.

Die Divergenz zwischen abendländischem und indischem Geist ist um so erstaunlicher, als beider Wurzeln im Westen liegen und die Wanderung der Iraner wie der Indoarier nach Osten zeitgeschichtlich verhältnismäßig spät einsetzte. Der Geisteswandel muß sich dann im indischen Raum und dort sehr schnell, wohl unter dem Einfluß altansässiger Stämme, vollzogen haben.

Grundelemente vedischen Denkens, die wir bei Iranern und Indoariern feststellen können, deuten auf ein Ursprungspotential religiöser Vorstellungen hin, die von den Einwanderern nach Indien mitgebracht und den dortigen Umweltbedingungen auf erstaunliche Weise angepaßt worden sind. Denn die Geisteswelt der Veden entspricht der Erlebnissphäre der Tropen. Es ist eine Trance- und Traumwelt, in der die Allverschmelzung von Menschsein, Natur und Göttervorstellungen auf großartige Weise erfolgt und ausgedrückt wird.

Die Veden sind nicht Dichtung, sondern Beschwörung. Ihre Sprache will nicht Klarheit, sondern Zauber sein. Dabei entsteht die Idee des Opfers als Möglichkeit der Verbindung zwischen Göttern und Menschen, zwischen Makrokosmos und Mikrokosmos, aber auch zwischen Traum und Wirklichkeit. Vermittler ist der Brahmane – eine Urgestalt religiösen Seins, die sie offenbar jahrhundertelang unangefochten geblieben ist.

Wir können den Weg des Brahmanen vom Seher und Künder – jener legendären Gestalt der Frühzeit – zum Opferpriester und zum Herrn der Altäre nicht nachzeichnen. Dazu fehlen uns das chronologische Gerüst sowie die Kenntnis des Ursprungs und der Entfaltung der vedischen Vorstellungswelt im Geist der ersten Rishis.

Offenbar vollzog sich die gewaltige Schöpferleistung dieser Männer auf der letzten Wegstrecke ihrer langen Wanderung über den Hindukusch nach Nordwestindien, wo sie wahrscheinlich in Kontakt mit den späten Vertretern der alten Industal-Kultur gerieten. Wie viele der Schöpfungskontakte zunächst Reibungskontakte mit eingesessenen Altvölkern waren, vermögen wir ebensowenig festzustellen wie den Eindruck und die Umsetzung des Erlebens der indischen Tropenwelt bei den Menschen, die aus den Subtropen kamen. Was ihren Weg mit Sicherheit begleitet hat, war das Wissen um Gefahren und drohende Nöte, das Ausgesetztsein in einer unüberschaubaren, aber auch undurchschaubaren fremden Welt. Der konnte man nicht in bloßem Selbstvertrauen begegnen. Es bedurfte der Intensivierung vorhandener, aber vielleicht noch nicht sehr ausgeprägter religiöser Vorstellungen. Das heißt: Das Göttliche mußte wachsen, mußte mächtig werden in den Menschen, die den Weg zu verantworten hatten. Das waren die Rishis oder ihre Vorläufer.

Die Brücke zwischen Mensch und All, zwischen den Ziehenden und ihrer Zukunft aber war das Opfer. Es wurde als notwendig erkannt und dargebracht. Dabei hat man es wohl nie einseitig begriffen – als ein Opfer des Menschen. Man verstand es als ein Geben und Nehmen. Es war die Verbindung zwischen bedrohten sterblichen Menschen und werdenden Göttern. Denn die Götter wurden, so scheint es, auf dem Wege beschworen, sie wurden erzeugt und geformt, wie man sie brauchte, als Helfer und Bewahrer in der neuen, ungewohnten, fremden Umwelt. Man opferte ihnen, damit sie erschienen und ihrerseits den Menschen gaben, was diese brauchten. So wird etwas erzeugt, zu dem dann ein spiritueller Kontakt auf Gegenseitigkeit entsteht. Und das ist der vedische Kult, den wir über Jahrhunderte beobachten können. Die Veden bezeugen ihn.

Ich glaube, Moritz Winternitz hat die vedischen Texte richtig begriffen, wenn er sie »eine Mythologie im Werden« nennt und dann fortfährt: »Wir sehen Götter gewissermaßen vor unseren Augen entstehen.« Damit macht er deutlich, wie das Pantheon der Veden allmählich aus der Begegnung der Ankömmlinge mit einer ihnen unbekannten Natur und ihren machtvollen Erscheinungen hervorgegangen ist.

Die mächtige, glühende Sonne, der geheimnisvoll leuchtende

Mond, das plötzlich im Busch ausbrechende Feuer, das erste Morgenlicht, die Urgewalt der Tropenregen, die erschreckende Folge von Blitz und Donner – sie alle fanden Verehrung aus Furcht oder Bewunderung, und sie bekamen Namen in der heiligen Sprache der Veden, mit denen man sie verehren, aber auch beschwören konnte. Das Geheimnis des vertrauten Umgangs erkannten und bewahrten die Brahmanen.

Ort der Begegnung waren die Opferplätze, wo an jeweils drei Steinaltären die Feuer Agnis – des Feuergottes – lohten und Opfer in vielerlei Gestalt gebracht wurden: hauptsächlich Tieropfer, vor allem jedoch das noch heute von Geheimnis umwitterte Soma-Opfer – das Opfer des heiligen Trankes.

Im neunten Buch des Rig Veda, dem umfangreichsten und ältesten Vedensystem, wird das Pressen, Trinken und Opfern des Somasaftes ausführlich beschrieben. Er wird aus den Trieben einer Kletterpflanze – Amshu – gewonnen. Wir erleben hier die Bereitung und die Wirkung des heiligen Getränks auf die Götter. Vor allem Indra, der Götterkönig der Indoarier, ist es, der des Somasaftes zur Ausführung seiner vielfältigen lebenserhaltenden Pflichten dringend bedarf. Dabei wird die Kraft und vielseitige Wirksamkeit des Saftes erkennbar. Er ist berauschendes Getränk der Götter, das aber zugleich ihre Manneskraft stärkt, sie zu Klarheit sowie überlegenem Handeln führt und sie damit zu mächtigen Helfern der Menschen macht. Hier steigern sich die Funktionen des Getränks, das selbst ein Gott ist, bis zum totalen Gegensatz. Rausch und Klarheit, die sich in unserem Verständnis ausschließen, werden in den Veden zu hilfreichen Entsprechungen, die das Opfer verstärken.

Die Herren des Opfers und der seine Kulthandlungen begleitenden Rezitationen und vedischen Gesänge waren ausgewählte Brahmanen. Sie beschworen die Götter, benannten sie vielfältig in ihren Funktionen und wurden damit zu Meistern irdischer wie göttlicher Machtentfaltung aus magischer Kraft. Dabei vollzog sich mehr und mehr eine Intensivierung der brahmanischen Handlungen, die den Priester bald selbst ins Göttliche erhoben. Es kam unter dem Einfluß des Machtzuwachses, der zugleich durch die

reichen Opfergaben zum Besitzzuwachs führte, zu einer zunehmenden Vergöttlichung der Brahmanenkaste. So heißt es in
einem nachvedischen Text: »Die leibhaftigen Götter sind sie, die
Brahmanen.«

Der Hintergrund dieser Hybris einer Selbstvergöttlichung der
Priester war die Durchdringung des ganzen Volkslebens mit Kulten, Opfern und vielfältigen anderen sakralen Handlungen. Es er-
eignete sich nichts im Hause, im Dorf oder an heiligen Plätzen, das
nicht der priesterlichen Hilfe und Segnung bedurft hätte.

Alles Geschehen lag in der Hand der Brahmanen und mußte
hoch honoriert werden. Das führte zu einer zunehmenden Ver-
armung, vor allem in den unteren Kasten und bei den kastenlosen
Altstämmen. Landbesitz und Wohnhäuser mußten verkauft oder
verpfändet werden. Obdachlosigkeit war das Schicksal vieler, vor
allem junger Menschen. Sie zogen in die Hauslosigkeit, so wie
später Buddha, und wurden Gaukler, Zauberer oder Asketen. Der
Drang nach einem besseren, sinnvollen Leben beherrschte die
einen, während die anderen Lebenserfüllung im sorglosen, von
Selbsttäuschung und Täuschung der anderen beherrschten Dasein
suchten. Die Folge war eine Zerstörung der alten Ordnung, eine
Spaltung des Volkes. In der Oberschicht, wo sich mehr und mehr
Reichtum konzentrierte, kam es zu Auseinandersetzungen um
Einfluß, Besitz und Machterweiterung. Unter den Brahmanen wie
unter der neuen religiösen Schicht der Asketen traten aber auch
kritische Geister auf, die das auf Habgier und Veräußerlichung
konzentrierte Leben scharf kritisierten. Selbst die Existenz der
Götter wurde von vielen in Frage gestellt.

Andererseits blühten unter den machtbesessenen Brahmanen
Kultformen, die auf fragwürdigen magischen Praktiken und durch-
sichtigem Zauberwesen beruhten. Sie suggerierten der arglosen
Masse den Besitz übernatürlicher Kräfte, die Einfluß auf die bestehenden Besitzverhältnisse, ja sogar auf das Leben von Feinden
oder Widersachern vorspiegelten. So wurden Täuschung und Betrug zu lukrativen Einnahmequellen einer Kaste, der viele aus
alter Gläubigkeit noch immer vertrauten.

Wir haben es hier mit der ersten deutlich erkennbaren Bedrohung einer auf religiösen Grundlagen beruhenden festen Gesellschaftsordnung zu tun, die von den Vertretern der religiösen Macht selbst ausgelöst wurde.

Es war aber auch eine Zeit – etwa siebenhundert Jahre vor Christus –, in der sich aus solchen erschreckenden Verhältnissen, die denen in unserer Gegenwart gar nicht unähnlich sind, Kräfte entfalteten, die zu einer geistigen Erneuerung, wenn nicht überhaupt zu einem geistigen Neuanfang führten, der im nördlichen Indien das einleitete, was Karl Jaspers für die euro-asiatische Welt mit dem historischen Terminus Achsenzeit bezeichnet hat.

Der Weg von den vedischen Riten und Kulten zum Hinduismus wie zu Buddha und Mahavira, dem Begründer des Jainismus, ist der Weg von den religiösen Anfängen in Indien zur Ausbildung einer Glaubens- und Geisteswelt, die der Überwindung eines religiös-kulturellen Tiefs in Indien dienen sollte. Dieses Tief, das sich aus der Entartung weiter Teile des Brahmanentums ergab und im Volk großes Elend verursachte, spiegelt allerdings nur die eine Seite der indischen Entwicklung, wie sie sich vor allem in den nördlichen Landesteilen vollzogen hatte.

Es gab auch eine andere Reaktion unter den Brahmanen und der geistigen Oberschicht, der nicht an Macht und Gewinn, sondern an einer Vertiefung und Verfeinerung der Lebenseinsichten und der religiösen Erfahrungen gelegen war. Es ist die Zeit, in der das stark persönlich geprägte Wesen der die Veden deutenden Brahmanas in vielen Schriftkundigen und vom Geist beherrschten Männern Impulse eines vertieften Nachdenkens über den Allzusammenhang, das Brahman und die Rolle des Menschen auslöste.

Atman war das Zauberwort, das als Selbst, als Atem verstanden, den einzelnen einband ins kosmische System. Dabei wurden Brahman und Atman nicht als Gegensätze, sondern als sich ergänzende, das menschliche Dasein bewegende Elemente einer größeren Einheit begriffen, aus der alles hervorgeht und in die alles zurückfließt.

Ohne Zweifel war Indien in der Zeit der Veden und der Upanishaden die geistesträchtigste Region dieser Erde. Von Rishis und Brahmanen beherrscht, bot sie allerdings dem Durchschnittsmenschen nur wenige Entfaltungsmöglichkeiten. Wer nicht dem inneren Kreis von Atman und Brahman angehörte, war ausgeschlossen vom mythisch-geistigen Sein, in dem sich die Brahmanen bewegten, aus dem sie jedoch zugleich die Macht und die vermeintliche Berechtigung ableiteten, das Volk auszubeuten und zu knechten.

Es sind die beiden Seiten religiösen Lebens, gesehen aus der Zwiespältigkeit seiner Repräsentanten. Doch das ist, wie wir immer wieder feststellen können, nicht nur ein indisches Problem – es ist das Kernproblem zwischen Indien und dem Mittelmeer in den letzten, so bewegenden vorchristlichen Jahrhunderten. Die es bestimmen und beherrschen, sind die religiösen Führer, die sich als heilige Männer begreifen, als verschiedenartig agierende, im Grunde aber gleichen Tendenzen folgende Vertreter des Religiösen, des Mythischen, des Geheimnisvollen, des Sakralen. Ob Magier, Priester oder Propheten – sie alle sind dem Überirdischen zugewandt, ob sie es nun auch wirklich meinen oder nur zum eigenen Machterwerb und zur Bereicherung benutzen.

Ein Typus tritt allmählich aus ihnen hervor – andersartig und weniger anfällig für die Versuchungen und den Mißbrauch der Macht. Es sind die Lehrer, die nicht selten aus dem Kreis der heiligen Männer hervorgegangen sind, in vielen Fällen aber auch ihre Widersacher wurden. Sie werden im weiteren Verlauf unserer Betrachtungen eine wichtige Rolle spielen. Fragen wir zunächst nach ihrer Bedeutung zwischen Priestern, Magiern und Propheten.

MAGIER, LEHRER UND PROPHETEN

Priester und Propheten haben eines gemeinsam: Sie verkünden. Magier dagegen verwandeln. Sie vollziehen in den Augen der Menschen das Wunder, von dem Priester und Propheten reden. Sie machen das Verkündete anschaulich. Lehrer dagegen, soweit ihr Thema die Religion ist, machen es verständlich.

Am Anfang waren wohl alle Lehrer Magier. Durch ihr Wirken begriff der Mensch das Leben selbst als einen magischen Vorgang, dessen Höhepunkt die Geburt und dessen erkennbarer Endpunkt der Tod war. Zwischen beiden spannte sich – im genauen Wortsinn genommen – die Notwendigkeit magischen Geschehens: das, was dem anfänglichen Menschen Wirklichkeit war.

Lehrer waren immer Vermittler von Wirklichkeit, ob sie diese nun als magisches Geschehen, als sichtbares Ereignis oder als irrationalen Prozeß begriffen. Lehrer wandeln sich aber auch mit ihrer Lehre und in der Vorstellung, die sie dem Menschen vom Leben vermitteln. Magier und Propheten dagegen verkünden das in ihrem Sinne Unwandelbare: Traum und Wunder, Abgrund und Zukunft. Sie begrenzen das menschliche Leben an seinen äußersten Rändern und suggerieren geheimnisvolle Endlichkeit, wo unser Denken an die Grenzen des unvorstellbaren Unendlichen – an die Grenzenlosigkeit von Raum und Zeit gelangt.

Wir wissen nicht, wann und wo der Mensch zum allerersten Mal als Magier auftrat. Doch wir begegnen seinem Wirken ohne Zweifel in den Eiszeithöhlen Frankreichs und Spaniens, wo er vor über dreißigtausend Jahren erste Zeugnisse seines magischen Tuns als Ritzung, Zeichnung oder Malerei hinterlassen hat.

Hier enthüllt sich der Magier als der Leben und Dauer Beschwörende. Er erscheint als Meister über Leben und Tod. Das

Mittel dazu ist die Kraft der Verwandlung. So erneuern sich aus den an Höhlenwänden gemalten und gezeichneten Tieren die Herden, ohne die Leben – nach magischem Glauben – nicht dauern könnte. Vielleicht war dieses Bildschaffen die erste magische Handlung, die das Leben unmittelbar meinte. Totenkulte, die das Sterben überwinden sollten, waren ihr, wie uns Funde von Grabstätten zeigen, schon bei den Neandertalern vorausgegangen. Ob in ihnen bereits magische Vorstellungen walteten, ist schwer zu sagen. Die Grenzen magischer Beschwörung waren stets fließend und sind es noch heute.

Die Basis magischer Handlung und Verwandlung ist Glaube und tiefes Selbstvertrauen. Der Magier bedarf einer Überzeugung, die seine Größe schafft, aber für ihn auch immer wieder zur Gefahr werden kann. Das wird dort besonders deutlich, wo der Begriff Magier seinen verbalen Ursprung hat: im Alten Orient.

Folgen wir Herodot, so waren die Magier eine medische Volksgruppe mit priesterlichen Aufgaben, ähnlich den indischen Brahmanen. Sie wirkten als eine Art Zauber- und Beschwörungspriester in der altiranischen Religion, später im zoroastrischen Feuerkult. Man verehrte sie als Stern- und Traumdeuter, als Wahrsager, Zauberer und Weise mit besonderen – eben magischen – Kräften. Ihre Aufgabe war Lebensgestaltung, Wegweisung und Wandlung. Sie vermochten aus der Sicht des Volkes ein gewünschtes Ziel klar zu erkennen und durch übernatürliche Kräfte zu erreichen.

Dabei gibt es nach späterer kritischer Einsicht Wege der Weißen – guten – wie auch der Schwarzen – bösen – Magie. Wir wissen nicht, ob solche Unterscheidung von Anfang an möglich ist. Dazu fehlen uns die Voraussetzungen für die Deutung früher Höhlenbilder wie auch ältester magisch erscheinender Zeichen. Doch die Gefährdung des Magiers und der seinen Einflüssen unterliegenden Menschen ist hier schon klar zu erkennen. Die psychologischen Gründe dafür sind die gleichen, die wir bereits in unserem Kapitel »Vom Verhängnis des Priestertums« aufgezeichnet und in ihren Wirkungen nachgewiesen haben.

Das Verhältnis der Menschen zum Magier hängt im wesentlichen von der Lebenshaltung und dem Glauben des einzelnen ab. Rationalisten werden dem Magier und seinen Praktiken zweifelnd, wenn nicht völlig ablehnend gegenüberstehen. Je mehr aber ein Mensch das Überirdische und das Unsichtbare in sein Denken und Empfinden einbezieht, um so stärker wird er sich auch von magischen Kräften und Vorgängen beeindruckt zeigen.

Nachdenklich muß uns machen, daß magische Vorstellungen die Menschheit fast immer beherrscht und in ihren Handlungen mitbestimmt haben, soweit wir in die Vor- und Frühzeit zurückblicken können. Magie ist mithin ein lebensbegleitendes Element des Menschen und der Magier eine Erscheinung, der nicht zufällig aus ihrer frühen historischen Rolle heraus zeitlose Bedeutung in der Verbindung zur Traum- und Zauberwelt wie bei der Einflußnahme auf das Weltgeschehen zukam.

In diesem Sinne werden wir magischen Erscheinungen und ihren Beherrschern im Laufe dieses Buches immer wieder begegnen, zumal sie in der hier behandelten Epoche – ihren religiösen wie ihren geistigen Ausdrucksformen – besonders große Bedeutung hatten. Je öfter der rationale Denker in dieser Zeit zum Lehrer wurde, um so mehr wurde der Priester zum Magier. Wir haben es dabei mit einem typischen, wenn auch bisher nur wenig beachteten Phänomen der Achsenzeit zu tun.

Sie ist die Epoche, in der sich der religiöse wie der geistige Einfluß der drei in diesem Kapitel darzustellenden Erscheinungen – Magier, Lehrer und Prophet – ausgebildet und immer mehr vertieft hat. So ist es wohl auch kein Zufall, daß sich diese drei Erscheinungsformen menschheitsbeeinflussender Männer eben in diesen Jahrhunderten zum erstenmal historisch nachweisen lassen.

Aus magischer Sicht stellen sichtbare und unsichtbare Welt, der Mensch als Körper wie als Geist und Seele, eine Einheit dar. Diese Sichtweise läßt auch eine Trennung in Weiße und Schwarze Magie noch nicht zu. Gutes und Böses wirkt der Mensch aus sich selbst. Daß sie ihm als magische Kräfte begegnen, gehört in die

Vorstellungswelt der Zauberei, die wahrscheinlich im alten Iran und im vedischen Indien eine gemeinsame Wurzel hatte. Voraussetzung dafür ist individuelles Machtstreben und Unterdrückungslust gegenüber dem Mitmenschen. Es ist der Anfang der Entfaltung von Schrecken und Gewalt, von Krieg und Vernichtung, mithin die Quelle all dessen, was seit undenklichen Zeiten Unheil, Not und damit Angst über die Menschen gebracht hat.

Kein geistig-mythischer Umschlag von Tendenzen war in der Menschheitsgeschichte so verhängnisvoll und folgenschwer, wie dieses sich immer mehr durchsetzende, viele Menschen beherrschende Denken, das seine Wurzeln in Machtstreben, Gewaltanwendung und Unterdrückung hat. Was uns dabei nachdenklich stimmen sollte, ist die hier zutage tretende Tatsache, daß solches Denken offenbar nicht im profanen Bereich der Alltagsbewältigung, sondern vielmehr im priesterlichen Bereich entstanden ist, ja daß vielleicht die sogenannte sakrale Sphäre schon sehr früh zu jener Sphäre wurde, in der sich negatives Denken und Handeln – unter der scheinheiligen Behauptung von religiösem Wirken – entfaltet haben. Daß hier auch und vielleicht schon viel früher das Gegenteil – der Wille zu Wohltat und Gutem – seine Wurzel hat, darf uns über die wahren Zusammenhänge und Funktionen nicht hinwegtäuschen.

Religiöse Entfaltungen und Entwicklungen sind keine Garantie für heilsmäßiges Wirken und für Segenshandlungen. Oft genug, so lehrt uns die Geschichte, war das Gegenteil der Fall und ist es in unserer Zeit in ganz besonderem Maße. Der Grund dafür ist die enge Verknüpfung von Religion und politischer Macht seit der Entstehung kriegführender Staaten und rivalisierender Reiche im Vorderen Orient. Doch während Staaten und Reiche sich gegenseitig vernichteten und immer wieder untergingen, lebten die sie beherrschenden Religionen oft weiter und verbreiteten sich zuweilen sogar im Bereich der einstmaligen Gegner.

Die historische Priestergruppe der Magier ist dafür ein in doppelter Hinsicht interessantes Beispiel. Hat sich das mit ihrem Namen verbundene, über Jahrhunderte verbürgte Wirken im persischen Raum doch nachträglich zu einem Allgemeinbegriff entwickelt, der stärker als jede andere Beschreibung priesterlicher Funktionen zu einer Vorstellungswelt führte, die noch heute Bedeutung und Wirkung hat. Ihr möglicher Anfang in vorgeschichtlicher Zeit ist, wie so vieles im religiösen Bereich, genauso wie ihre ursprüngliche Bedeutung umstritten. Auf alle Fälle begegnen wir hier zum erstenmal historisch nachweisbaren kosmischen Zusammenhängen und ihren astronomisch-astrologischen Deutungen. Der Sternenhimmel wird dabei zu einem Teil der menschlichen Erlebniswelt.

Trotz spärlicher Nachrichten, die vor allem den teils legendären Berichten Herodots entstammen, wissen wir heute, daß die Meder im neunten vorchristlichen Jahrhundert als Gegner der Assyrer zu den altiranischen Stämmen gehörten, die ähnlich den indischen Aryas ein wohl sechsgliedriges Stammessystem besaßen. Beherrscht wurde es von den Magiern, die als Opfer- und Beschwörungspriester sowie als Wahrsager bei Hofe die zentrale Rolle im religiös-politischen Leben ihres kriegerischen, machtgierigen Volkes innehatten.

Die kultische Tötung von Tieren – von weißen Pferden bis hin zu Schlangen und Mäusen – war anfangs eine der Hauptaufgaben der Magier. Sie beherrschten aber auch die Macht der Elemente Feuer, Wasser, Sturm und standen in vertrautem Umgang mit der Sonne und den Göttern, unter denen vor allem Mithra Bedeutung erlangte.

Diese Spannweite der Funktionen, die sich wahrscheinlich allmählich entwickelt hat, läßt den Machtzuwachs der Magier im Laufe der Jahrhunderte erkennen. Die persische Geschichte zeigt uns diesen steigenden Einfluß der Magier sehr deutlich. Als Intriganten wirkten sie auf die Entscheidungen der Könige ein und trugen viel zu den oft tödlichen Konflikten in den Herrscherhäusern bei.

Im sechsten vorchristlichen Jahrhundert, vor dem Machtantritt des großen Perserkönigs Dareios I., gelang es einem Magier – Gaumata –, selbst die Macht an sich zu reißen. In der berühmten

Behistun-Inschrift gibt Dareios Bericht über dieses Ereignis: »Es war niemand, weder ein Perser noch ein Meder, noch irgendeiner unseres Geschlechts, der jenem Gaumata die Herrschaft hätte entreißen können. Der Heerbann fürchtete ihn stark, er möchte den Heerbann in Menge töten.«

Nach einem Hilferuf an den mächtigen persischen Gott Ahura Mazda griff Dareios, wie er selbst schreibt, den Magier Gaumata mit wenigen Getreuen an und tötete ihn. Dareios schließt seinen Text mit den aufschlußreichen Sätzen: »In Medien tötete ich ihn. Das Reich entriß ich ihm. Nach dem Willen Ahura Mazdas ward ich König. Ahura Mazda brachte mir das Reich.«

Hier zeigt sich, wie weit sich ein Magier machtbesessen vorwagen konnte, aber auch, wie sehr sich weltliche von göttlicher Macht abhängig fühlte. Es ist ein Konflikt, dem wir durch die Jahrtausende zwischen Herrschermacht und Priestermacht immer wieder begegnen.

Bevor wir uns nun der Frage nach dem Auftreten und der Rolle des Lehrers in den frühen Gesellschaften zuwenden, wollen wir einen Blick auf die Propheten als Künder und Voraussager des Künftigen werfen. Denn auch Prophetie ist priesterliche, ist geistliche Funktion. Sie gilt nicht der Realität, sondern der Erwartung, nicht dem Heute, sondern dem meist verklärten oder umdüsterten Morgen.

Wir kennen eine anonyme Prophetie durch Orakel, Wahrsager und Schamanen, und wir kennen die prophetische Persönlichkeit, wie sie uns in den Propheten des Alten Testaments entgegentritt. Gemeinsames Ziel ihrer Aktivitäten ist die Vorhersage des Kommenden, die Enthüllung der Zukunft. Als Ursprung und Auslöser ihres Sagens gilt die Stimme Gottes. Ein Hineinwirken des Überirdischen ins Irdische, des Göttlichen ins menschliche Dasein geht vor sich.

Wie immer man zu Prophetien, ihrer Herkunft und ihrem Sinn, stehen mag, sicher ist, daß auch der Prophet keine eindeutige, von Zweifeln und Versuchung unabhängig bleibende Erscheinung ist. Gerade hier, wo Kontrolle durch die Masse unmöglich wird, besteht die Gefahr des Mißbrauchs, der falschen Vorhersage, der Lüge und der Täuschung. Prophetie hat keine Wirkungsmöglichkeit jenseits des Glaubens. Sie bedarf zu ihrer Annahme und Wirkung, ähnlich wie der Priester mit Opfer und Ritus, der Gemeinde. Das zeigt sich bis in unsere Gegenwart.

Wörtlich aus dem Griechischen übersetzt heißt das Wort Prophet: Sprecher. Und als Sprecher Gottes tritt er ursprünglich auch auf. Sei es bei den Griechen als Medium im Orakel oder als begnadeter Mensch aus der persönlichen Begegnung mit seinem Gott.

Zuweilen ist der Prophet mit dem Priester identisch. Oft unterscheiden sie sich aber auch als zukunftsweisende Seher von verkrusteten oder entarteten Formen eines konservativen, auf Macht versessenen Priestertums durch ihr unmittelbares Gotterlebnis.

Im Zusammenhang unserer Thematik kommt der alttestamentarischen Prophetie besondere Bedeutung zu durch ihre Hinweise auf den zu erwartenden Messias, der im Judentum wie im Christentum eine wichtige, dabei bis heute umstrittene Rolle spielt.

Die beste Quelle für diese Texte bietet die von Martin Buber und Franz Rosenzweig besorgte »Verdeutschung« der jüdischen Propheten in dem Band *Bücher der Kündung*.

Prophetie im alten Israel ist Verdammung und Verheißung zugleich. Von seinem auserwählten Volk fordert Gott vorbildliches Verhalten und verhängt bei Gebotsverletzung schwere Strafen. Das ist der Inhalt der prophetischen Bücher des Alten Testaments, die in mehreren Abschnitten, so bei Jeschajahu (Jesaja), Micha, Secharja (Sacharia) und Daniel, auch vom Messias als dem kommenden König der Juden künden. Dort stehen jene Hinweise auf den erwarteten Messias, die nicht nur im Zusammenhang mit Jesus, sondern auch in der Geschichte des Judentums eine bis heute ungeklärte Bedeutung haben, die wie alle Prophetie schwere Rätsel aufgibt.

Bei den biblischen Propheten geht es um Gott – den Herrn Zebaoth –, der zwischen Recht und Unrecht, zwischen Gut und Böse, zwischen Wohltat und Gewalt unterscheidet und danach richtet: das Volk Israel wie die anderen Völker. Wir haben es hier mit einer Anwendung der Gebote, die Moses von Gott für sein Volk empfing, auf Israel und seine Umwelt zu tun, die in ihrer Art einmalig ist in der frühen Menschheitsgeschichte.

Im Gegensatz zu Propheten, Magiern und Priestern sind die Lehrer fast stets Vertreter einer Aufklärung. Das sehen wir an Buddha, Sokrates und Jesus. Es sind Erscheinungen, die in der hier thematisierten Epoche eine besondere, überragende Stellung einnehmen. Sie stehen nicht nur beispielhaft in ihrer Zeit als Lehrer ihrer Mitmenschen. Ihre besondere Bedeutung blieb im Bewußtsein der Menschheit erhalten bis in die Gegenwart. Wir werden ihnen und der Rolle, die sie im Laufe der Geschichte gespielt haben, in diesem Buch immer wieder begegnen, als Lehrer und Vorbild, aber auch als mißbrauchte Erscheinung in vielen Rollen, die ihnen Einfluß suchende, Macht heischende Menschen zugedacht haben.

In all diesen Fällen geht es um eine auf diese großen Lehrer bezogene Einflußnahme einzelner auf die Menschheit, um einen Mißbrauch des eigenen Menschseins im Namen derer, die man verkündet, ohne ihnen und ihrem Geist wirklich verbunden zu sein. Das gilt im Buddhismus, im Christentum sowie in anderen Lehren und Bekenntnissen. Dabei handelt es sich stets um scheinheilige Machtergreifung im Namen eines Lehrers, den man mißbraucht. Diese Erscheinung ist nicht nur in obskuren Gemeinden und fragwürdigen Sekten zu beobachten, vielmehr auch in den offiziellen Kirchen und Glaubensgemeinschaften. Denn in ihren uns durch die Jahrhunderte bekannten Praktiken steht oft nicht das Verkündete, nicht der reine Geist der Lehre im Mittelpunkt, sondern häufig nur der religiös begründete Machteinfluß auf Menschen, Gemeinden, ja ganze Völker – das aber heißt, der persönliche oder politische Mißbrauch von Religion.

WEG UND LEHRE
DES GAUTAMO BUDDHA

Von Religions- und Kultmißbrauch müssen wir auch in Indien zur Stunde der Geburt Buddhas Mitte des sechsten vorchristlichen Jahrhunderts sprechen. Sie sind aber nur ein Aspekt des allgemeinen Verfalls der Ordnung und der Sitten, der trotz des hohen Geistesniveaus im Lande zu dieser Zeit zu beobachten ist. Politische Rivalität zwischen den Fürstentümern, Intrigen und Korruption unter den Großen, Falschheit und Betrug in allen Kreisen der Bevölkerung waren an der Tagesordnung. Dabei ging es vor allem um Macht und Besitz, längst nicht mehr um die Verwirklichung kultureller, ethischer oder religiöser Ziele, wenn auch davon noch immer die Rede war.

Buddha, geboren als Prinz Siddharta – Thronfolger in einem kleinen nordindischen Fürstentum –, war nur einer unter vielen, die ihre gesicherte Position, ihr sorgloses Leben als Mitglied der Oberklasse aufgaben, um damit gegen den Sittenverfall sowie die sich ausbreitende Willkür im Lande zu protestieren, und versuchten, ihm etwas Positives, eine hilfreiche Lehre, entgegenzusetzen.

Der Prinz Siddharta tat sich bei der Suche nach einem zum Heil führenden Weg nicht leicht. Er begab sich, wie viele seiner enttäuschten Zeitgenossen, in die Hauslosigkeit und lebte ohne Besitz, geschorenen Hauptes, nur mit einem Lendenschurz bekleidet, als Asket im Dschungel. Die Strenge, die er sich dabei in der Hoffnung auf Erleuchtung auferlegte, war beispielhaft. Doch bald schon erkannte er, daß der von ihm eingeschlagene Weg offenbar nicht zum Erfolg führen werde.

Auch die berühmten Lehrer, denen er in seinen Wanderjahren begegnete und die er hörte, konnten ihn von der Gültigkeit ihrer

Lehren nicht überzeugen. So fragte er sich schon bald, ob er vielleicht die Abtötung des Leiblichen, die Askese, noch nicht weit genug getrieben habe.

Er verließ die bewohnten Gegenden, in denen er sein Leben
bettelnd gefristet hatte, und zog in die tiefe Einsamkeit eines Wal-
des, wo er sich in Hunger und Entbehrung übte und die härtesten
Kasteiungen auf sich nahm. So wurde er den Tieren seiner Umgebung immer ähnlicher, ohne allerdings auch nur einmal ein er-
lösendes Gefühl zu verspüren. Deshalb ging er noch weiter und
versuchte mit einem Minimum an Nahrung auszukommen.

Eine Gruppe von Asketen in seiner Nähe bewunderte ihn für
seine Härte und Ausdauer. Sie nahmen ihn als Vorbild und wurden zu seinen eifrigen Anhängern, die ihn um seiner Konsequenz
willen bedingungslos verehrten.

Wir wüßten wenig über diese Zeit des damals etwa Dreißigjährigen, wenn er nicht später einem seiner Schüler – dem Mönch
Sariputta – genauen Bericht über sein Ringen um Erleuchtung gegeben hätte.

Schritt für Schritt beschreibt er seine Kasteiungen und den Zustand, in den er dadurch körperlich gelangte. Das wird besonders
bildhaft in dem erschütternden Satz: »Wenn ich die Haut meines
Bauches berühren wollte, so erfaßte ich mein Rückgrat, und wenn
ich mein Rückgrat berühren wollte, erfaßte ich die Haut meines
Bauches.«

Buddha will damit sagen, daß er abgemagert war bis zum Ske-
lett, in der Bemühung, Erlösung zu finden aus dem ewigen Kreislauf des Seins, des Samsara. Und er schließt seinen Bericht über
diese härteste und schwerste Zeit seines Lebens mit den einsichts-
vollen Worten: »Durch diese Lebensführung, durch diesen Wandel, durch diese Abtötung aber gelangte ich nicht zu dem höchsten
von Menschen erreichbaren Zustand, zur völligen Erkenntnis edlen Wissens, und warum nicht? Weil ich jene edle Erkenntnis
nicht erlangt hatte, welche, wenn sie erlangt ist, den sie Betätigen-
den zum gänzlichen Aufhören des Leidens führt und geleitet.«

In dieser Situation, die zugleich ein erster Augenblick tieferer

Einsicht war, beschloß Buddha, die körperliche Askese aufzugeben und einen geistigen Weg zu suchen, wie ihn schon mancher seiner Zeitgenossen gegangen war, freilich, wie er wußte, ohne das Ziel, nach dem der künftige Buddha strebte, zu erreichen.

Seine Anhänger wandten sich ab von ihm, als er begann, wieder regelmäßig Nahrung zu sich zu nehmen. Sie hielten ihn für einen Abtrünnigen. Buddha aber berührte das nicht. Ihm wurde klar, daß die Wahrheit und damit auch der Weg zur Erleuchtung nicht in der Welt der Körper, sondern in ihm selbst, in seinem suchenden Bewußtsein, angelegt sei. Und er erkannte, daß er allein in der Versenkung, in der Meditation den wahren Weg zur Erleuchtung finden könne.

Bodhgaya, die heilige Stätte im Nordosten Indiens, ist der Ort, wo eine der wichtigsten Wandlungen eines menschlichen Bewußtseins in der Weltgeschichte geschah: Buddhas Erleuchtung. Es ist der Platz, wo unter einem Bodhibaum der Funke des Erkennens im Prinzen Siddharta aufflammte, der zur Voraussetzung für das Entstehen der ältesten und wohl bedeutendsten der heute weltumspannenden Religionen wurde.

Nun war Gautamo Buddha gewiß nicht der erste, der sich erfolgreich des Mittels der Selbstbesinnung bediente, das zu tiefer Selbstversenkung – zur Meditation – führen kann. Aber er war wohl der erste, der es in seiner ganzen Konsequenz zu erfassen und zu erleben vermochte.

Er gelangte, wie er berichtet, in sieben Tagen zum Nirvana, dem wiedergeburtslosen Zustand, in dem der Mensch nicht nur sich selbst, sondern alles Irdische in sich und um sich überwindet. Doch Buddhas Nirvana unter dem Bodhibaum von Bodhgaya war nicht sein endgültiges Hinübergehen, das sich erst fünfzig Jahre später vollzog und als Parinirvana – als endgültiges Nirvana – bezeichnet wird. Es war vielmehr der Schritt in ein neues Bewußtseinsstadium, das es ihm ermöglichte, die Welt in all ihren Erscheinungen zu durchschauen und die menschliche Existenz selbst in ihrer Vergänglichkeit als ein Vorübergehendes zu begreifen.

Mit dieser Feststellung treten wir in den legendären Bereich des Buddha-Lebens ein, das sich für den heutigen Betrachter von nun an – ähnlich wie später das Leben Jesu – als ein in der Realität der Zeit gründendes Wunder erweist. Wunder waren zu Buddhas wie zu Jesu Zeiten keine Seltenheit. Man glaubte daran und vermochte damit umzugehen.

Buddha allerdings fragte sich als Erleuchteter, ob er die Fülle, Klarheit und Tiefe seines Wissens den Menschen mitteilen oder sie in Anbetracht ihres allgemeinen Lebenshungers und ihrer Weltlust für sich behalten solle.

Wir wissen nicht, wie er schließlich zu der Entscheidung gekommen ist, als Lehrer der Menschheit zu wirken, als den wir ihn heute kennen. Die Legende legt Einfluß und Entscheidung in die Hände eines alten indischen Gottes: Brahma. Folgt man dieser Aussage, so verdanken wir die buddhistische Lehre dem Eingreifen einer Gottheit, die im Hinduismus zur großen Göttertrias Shiva, Vishnu, Brahma gehört.

In Brahma verkörpern sich nach der Legende Größe, Menschlichkeit und Demut zugleich. Denn der Gott wird hier erstmals in der Religionsgeschichte zum Bittsteller vor einem als Mensch Geborenen.

Ohne Brahmas Eingreifen wüßten wir nichts von Buddhas Erleuchtung und nichts vom Zustand des Nirvana. Den Menschen fehlten die Einsicht ins Buddha-Wesen und die Möglichkeit, den Buddha-Weg zu erkennen und zu beschreiten. So wird der durch Brahmas Bitten ausgelöste Entschluß des Buddha, seine Erkenntnis mitzuteilen, zur eigentlichen Geburtsstunde des Buddhismus für die Menschheit. Dabei bleibt für den Buddhisten bis heute die Frage: Wie konnte es ein Gott sein, der Buddha erfolgreich beschwor, Lehrer der Menschheit zu werden? Haben doch gerade in Buddhas Lehre die Götter keinen bevorzugten Platz. Sie sind für ihn Wesen wie die Menschen. Er weiß weder von einem Schöpfer, denn Samsara ist ohne Anfang und Ende, noch von einem höchsten Herrscher. Das aber sind die Prädikate, die Brahma sich zulegt, wenn er von sich sagt: »Ich bin Brahma, der Große Brahma, der Höchste, der Unbesiegte, der Allseher, der Gebieter, der Herr, der Schöpfer, der Erschaffer, der Vollkommene, der Erhalter, Beherrscher und Vater von allem, was da war und sein wird.«

Setzen wir das hier zum Ausdruck kommende Göttliche und Absolute dem Guten, dem Hilfreichen, dem Menschenfreundlichen gleich, so begreifen wir, daß Brahma für Buddha zugleich das Brahman ist, das Universale, das sich verwirklichen muß, wenn das urindische Gesetz vom Unendlichen richtig ist.

In diesem Sinne wird Brahma zu Buddhas Gewissen, wenn er an ihn herantritt und spricht: »Vergehen ach wird diese Welt, zugrunde gehen wird sie, wenn des Vollendeten, des höchsten Buddha Geist sich dazu neigt, in Ruhe zu verharren und die Lehre nicht zu predigen.« Es sind Buddhas eigene Gedanken, die Brahma da ausspricht und die sich gegen den Versucher – Mara, den Teufel – wenden, der Buddha während seiner Meditation zu eben dieser Entscheidung des Nichtlehrens hatte überreden wollen. Gut und Böse, Wohltat und Übel stehen sich in Buddhas Bewußtsein als Brahma und Mara – als Gott und Teufel – gegenüber, so wie der Mensch dieser Zeit sie sah und verstand.

Nach dreifachem Erwägen billigt Buddha Brahmas Begehren. Er will dem Guten, dem Heil eine Chance geben, und er spricht zu Brahma und damit zum All: »Geöffnet sei allen das Tor der Ewigkeit; wer Ohren hat, höre das Wort und glaube.« Nun erst gestattet uns Buddha Einsicht in sein Erkennen. Er lehrt das durchschaute Unheil der Welt und den Weg, der zum Heil, zur Erleuchtung führt. Damit wird er als erster Mensch zum beispielhaften Lehrer. Was er lehrt, ist Welterkenntnis und Weltbesserung mit dem Ziel der Weltüberwindung.

Als Buddha sich entschlossen hatte zu lehren, brach er auf von Bodhgaya, um seine Anhänger aus der Asketenzeit aufzusuchen. Ihnen wollte er sein Wissen zuerst vermitteln, nachdem er erfahren hatte, daß von seinen früheren Lehrern, denen er gern seine Erkenntnisse mitgeteilt hätte, keiner mehr lebte.

Im Park von Sarnath, nicht weit von der alten Stadt Varanasi am Ganges entfernt, traf Buddha seine Gefährten von einst. Sie standen ihm wie damals, als sie von ihm abrückten, zweifelnd gegenüber. Doch schließlich konnte er sie überzeugen. Sie wurden zu seinen ersten Anhängern.

Und dies ist die Rede Buddhas, die sie überzeugt hat, in einer alle wesentlichen Aspekte enthaltenden Kurzfassung, die der große deutsche Indologe und Religionswissenschaftler Hermann Oldenberg 1920 bei seinem Tode hinterlassen hat:

»Zwei Enden gibt es, ihr Mönche, denen muß, wer dem Weltleben entsagt hat, fernbleiben. Welche zwei sind das? Hier das Leben in Lüsten, der Lust und dem Genuß ergeben: Das ist niedrig, gemein, ungeistlich, unedel, nicht zum Ziele führend. Dort Übung der Selbstquälerei: Die ist leidenreich, unedel, nicht zum Ziele führend.

Von diesen beiden Enden, ihr Mönche, sich fernhaltend, hat der Vollendete den Weg, der in der Mitte liegt, entdeckt, der Blick schafft und Erkenntnis schafft, der zum Frieden, zum Erkennen, zur Erleuchtung, zum Nirvana führt.

Und was, ihr Mönche, ist dieser vom Vollendeten entdeckte Weg, der in der Mitte liegt, der Blick schafft und Erkenntnis schafft, der zum Frieden, zum Erkennen, zur Erleuchtung, zum Nirvana führt?

Es ist dieser edle achtteilige Pfad, der da heißt: rechtes Glauben, rechtes Entschließen, rechtes Wort, rechte Tat, rechtes Leben, rechtes Streben, rechtes Gedenken, rechtes Sichversenken.

Dies, ihr Mönche, ist der vom Vollendeten entdeckte Weg, der in der Mitte liegt, der Blick schafft und Erkenntnis schafft, der zum Frieden, zum Erkennen, zur Erleuchtung, zum Nirvana führt. Dies, ihr Mönche, ist die edle Wahrheit vom Leiden: Geburt ist Leiden, Alter ist Leiden, Krankheit ist Leiden, Tod ist Leiden, mit Unliebem vereint sein ist Leiden, vom Lieben getrennt sein ist Leiden, nicht erlangen, was man begehrt, ist Leiden, kurz, die fünferlei Objekte des Ergreifens sind Leiden.

Dies, ihr Mönche, ist die edle Wahrheit von der Entstehung des Leidens: Es ist der Durst, der zur Wiedergeburt führt, samt Freude und Begier, hier und dort seine Freude findend: der Lüstedurst, der Werdedurst, der Vergänglichkeitsdurst.

Dies, ihr Mönche, ist die edle Wahrheit von der Aufhebung des Leidens: die Aufhebung dieses Durstes durch restlose Vernichtung des Begehrens, ihn fahren lassen, sich seiner entäußern, sich von ihm lösen, ihm keine Stätte gewähren.

Dies, ihr Mönche, ist die edle Wahrheit vom Wege zur Aufhebung des Leidens, es ist dieser edle achtteilige Pfad, der da heißt: rechtes Glauben, rechtes Entschließen, rechtes Wort, rechte Tat, rechtes Leben, rechtes Streben, rechtes Gedenken, rechtes Sich-versenken.

›Dies ist die edle Wahrheit vom Leiden‹: Also, ihr Mönche, ging mir über diese zuvor nicht vernommenen Ordnungen der Blick auf, ging mir die Erkenntnis auf, ging mir das Verstehen, das Wissen, das Anschauen auf. ›Diese edle Wahrheit vom Leiden muß man begreifen … Diese edle Wahrheit vom Leiden habe ich begriffen‹: Also, ihr Mönche, ging mir über diese zuvor nicht vernommenen Ordnungen der Blick auf, ging mir die Erkenntnis auf, ging mir das Verstehen, das Wissen, das Anschauen auf.

Und solange ich, ihr Mönche, nicht von diesen Vier Edlen Wahrheiten solche dreifach gegliederte, zwölfteilige, wahrhafte Erkenntnis und Schauung in voller Klarheit besaß, so lange, ihr Mönche, hatte ich auch nicht das Bewußtsein, in der Welt samt Göttern, samt Mara, samt Brahma, unter allen Wesen samt Asketen und Brahmanen, samt Göttern und Menschen die höchste Erleuchtung gewonnen zu haben.

Seit ich aber, ihr Mönche, von diesen Vier Edlen Wahrheiten solche dreifach gegliederte, zwölfteilige, wahrhafte Erkenntnis und Schauung in voller Klarheit besaß, von da an, ihr Mönche, war ich mir dessen bewußt, in der Welt samt Göttern, samt Mara, samt Brahma, unter allen Wesen samt Asketen und Brahmanen, samt Göttern und Menschen die höchste Erleuchtung gewonnen zu haben.

Und Erkenntnis ging mir auf, und Schauung ging mir auf: Unverlierbare Erlösung des Geistes ist mein; dies ist die letzte Geburt; nicht gibt es hinfort Wiedergeburt.«

Diese Rede gilt noch heute als die grundlegende Botschaft

des Buddha, nicht nur an Mönche, sondern an alle Menschen, die sie zu vernehmen und zu verstehen willens und in der Lage sind.

Es ist die Predigt, mit der Buddha das Rad der Lehre in Bewegung gesetzt hat. Hunderte von Predigten und Unterweisungen folgten im Laufe der nächsten fünfzig Jahre bis zu Buddhas Tod – seinem endgültigen Nirvana. Doch was er Mönchen und Laien in der langen Zeit seiner Lehrtätigkeit verkündete, gründet in dieser ersten Rede, mit der er sein in der Erleuchtung gewonnenes Wissen um Leben und Menschsein vermittelte. Aus ihr entwickelt er für Mönche und Laien einen Erkenntnisweg und ein neues Bewußtsein. Es bleibt dabei nichts, wie es für den Menschen bisher war. Jeder muß sein bisheriges Leben als Schein, als Wahn, als Täuschung erkennen und daraus die Konsequenzen ziehen. Das Leben wird dabei in seinen Gesamtzusammenhängen durchschaut und enthüllt.

Auf diese Weise entsteht aus der Analyse des Leidens als unserer Grundbefindlichkeit und dem Weg, den Buddha zur Überwindung der Leiden weist, eine allumfassende Lehre vom Dasein und seiner Bewältigung, die heute so gültig ist wie zu Buddhas Zeiten.

Ein bedeutender Buddhist unserer Tage – Paul Debes – hat die Anwendbarkeit der Buddha-Lehre auf die Gegenwart in seinem Werk *Meisterung der Existenz durch die Lehre des Buddha* überzeugend beschrieben. Hier wird deutlich, daß es Buddha im Gegensatz zu anderen Lehrern seiner Zeit, die vor allem Zeitgemäßes diskutierten, um die Grundfragen des Menschseins ging. Dabei erscheinen viele seiner Aussagen wie Binsenwahrheiten. So etwa, wenn er Gier, Haß und Blendung als Gründe unseres leidvollen Daseins beschreibt und hinterfragt. Und doch: Welch beherrschende Rolle spielen trotz oder gerade wegen dieser Selbstverständlichkeit Gier, Haß und Blendung im täglichen Menschenleben? Wer ist wirklich frei davon?

Es sind die leicht zu durchschauenden alltäglichen Verhaltensweisen, die uns den von Buddha gezeigten Weg verstellen. Sie zu bekämpfen und allmählich in uns zu überwinden, ist der entscheidende Schritt auf dem Achtfachen Pfad, den Buddha lehrt. Es geht dabei um das Loslassen all der Dinge, die uns an unser körperliches Verlangen, an die Versuchungen und Verführungen des Samsara ketten. Am Besitz hängen, nach Macht streben ohne Rücksicht auf andere, der Lustbegier folgen, das alles sind Eigenschaften, die uns lähmen und – solange wir sie nicht durchschauen und überwinden – am Loslassen hindern.

In einem Rededuell mit Saccako, einem jungen Anhänger der Niggantha-Sekte, der »Von Fesseln Befreiten«, entschlüsselt Buddha das Wesen menschlicher Existenz, wie es seiner Lehre zugrunde liegt.

Er nennt fünf Gruppen – die fünf Zusammenhäufungen –, wie Paul Debes feinsinnig übersetzt, aus denen der Mensch als vorübergehende Erscheinung besteht: die Körperlichkeit, das Gefühl, die Wahrnehmung, die Geistesformationen und das Bewußtsein. Aus ihnen besteht im ständigen Wandel der Mensch, der, wie wir leicht an uns selbst feststellen können, in dem Augenblick, da er sich Ich nennt, schon wieder ein anderer, ein Veränderter ist.

Mit dieser Auffassung, die der Lehre Buddhas zugrunde liegt, stoßen wir auf den tiefsten Grund der Erkenntnis des Erleuchteten: auf Anatta, das Nicht-Ich, das Nicht-Selbst. Hier tritt die Grunderkenntnis des Buddha zutage. In der Erleuchtung hatte er erfahren, daß es ein beständiges, in sich bestehendes Ich nicht gibt. Das Wesen des Menschen, so erkannte er, ist ständiger Wandel. Und so lehrte er es. Es war und ist der Versuch, dem Menschen klarzumachen, daß sein vermeintliches Ich in Wirklichkeit nicht existiert, daß es nichts gibt als ein in ständiger Fluktuation befindliches Bewußtsein.

Bis zu solcher Einsicht freilich war und ist es auch für den Anhänger und Nachfolger Buddhas ein weiter Weg. Buddha wurde nicht müde, ihn zu lehren. Doch er wußte wohl, daß nur die wenigsten seiner Schüler ihn bis zu Ende gehen würden und dies gewiß nicht in einem Leben.

Trotzdem hat er, daran kann heute, zweieinhalbtausend Jahre

nach seinem Erdendasein, kein Zweifel bestehen, bei vielen einen Geisteswandel bewirkt, ohne den menschliches Erdenleben kaum noch vorstellbar wäre. Schon zu seinen Lebzeiten zählten seine Schüler nach Tausenden. Ihnen und allen seinen späteren Anhängern war er ein beispielhafter Lehrer – ein großartiger Vermittler seiner eigenen Erkenntnis.

Doch dürfen wir Buddha selbst ebenfalls nicht als ein festes, unwandelbares Ich begreifen, ihn nicht nur als einen Großen seiner Zeit betrachten. Auch er ist nur Erscheinung in der Erscheinungen Flut. So wie er von Vorgängern spricht, die im Zeitabstand von fünftausend Jahren erschienen sind, so verheißt er auch nach weiteren fünftausend Jahren einen Nachfolger: Maitreya.

Sie alle sind Erleuchtete, doch nicht von Anfang an. Sie haben, so wie Buddha selbst, eine endlose Reihe von Wiedergeburten hinter sich, von denen Gautamo Buddha, den wir auch den historischen Buddha nennen, in den Jatakas – den Vorgeburtsgeschichten – berichtet.

Julius Dutoit hat sie in sieben Bänden von 1908 bis 1921 auf deutsch vorgelegt. Er vermittelt uns damit einen tiefen, anschaulichen Einblick in die buddhistische Wiedergeburtsvorstellung und die Bedeutung des Karma.

Am Beispiel Gautamo Buddha stellen die Jatakas mit ihren Darstellungen seiner der Erleuchtung vorangegangenen vielen Leben diesen doch, jenseits seiner Erdenzeit, in den Weltzusammenhang von Werden und Vergehen – ins endlose Samsara, das Grund und Voraussetzung für sein Erkennen und seine Lehre war.

In den Reden Buddhas zeigt sich uns ein erstes Mal die Verbindung von Realität und Transzendenz, von Leben und Streben, bezogen auf den einzelnen Menschen. Buddha nimmt das Individuum ernst in seiner Not und seiner Hinfälligkeit. Er erkennt und lehrt, wie wenig der Mensch ist, gemessen an den Hoffnungen, die er nährt, und den Vorstellungen, die ihn erfüllen.

Buddha ist in Erkenntnis der Wirklichkeit unseres Seins der erste Realist unter den großen Lehrern und der erste Mensch, der die Fragwürdigkeit und Sinnlosigkeit unserer Existenz durch-

schaut hat. Er zeigt die Möglichkeiten auf, mit diesem Leben umzugehen und seine Nöte schließlich zu überwinden.

Abendländische Interpreten haben ihn dafür einen Nihilisten
genannt. Dabei begriffen sie nicht, daß die Verneinung nicht in
Buddhas Lehre, sondern in den Umständen zu suchen ist, die der
Mensch bei jeder Wiedergeburt auf Erden vorfindet und mit denen er sich täglich auseinandersetzen muß, wenn er sich nicht
zum willenlosen Spielzeug des Samsara machen lassen will.

LEBENSKREISLAUF UND NIRVANA

Buddha durchschaute, wie wir gesehen haben, schon vor seiner Erleuchtung die Übel der Zeit, die sich in der Verelendung der Massen und im Amtsmißbrauch des Adels und der Brahmanen ausdrückten. Er begriff und deutete sie als Formen des ewigen Samsara, des Lebenskreislaufs, in den der Mensch verwoben ist. Dabei wurde ihm auch das Heiligste, wie es die Brahmanen im Opfer vor den vedischen Göttern beschworen, fragwürdig. Er erkannte hinter den traditionellen Riten die priesterlicher Bereicherung dienende Rolle des Opfers und begriff, daß auch die religiösen Praktiken tief im Samsara wurzelten.

So galt seine Lehre zuerst der Enthüllung und Durchschauung des Samsara, der Einsicht in seine unentwirrbaren Zusammenhänge. Bemühung um Erkenntnis war für ihn dabei der erste Schritt. Es war ein Schritt vom konventionellen Weg, den die Menschheit seit Jahrtausenden in Nichtwissen und Leid gegangen war. Buddha tat ihn, um den Menschen die Überwindung des Leidens zu lehren. Er führte weg von einer religiösen Entwicklung, die von guten frühen Anfängen immer tiefer ins Samsara abgeglitten war, wobei gerade jene Menschen Schuld auf sich luden, die sich Vertreter der Religion, Diener der Götter nannten.

Buddha erkannte aber auch die Wahrheiten, die in den alten Lehren verborgen waren und um die sich immer noch so mancher Brahmane mühte. Er durchschaute den Gegensatz zwischen Samsara und solchem geistigen Bemühen. Dieser Gegensatz hat, wie wir sehen werden, eine lange Geschichte – es ist die Geschichte der religiösen Ursprünge und ihrer Verfehlungen.

Priester und Opfer, das waren seit ältester Zeit, wenn auch nicht von Anfang an, die beiden Pole der religiösen Bindung des

Menschen, nachdem er seine Ursprungsbindung an das Schöpferische, das Gebärende und damit an ihren frühesten göttlichen
Ausdruck – die Große Mutter – verloren hatte.

Das Opfer gilt dem Gott – dem frühen männlichen Gott –, so
wie er es ist, der das Opfer verlangt. Er ist nicht ursprünglich, sondern durch den Kult mit dem Menschen verbunden. Deshalb bedarf er des Vermittlers, des Priesters zu seiner Wirkung, ja zu seiner überzeugenden Existenz.

Das haben wir in Mesopotamien gesehen, und das zeigt sich
fast genauso früh, obgleich auf andere Weise, in Ägypten. Dort war
deutlicher und endgültiger noch als im Vorderen Orient der König
als Pharao ein für alle Mal zum Gott geworden und hatte die Göttin zur Dienerin gemacht; zu einer Dienerin allerdings, ohne deren
Dasein und Hilfe er nie hätte Gott werden und – nach seinem
Tode – Gott hätte bleiben können. Denn die göttliche Magd ist in
Ägypten keine geringere als Hathor, die dem Pharao nicht nur
dient, sondern zugleich seine Behausung darstellt. Hier haben wir
eines der Beispiele, wo der Mutterschoß zur Höhle und von der
Höhle zum Palast, ja schließlich zur Pyramide wird.

Die Verbindung vom Schoß zum heiligen Stein, von der Geburt zur Grabstätte, wird dabei sichtbar und deutbar, in einer
Welt, die uns schon so weit entfernt scheint von der Welt der
Großen Göttin. Hathor ist die Brücke, so wie in Mesopotamien
Inanna auf ganz andere Weise die Brücke war. Beide Göttinnen
sind Herrinnen des Steins. Aber der Stein, der ihren Schoß symbolisiert, ist zugleich der Phallus, durch den ihr Schoß befruchtet
und letztlich unterworfen wird. Es ist der früheste Ausdruck des
Sowohl-Als-auch, dem wir mehr als tausend Jahre später in Indien wiederbegegnen. Auch dahin hat es eine Brücke gegeben:
Sie lag im syrischen Mitanni, dem geheimnisvollen Reich des
Vorderen Orients, und im ältesten Iran. Sie bestand aus Volks-
stämmen indoarischer Herkunft, die sich durch Machtwillen und
starke Mobilität auszeichneten. Der Iran und Indien – Asiens
Zentren – waren Ziele ihres Ausdehnungsdranges. Dabei spielten
als Anführer nicht nur Krieger, sondern auch jene Männer des

Geistes und des Kultes eine Rolle, denen wir in Indien als Rishis und Brahmanen begegneten. Sie sind die ersten gewesen, durch die der alte Ost-West-Weg ins historische Bewußtsein drang und eine Vorstellung eurasischer Begegnung entstand, die über Jahrtausende ein völkerbewegendes, vor allem aber Religionen stiftendes Thema war.

Von Anfang an, soweit wir sehen seit mehr als zehntausend Jahren, war der Weg zwischen Asien und dem Mittelmeer nicht nur eine Handelsverbindung, sondern ebenso ein Vermittler von Wissen und Glauben – eine Straße des Kulturtransfers. Ihren vielfältigen Verbindungen, Verästelungen und nachhaltigen Wirkungen wollen wir folgen.

Damals, vor zehntausend Jahren oder noch früher, war es die Große Göttin, die auf europäischem wie auf asiatischem Boden seit undenklicher Vorzeit das religiöse Denken und Handeln der Menschen geprägt und bestimmt hat. Sie erlebte von Vorderasien – dem heutigen Anatolien – aus, nach indifferenten Jahrtausenden, denen wir im Rückblick wenig Realität abgewinnen können, eine großartige Renaissance, die mit der Entstehung der ältesten Städte einherging. Doch bereitete sich mit dieser dynamischen Entwicklung auch schon jener Geschlechterwechsel göttlichen Machtbewußtseins vor, der die Jahrtausende währende weibliche Prägung der Religion allmählich verdrängte und verwischte.

Von den ursprünglichen religiösen Glaubensformen, die sich seit dem dreißigsten vorchristlichen Jahrtausend in weiten Teilen Europas und Asiens ausgebildet und verbreitet hatten, hielt sich, trotz oder gerade wegen des Geschlechterwechsels der vorherrschenden Götter, vor allem eine Vorstellung des Geburten- und Lebenskreislaufs, die von der wahrscheinlich sehr früh entstandenen Wiedergeburtsidee bis zur Seelenwanderung reicht.

In vielen Kulturregionen, so auch in Indien, hat sie dann sehr ausgeprägte, sich jedoch mehrfach wandelnde Formen entwickelt, die schließlich zu grundlegenden Glaubensauffassungen führten, so etwa im Buddhismus oder im Hinduismus. Hier knüpfen Hochreligionen an sehr ursprüngliche Vorstellungen vom menschlichen

Lebensablauf und seinen natürlichen Wiederholungen an. Dabei bleibt der Gedanke an ein göttliches Einwirken weitgehend ausgeschlossen. Der Mensch selbst ist es, der sein Kommen und Wiederkommen nicht nur körperlich bewirkt, sondern durch sein Verhalten, seine Lebensführung auch beeinflußt.

Der Priester, die Kulthandlung und das Opfer haben dabei nur geringe Bedeutung. Bei der Wiedergeburt wie bei der Seelenwanderung hat es der Mensch nur mit sich selbst zu tun. So werden im Buddhismus auch die Götter bedeutungslos, und das Opfer verliert unter diesen Voraussetzungen seinen Sinn, stellt es doch die Verbindung zwischen Mensch und Gott, aber auch zwischen Gott und Mensch her, während sich in der Wiedergeburt ein von den Göttern unabhängiger Kreislauf menschlicher Existenzen vollzieht. Insofern schließen sich Opfer und Wiedergeburt in ihrem Wirkungszusammenhang aus, bis schließlich – im Christentum – der Opfergedanke zur Verheißung der Auferstehung wird, wobei die vom Erlöser Christus verkündete Auferstehung den Wiedergeburtszyklus genauso, wenn auch in anderem Sinne, unterbricht, ja abbricht, wie das buddhistische Nirvana.

Während Jesus Christus im Verständnis der Kirche noch Opfer ist, zugleich aber Erlöser heißt, bedarf Buddha des Opfers nicht. Er erlöst sich aus eigener Kraft und zeigt der Menschheit den Weg, der dahin führen kann. Es ist der Weg, auf dem der Mensch das Samsara überwindet und damit den Kreislauf der Wiedergeburten durch den Eintritt ins Nirvana – in einen Zustand ohne irdische Wiederkehr – beendet.

Mit der Trennung vom schematisierten Priesterritual und vom standardisierten Kult – dieser veräußerlichten Religiosität –, die Buddha durch seine Lehre vollzog, war ein neuer, sich schnell verbreitender Wirkungszusammenhang entstanden, der des Opfers nicht mehr bedurfte oder es doch – wie später in der Lehre Jesu – durch Selbstopfer überwand.

Deutlich zeigt sich dabei, daß die beiden – Buddha und Jesus – das gleiche im Sinn hatten: die Erlösung des Menschen. Und doch sind Weg und Ziel für beide verschieden. Buddha will den Geist

der Weisheit – die Erkenntnis –, Jesus das Gefühl der Liebe verwirklichen.

Für beide kennen wir Vorbilder. Sie haben aber auch vielfältige
Berührungspunkte in ihrem Denken und Wirken – und das, obwohl sie als historische Erscheinungen sechshundert Jahre ausein-
anderliegen. Es ist die Zeit, in der sich nicht nur vielerorts eine Ab-
kehr von den Göttern vollzieht, sondern auch ein neues Gottesbild,
eine transzendente Gottesvorstellung, wie sie lange nur isoliert im
Judentum bestanden hatte, durch die Kraftzentren der Zeit – Hellenismus und Rom – weitreichende Bedeutung erlangt.

All das müssen wir bedenken, wenn wir die Frage nach dem
Menschen als einmalige oder aber ständig wiederkehrende Erscheinung stellen. Es ist zugleich die Frage nach seinem Gegenbild
in Gott: vom Menschen erschaffen oder den Menschen erschaf-
fend? In ihr enthüllt sich der Konflikt zwischen der Lehre Buddhas
und der Lehre Jesu, wie sie uns überliefert sind. Hier zeigt sich der
Gegensatz zwischen Immanenz und Transzendenz – aber auch
zwischen Statik und Dynamik, zwischen Vita contemplativa und
Vita activa.

Für den Buddhisten hat er als innerer, als menschlicher Konflikt nie bestanden. Für den Christen besteht er von Anfang an bis
heute. Denn er begreift nur sein jetziges Leben. Der Blick ins Jenseits, wie ihn Jesus seiner Gemeinde zu öffnen versuchte, ist für
den einzelnen nicht recht einsehbar. Und die verkündete Wirklichkeit eines ewigen Lebens – was immer man sich aus christlicher Sicht darunter vorstellen mag – bleibt ungewiß. Seine
Vereinzelung konfrontiert den abendländischen Menschen letztendlich nur mit dem Tod – mit seinem Tod. Er ist die einzige Gewißheit, die ihm bleibt, trotz aller christlichen Verheißung.

Für den Buddhisten gibt es eine doppelte Gewißheit: die der
Wiedergeburt und die ihrer möglichen, aus eigener Kraft zu schaffenden Überwindung. Ist es da ein Wunder, daß der Wiederge-
burtsgedanke zu den ältesten Ideen der Menschheit zählt? Er ist
die einzige religiöse Idee, die zu ihrer Verwirklichung nicht des
Priesters und nicht des Opfers bedarf. Sie kommt aus dem Men-

schen als Ausdruck ewigen Kreislaufs und ist der lebendige Beweis für die räumlich wie zeitlich grenzenlose Existenz des Kosmos und seiner Erscheinungen.

Diese Vorstellung der ewigen Wiederkehr, die uns nicht nur der Kreislauf von Tag und Nacht, vom Kommen und Gehen der Jahreszeiten, sondern viel deutlicher noch das Wachsen, Blühen, Welken und Vergehen in der Natur suggeriert, ist ganz sicher schon sehr früh vom Menschen auf den Menschen übertragen worden. Dabei hat man Geburt, Dasein und Tod gewiß nicht als zeitlich begrenzten Ablauf empfunden, sondern gleichfalls als ständige Wiederkehr des Gleichen, wobei äußere Ähnlichkeiten sogar lange an eine körperliche Wiedergeburt denken ließen.

Erst mit der Verfeinerung und Differenzierung des menschlichen Bewußtseins kam es zur Unterscheidung von Körper und Geist und schließlich zu einer Vorstellung von der unsichtbaren Seele, die im Laufe der Jahrtausende sehr unterschiedliche Deutungen erfahren hat. Auch Wiedergeburt und Seelenwanderung wurden verschiedenartig interpretiert. Dabei ging dem Glauben an Wiedergeburt, dem wir in Indien begegnen, in vorbuddhistischer Zeit eine Lehre vom Wiedertod als dem durch eigene Schuld wiederholten Eingehen in das Totenreich voraus, die einen weiteren Aspekt der zur Seelenwanderung gehörenden Vorstellungswelt erschließt.

Wir haben es hier mit der Entfaltung einer tiefgreifenden geistig-schöpferischen Produktivität zu tun, die in Indien eine breite Nachfolgeliteratur zu den Veden und Brahmanas hervorgebracht hat: die Upanishaden. Das sind schwer verständliche Texte, die sich nicht nur mit religiösen Fragen, sondern mit fast allen Lebensproblemen in spekulativer Weise beschäftigen. Sie sind als Geheimlehren in die indische Geistesgeschichte eingegangen und gehören zum Rüstzeug der Brahmanen.

In diesen Texten begegnen wir auch ersten Auseinandersetzungen mit der Wiedergeburt und der Seelenwanderung. Dabei werden der Zusammenhang zwischen Leben, Tod und Wiedergeburt sowie die Art der Wiedergeburten erörtert. So finden wir in der Brhad-Aramjaka-Upanishad eine Betrachtung über Tod und

Karma, in der vom Einfluß des Denkens und Tuns zu Lebzeiten eines Menschen auf sein künftiges Leben die Rede ist. Da heißt es: »Gut wird einer durch gute, schlecht durch böse Tat.« So geht die Rede vom Karma als dem, was einer in seinem Leben gewirkt oder verwirklicht hat.

Buddha kannte diese Texte, als er um Erleuchtung rang und dann seine Vier Edlen Wahrheiten vom Leiden und seiner Überwindung verkündete. Er war der Vollender, zugleich aber auch der Überwinder der Upanishaden-Weisheiten. In seinen Reden wurden Karma, Wiedergeburt und Wegbereitung ins Nirvana zum Einklang, der bis heute fortwirkt.

Von Seelenwanderung hören wir auch in der frühgriechischen Geschichte und begegnen ihr bis Platon und Plotin. Ob hier Indisches und Griechisches aus einer historischen Quelle fließen, wissen wir nicht. Doch Wiedergeburt, das erkennen wir, ist ein Urthema, ist Einsicht des Menschen in seinen Lebensablauf aus erster Stunde.

Es ist auch der Glaube und das Wissen, die Asien und die Mittelmeerwelt, Indien und Hellas, früh verbinden. Die Vorstellungen freilich von Tod und Seelenwanderung, von Geist und Wiedergeburt, wie sie uns überliefert sind, liegen weit auseinander. Sie entsprechen den Trance- und Traumwelten beider Bereiche, wie wir sie aus den Mythen und Mysterien kennen.

In Indien ist es die auf vedische Ursprünge zurückgehende Panchanividya, die Fünf-Feuer-Lehre, die den Weg des Toten auf seiner Himmelsreise beschreibt. Das Unsterbliche an ihm, das wir später Karma oder, in Übereinstimmung mit westlicher Sehweise, auch Seele nennen, steigt nach der Verbrennung des Körpers in lichthafter Gestalt zum Himmel auf, wo es von den Göttern fünfmal in den Opferfeuern des Himmels, der Luft, der Erde, des Männlichen und des Weiblichen geopfert wird. Dabei wird es aus Glaubensgewißheit zu Soma, dem heiligen Trank, aus Soma zu Regen, aus Regen zu Nahrung, aus Nahrung zu Sperma, aus Sperma zu einem Embryo. So gelangt es über Himmel und Erde durch Mann und Frau zur Wiedergeburt.

Eine spätere Lehre – Pitriyana –, die als »Weg der Väter« beschrieben wird, läßt die Totenseele über den »südlichen Weg« ins Mondreich gelangen, um dort den Lohn für gute Taten im Leben zu erhalten. Dann führt der Weg der Seele auf die Erde zurück, wo sie ihre bisher unbefriedigten Wünsche erfüllen kann. Doch es gibt auch schon den anderen, den göttlichen Weg – Devayana –, der zu Weisheit und spiritueller Klarheit führt. Hier ist bereits der später von Buddha – nun ohne göttliche Bindung – beschrittene und der Menschheit verkündete Weg zur Erleuchtung und damit zur Befreiung aus dem Samsara – dem Kreislauf der Wiedergeburten – angedeutet.

Im griechisch-vorderasiatischen Raum ist die Vorstellung einer Seelenwanderung nach späteren Zeugnissen mit der Gemeinde des Pythagoras verbunden. Wir begegnen ihr aber genauso unter den Anhängern des legendären Sängers Orpheus, zu dessen Mysterien das Wissen um die Seelenwanderung gehört. Hier treffen sich, anders als im Indien Buddhas, Mythos und Theologie: der Glaube an das Geheimnis und die natürliche Gewalt des Göttlichen, der wir trotz der in einigen Partien der *Ilias* spürbaren Skepsis Homers in der frühen griechischen Philosophie immer wieder begegnen.

Der Anonymität der indischen Rishis, wie all der Verfasser der vedischen Texte und der Upanishaden, stehen in Griechenland jene zwei mit Namen gesicherte Erscheinungen gegenüber, deren Ruhm bis heute nicht verblaßt ist. Herodot mißt ihnen die gleiche Funktion zu wie Paul Deussen den Veden-Dichtern, wenn er schreibt: »Homer und Hesiod sind es, die den Griechen ihre Götter schufen, den Göttern Namen gaben und ihre Gestalten aufzeigten.«

DER TRAUM VON DER
UNSTERBLICHKEIT

Der Gedanke an ein Nirvana ist im Abendland nie gedacht worden. Aber auch die Idee einer endlosen Folge irdischer Wiedergeburten mit der Möglichkeit eines selbstbestimmten Ausstiegs aus der menschlichen Existenzenfolge ist weder bei den alten Griechen noch unter Christen vorstellbar. Wunsch und Sehnsucht heißen hier: Unsterblichkeit. Sie gehört nach alter Vorstellung den Göttern, die Hesiod gleich zu Anfang seiner berühmten *Theogonie* »der Unsterblichen heiliges Geschlecht, der immerfort Seienden« nennt. In diesen Worten schwingt der menschliche Traum von Unsterblichkeit unüberhörbar mit. Er ist Teil des menschlichen Göttererlebnisses, wie es sich zwischen der dem Mütterlichen zugewandten Urreligiosität und der Ausbildung von ersten Göttervorstellungen in frühesten Zeiten entfaltet hat. Die Hinwendung zum Himmel und die Angst vor der Unterwelt – dem Reich der Toten – spielten dabei bereits eine wichtige Rolle. Das Erlösungswort aber hieß Unsterblichkeit – es war das Sehnsuchtswort schlechthin. Daraus entstanden die Götter als die Unsterblichen, nachdem vorher – wie Hesiod zu erzählen weiß – sich Himmel und Erde paarten und damit Leben zeugten als Voraussetzung unseres eigenen Seins. Hinter all diesen mythischen Vorstellungen der zweiten Stunde – die erste war von der Großen Göttin und ihrer Fruchtbarkeit allein geprägt – steht jener Traum von der Unsterblichkeit. Er ist für unser Verständnis menschlicher Ausdeutung kosmischen Seins unumgänglich.

So wie das All schon früh als unvergänglich begriffen wird, begreift sich auch der Mensch selbst als Teil dieses Alls. Ist er es doch, der es phantasievoll denkt und in seiner Vorstellung bewegt. Es ist Gesicht und Gedanke für ihn, er selbst der Schöpfer jener Kosmogonie, in der ihm alles erscheint: das ursprüngliche Chaos, Gaia, die göttliche Urmutter, und Eros, das zum Gott gewordene zeugende Prinzip. Dabei geht die Vorstellung vom Chaos als dem Urgrund des Seins wohl weit vor Hesiods Zeiten zurück. Er reflektiert in seiner *Theogonie* uraltes Gedankengut, wenn er schreibt:

»Wahrlich, als erstes ist Chaos entstanden, doch dann Gaia (die Erde) mit ihrer breiten Brust, für alle ewig ein sicherer Sitz, und im Schoß der weiträumigen Erde der dunstige Tartaros sowie Eros, der schönste im Kreis der unsterblichen Götter, der Gliederlöser; aller Götter und aller Menschen Sinn in der Brust und ihren umsichtig planenden Willen bezwingt er. Weiter gingen aus Chaos Erebos und die schwarze Nacht hervor. Aus der Nacht wiederum wuchsen Äther und Tag hervor, die sie gebar, nachdem sie sich mit Erebos in Liebe vereinigt hatte. Gaia wiederum gebar als erstes den ihr selbst gleichen, sternenbedeckten Uranos (Himmel), damit er sie allseits umhülle und daß er den seligen Göttern für ewig ein sicherer Sitz sei. Dann gebar sie die großen Berge, die lieblichen Behausungen der göttlichen Nymphen, die in waldigen Gebirgsschluchten wohnen. Sodann gebar sie auch das unfruchtbare, mit seinen Wogen brodelnde Meer, Pontos, ohne alle Sehnsucht der Liebe. Aber dann teilte sie das Lager mit Uranos und gebar den tiefwirbelnden Okeanos, Koios, Krios, Hyperion und Japetos ...

Die ganze Erde kochte, ebenso die Ströme des Okeanos und das unfruchtbare Meer; und um sie, die erdgeborenen Titanen, herum blies ein glühender Wind; die Flamme, nicht zu stillend, reichte bis zum heiligen Äther; und der funkelnde Schein von Blitz und Licht blendete sogar die Augen derer, die mächtig sind. Eine wunderbare Gluthitze erfaßte das Chaos; und es war dasselbe, mit den Augen zu sehen und den Lärm mit den Ohren zu hören, gerade so, wie wenn sich die Erde und von oben der riesige Himmel einander nahten; ein derart großes Getöse hatte sich nämlich erhoben ...«

Solche Vorstellung vom Ursprung erscheint wieder in der modernen naturwissenschaftlichen Chaostheorie. So wie auch Gaia – Hesiods Erdmutter »mit ihrer breiten Brust« – in jüngster Zeit zur Entfaltung des Gedankens geführt hat, hier sei uraltes Wissen unbedingt ernst zu nehmen.

James Lovelock und Elisabet Sahtonis gewannen daraus die überraschende Erkenntnis, unser Erdball sei ein einziger großer Organismus – ein Lebewesen, dem es heute in der existenzgefährdenden Umweltkrise dieser Erde vom Menschen her gerecht zu werden gelte. Überfordern wir mit solchem Denken unsere Ratio – unsere Vernunft, unseren Verstand? Oder müssen wir endlich beginnen, unser rationales Denken der Wirklichkeit anzupassen, die viel weiter und tiefer greift, als wir uns das bisher vorstellen können?

Wenn wir die Erde als Gaia, als pulsierendes Lebewesen, in einem lebendigen Kosmos begreifen, dann dürfen wir der Unsterblichkeit, wie immer wir sie verstehen und definieren wollen, sicher sein. Auch darin liegt eine Aufforderung zum Umdenken. Es sei denn, wir finden uns mit dem selbstprogrammierten Katastrophentod unseres Lebensraumes ab.

Wir wissen, daß der Gedanke an Unsterblichkeit mit dem Glauben an den Gott oder die Götter zu tun hat. Für viele Menschen bedingen sie sich gegenseitig, und das seit ältester Zeit. Doch schon die Verwendung von Einzahl und Mehrzahl – Gott oder Götter – verdeutlicht, daß es sich hier nicht um etwas Einheitliches, Gleichbedeutendes handelt. Wenn ein Mensch »Gott« sagt, so kann das von Fall zu Fall sehr Verschiedenes bedeuten. Und selbst der Glaube an einen Gott oder an Götter hat vom Menschen her gesehen viele mögliche Varianten.

Das war so im alten Indien, wo die Brahmanen Göttliches zu deuten und zu vermitteln trachteten, aber auch im übrigen Asien, wo Priester sehr unterschiedliche Vorstellungen von den Göttern entwickelten. Das Walten überirdischer Kräfte jedoch war überall spürbar, wurde durch Kulthandlungen vertieft und stärkte nicht nur den Glauben der Völker, sondern auch die Macht und das Ansehen ihrer Priester.

Ein grundsätzlicher Wandel im Verhältnis des Menschen zu den Göttern vollzog sich, wie wir gesehen haben, in Indien zur Zeit Buddhas, aber auch im griechischen Bereich unter dem Einfluß weiser Männer, die wir seither Philosophen nennen. Buddha ließ den Göttern, an die das Volk glaubte und die es verehrte, ihren seine Erkenntnis nicht berührenden Raum, aber den Priestern nicht ihre Macht. Er setzte durch seine Lehre eine neue Ordnung und für die Menschen eine neue Verantwortung.

In Griechenland trat unter dem Einfluß der ersten Philosophen eine Differenzierung der Gottesvorstellung und damit gleichfalls eine Neuordnung des Religiösen ein, das von späteren Interpreten, wie dem römischen Enzyklopädisten Varro im zweiten vorchristlichen Jahrhundert als Theologia naturalis – natürliche Theologie – beschrieben wurde.

Varro unterscheidet drei Arten von Theologie: die mythische Theologie, das ist die Götterwelt der Dichter, wie wir sie von Hesiod und Homer her kennen; die politische Theologie, die der römischen Staatsreligion, später dem Kaiserkult dient; und die natürliche Religion – das ist die Lehre der Philosophen. Sie wird vor allem in Kleinasien, in griechischen Pflanzstädten wie Milet, und in Unteritalien zur Religion. In ihr kommunizieren Glaube und Wissen. Die Gottesvorstellung gewinnt eine spirituelle, entpersonalisierte Dimension. Sie vertritt das Unsichtbare, das Übernatürliche. Das auch ist gemeint, wenn von Thales, dem ältesten der Vorsokratiker, der Satz überliefert wird: »Überall sind Götter.« Oder wenn der große Heraklit, der mit seinem Ausspruch »Alles fließt« der Lehre Buddhas so nahe war, Gäste in sein Haus bittet mit den Worten: »Tretet ein. Auch hier sind Götter.«

Können wir in solchen Äußerungen der ersten Philosophen eine Art Festhalten am Traum von der Unsterblichkeit sehen, oder treten wir mit Thales und Heraklit in eine Götterwelt ganz anderer Art ein, die Hesiod genauso hinter sich läßt wie die orphischen Kulte?

Der abendländische Unsterblichkeitsgedanke, der seinen Ursprung in den frühen Hochkulturen hat, ist von den alten brahmanischen Lehren Indiens wie von Buddhas Nirvana weit entfernt. Der Urgegensatz zwischen westlichem und östlichem religiösem Lebensziel drückt sich hier aus.

Für Buddha hat der Mensch keine Heimat im Irdischen – im Samsara. Westliches Glauben und Denken dagegen sucht stets – ob mit, ob ohne Gott – die Lebenserfüllung auf dieser Erde, bis hin zu Jesus, der den Menschen aller Völker einen Platz an der Seite Gottes – seines Vaters – im Himmelreich als etwas Endgültiges verheißt.

Bis dahin aber begegnen wir immer wieder den gegensätzlichen Positionen religiösen Denkens und Glaubens zwischen Indien und der Mittelmeerwelt, die beide Zentren der Achsenzeit sind. Dabei fällt uns auf, daß ihr religiös-kultureller Aufstieg nicht von ihrer Urbevölkerung, sondern von Einwanderern bewirkt und vollendet worden ist: Kolonisation in ihren Anfängen. Sie ging von einem vorderasiatischen Zentrum aus, das wir nach wie vor nicht genau bestimmen können. Doch muß es eine kulturträchtige Region gewesen sein, wohl zwischen Kaspischem und Schwarzem Meer, in der Menschen nicht nur ihre Macht erprobten und zum Stoßkeil in die Ferne werden ließen, sondern wo sie auch schon früh – im Totenkult – ihren Traum von der Unsterblichkeit lebten, den sie auf ihre Götter projizierten.

Unsterblichkeit ist also ein Schlüsselwort für den Buddhisten wie für den Christen. Für den Christen wird es allein sinnvoll durch die Unterscheidung von Leib und Seele, durch die Trennung eines unsichtbaren Unsterblichen in uns vom sichtbaren vergänglichen Körper. Für den Buddhisten besteht dieser Dualismus nicht. Denn in seinem Bewußtsein existieren weder ein beständiger Körper noch eine unsterbliche Seele, sondern nur ein ständiger Veränderung unterworfenes, dem Samsara ausgesetztes Wesen, von dem nach dem körperlichen Abscheiden allein das Karma als unsterblich verbleibt, um alsbald in eine neue Verkörperung einzugehen.

Diese Gegenüberstellung macht deutlich, wie unterschiedlich Unsterblichkeit verstanden wird.

Im Mittelmeerraum, unter den Griechen und ihren Nachbarn bis hinein in den Vorderen Orient, erfährt der Unsterblichkeitsbegriff seit dem siebten Jahrhundert v. Chr., also schon lange vor Buddha, einen Bedeutungswandel, der neben der traditionellen griechischen Glaubens- und Geisteswelt auch eine Reihe neuer Tendenzen und Vorstellungen betrifft, deren stärkste und nachhaltigste wir schließlich im Christentum finden.

Bis dahin aber – bis zum Auftreten von Jesus und der Verbreitung seiner Lehre – bleibt es noch ein weiter Weg, auf dem der Gedanke an Unsterblichkeit, wie auch der Wunsch danach, in unterschiedlichster Weise auftritt und zu einer Zentralfrage wird, einer Frage letztlich, die das Religionsverständnis der euro-asiatischen Menschheit seither überhaupt beschäftigt.

Hinter dieser Frage verbergen sich zwei unterschiedliche Tendenzen menschlichen Suchens nach dem Sinn des Lebens. Im Glauben an die Unsterblichkeit verbirgt sich Hoffnung auf Sinnerfüllung – sei es durch die Götter, das Göttliche, oder sei es durch den Weg der Seele: die endlose Seelenwanderung, wie sie die Pythagoräer lehrten. Im Vertrauen auf das Denken dagegen verbirgt sich Hoffnung auf Erkenntnis des letzten Zusammenhangs der Dinge. Beide Tendenzen haben im frühen Griechenland hervorragende Vertreter, die wir zu Recht als die Begründer eines selbständigen Geisteslebens betrachten.

Ihre Zusammenfassung unter dem Begriff Vorsokratiker hat das weite Feld ihrer Aussagen und Lebensinterpretationen im Verständnis der Nachwelt stark eingeschränkt. Dabei sind gerade sie es, die das breiteste Spektrum von Denkergebnissen vorgelegt haben, das je in der abendländischen Philosophie in einer Epoche erreicht worden ist.

Aus dieser Geisteswelt, die wir einem Dutzend großer Männer des Mittelmeerraums verdanken, hat sich ein neuer, bis heute lebendiger, weltweit anerkannter Begriff von Unsterblichkeit entwickelt, der die Unsterblichkeit des menschlichen Geistes meint – seiner Erkenntnisse und der daraus entstandenen großartigen Ergebnisse. Diese Unsterblichkeit ergibt sich aus der Ratio, so wie sich die Unsterblichkeit der Götter aus dem Mythos ergab. Beide sind weit voneinander entfernt und zeigen doch, daß im Menschen nicht nur der Traum von Unsterblichkeit, sondern auch der konkrete Wunsch danach angelegt ist.

MYTHOS UND LOGOS

Abendländische Geschichts- und Religionswissenschaft hat die Verbindung zwischen den Welten Indiens und des Mittelmeeres bisher kaum wahrgenommen, geschweige denn untersucht. Geistige wie religiöse Strömungen blieben meist unbeachtet, wenn sie nicht zum Beweis abendländischer Dominanz herangezogen werden konnten. Man schreckte aber auch nicht vor offensichtlichen Fehldeutungen zurück, wenn es darum ging, die Einmaligkeit westlichen Denkens und westlicher Leistung zu dokumentieren. Daß dabei, besonders im Dritten Reich, selbst bei hervorragenden Wissenschaftlern blamable Äußerungen vorkommen, wollen wir nur an einem Beispiel zu diesem Thema nachweisen.

Wilhelm Nestle, Senior der deutschen Vorsokratiker-Forschung, veröffentlichte zum Problem der Geistes- und Religionsgeschichte im frühen klassischen Griechenland 1940 ein Buch über »Die Selbstentfaltung des griechischen Denkens« mit dem Titel *Vom Mythos zum Logos*, in dem er schreibt: »Diesen Weg vom Mythos zum Logos zu gehen, aus der Unmündigkeit zur Mündigkeit des Geistes emporzuwachsen, scheint den arischen Völkern als denen der höchstbegabten Rasse vorbehalten geblieben zu sein.«

Abgesehen von der unentschiedenen Frage, ob dem Mythos oder dem Logos höhere Bedeutung im Geistigen zukomme, wird hier eine Entwicklungstheorie präsentiert, die an sich schon äußerst fragwürdig ist, aber durch ihre rassistische Wertung zudem jegliche Kompetenz verliert. Trotzdem gehört die geistesgeschichtliche Überschätzung und falsche Beurteilung des frühen Griechentums und seiner Kultur noch immer zu den meistgerittenen Steckenpferden westlicher Altertumswissenschaftler.

Mythos und Logos sind mit- und nebeneinander bestehende
Phänomene religiöser und geistiger Weltbetrachtung, die in der
abendländischen Kulturgeschichte in einer, wie mir scheint, zu
Unrecht behaupteten Gegensätzlichkeit und zeitlichen Folge gesehen und interpretiert werden. Dabei stehen sie nach den Quellen
weder im Gegensatz zueinander, noch können wir eine historische Abfolge »vom Mythos zum Logos« erkennen. Beide existieren
bis in die Zeit Jesu und noch weiter nebeneinander, und so mancher der für den Logos in Anspruch genommenen Vorsokratiker
ist beiden Erscheinungen verpflichtet, ohne dabei einen Gegensatz wahrzunehmen oder gar in seinen freilich nur fragmentarisch
überlieferten Texten erkennen zu lassen.

Worum also geht es? Man will uns weismachen, daß die sogenannten ionischen Naturphilosophen die Begründer abendländischer Philosophie und Naturwissenschaft seien. Mögen wir bei
einigen von ihnen auch Ansätze dazu finden, so gibt es für die
Vorstellung einer Art geistiger Revolution oder entwicklungs-
geschichtlicher Dynamik in diesen Jahren nicht die geringste Ursache. Selbst die Denk- und Argumentationsweise jener ersten
Philosophen – wenn wir sie denn wirklich so nennen wollen –
ist vom Logos noch weit entfernt und läßt mythische Vorstellungen überall durchscheinen. Ich möchte die »Vorsokratiker«
deshalb lieber in die Nähe der berühmten Sieben Weisen des
Anfangs griechischer Geistesgeschichte rücken als in die eines
Aristoteles, der ihnen nur wenig gerecht geworden ist in Darstellung und Urteil.

Eines freilich dürfen wir in dieser Zeit nicht aus den Augen ver-
lieren: die zunehmende Entfaltung individuellen Denkens und
Handelns, wie sie bei den bedeutenden Geistern seit Thales und
Heraklit immer deutlicher aufscheint.

Griechischer Mythos, wie ihn Hesiod in seiner *Theogonie* formuliert hat, war schon bei Homer Anlaß zu sehr persönlichen Äußerungen über die Götter und ihr oft menschlich-allzumensch-
liches Verhalten. Aus Glauben und Verehrung wurden im Zuge
der gesellschaftlichen Veränderungen Spott und Kumpanei. Die so

menschenähnlichen Götter galten nichts mehr auf der Straße. Und die Gesellschaft – Adel und Bürgertum – strebte in nachhomerischer Zeit mehr nach der Herstellung und Erhaltung einer Ordnung, die ihren äußeren Ausdruck in der Ausbildung der Polis – der griechischen Stadt – fand. Hier entfaltete sich erstmals spezifisch griechisches Denken und Handeln, das dann die klassische Zeit Griechenlands bestimmt hat, bis sich zur Zeit Alexanders die große Wende vollzog, die eine ganz andere Vorstellungswelt – den Hellenismus – entstehen ließ.

Es sind drei Entwicklungsstränge, denen wir nach Homer und Hesiod im griechischen Raum, der sich schnell nach Asien wie ins Mittelmeer erweiterte, folgen und nachspüren müssen. Der religiöse ist vor allem durch den Gott Dionysos, durch Orpheus und die Eleusinischen Mysterien geprägt. Der gesellschaftliche enthüllt Erscheinungen und Ereignisse, die nicht so recht ins stilisierte klassische Griechenbild passen. Der dritte, wir wollen ihn den schöpferischen nennen, reicht von Thales bis Platon und ist dem Mythos, wenn auch in einer gewandelten Weise, näher verwandt, als es uns die historischen Darstellungen des letzten Jahrhunderts vermitteln.

Dionysos ist ein bei Homer kaum erwähnter Gott, gehört er doch nicht zum Olymp. Wie viele der griechischen Götter hat er seine Heimat nicht in Griechenland, wenngleich er wahrscheinlich viel früher, als die meisten Gräzisten mutmaßen, im griechischen Raum Fuß gefaßt hat, wo er vor allem von den Frauen verehrt worden ist. Obwohl Dionysos nicht zu den olympischen Göttern zählt, spielt er doch im griechischen Mythos eine zentrale Rolle. Sie ergibt sich daraus, daß er, im Gegensatz zu den olympischen Göttern, den Menschen und ihren Wünschen, ihren Sehnsüchten sehr nahe steht. Er ist ein Gott der Lebenslust und der Ekstase. Als solcher ist er immer wieder gegen Apollon gestellt worden, bis sie in Delphi fast wirklich zu Brüdern wurden, die sie als Söhne des Zeus nominell ja auch waren.

Das Gegensatzpaar Apollinisch-Dionysisch, das Nietzsche in seinem Frühwerk *Die Geburt der Tragödie aus dem Geiste der*

Musik postuliert hat, sorgte für die Popularität des Dionysos bis in unsere Zeit. Es ergaben sich aus diesem thesenhaften Vergleich aber auch Fehldeutungen, die sowohl Apollon als Dionysos betreffen. Eine klischeehafte Oberflächlichkeit hat sich der Deutung beider und ihrer Beziehung zueinander sowie der Gesamtbetrachtungsweise des griechischen Mythos bemächtigt, die es uns schwer macht, ihre Bedeutung in der griechischen Geschichte, vor allem im griechischen Alltag, gerecht zu beurteilen. Was in den meisten religionsgeschichtlichen und archäologischen Untersuchungen seit Nietzsche vermengt wird, sind Mythos und Kunst sowie Kult und Dichtung. Jahrhunderte liegen zwischen den verschiedenen Betrachtungs- und Deutungsweisen. Es fehlt die mythische Relation wie der historische Bezug.

Wir wollen diese zeitlichen Stufen und ihre jeweiligen Voraussetzungen nachzuzeichnen versuchen, um dabei die andauernde Rolle des Mythos – gerade in Griechenland und seinen späteren Einflußgebieten – zu erkennen.

Dionysos ist eine Gottheit, deren Mythos wir von der Frühzeit mediterraner Kultur an über mehr als zweitausend Jahre verfolgen können bis ins Finale hellenistischer Literatur, in dem uns Nonnos um 430 n. Chr. das großartige Epos *Dionysiaka* geschenkt hat. Doch sein Mythos erstreckt sich in der reichen Überlieferung nicht nur über Jahrtausende, sondern ist auch räumlich der ausgedehnteste aller griechischen Götter. Können wir ihn doch bei Nonnos als Vorreiter Alexanders des Großen bis nach Indien begleiten. Auf einem spätantiken Relief im zyprischen Neu-Paphos erscheint er uns schließlich in letzter Epiphanie als Erlöser mit dem Heiligenschein.

Karl Kerényi nennt ihn in seinem epochemachenden *Dionysos*-Buch zu Recht im Untertitel »Urbild des unzerstörbaren Lebens«. Es ist ein zu neuen Erkenntnissen vorstoßendes Werk, ohne das die künftige Dionysos-Forschung, darüber hinaus aber auch die griechische Religions- und Kulturgeschichtsschreibung, nicht mehr wird auskommen können, zumal hier das Grenzen Übergreifende griechischer Religiosität deutlich wird.

Kein griechischer Gott, ja kein anderer personifizierter Gott überhaupt, ist so vieldeutig in seinen Erscheinungen und gibt so viele Rätsel auf wie Dionysos, von seinen Entstehungs- und Geburtsmythen über seine geographische Herkunft und sein Wirken bis zum Ende als Gott und Mythos. Dabei ist er unvergleichbar in den kosmischen Allzusammenhang des frühen Mythos verwoben, von der Großen Göttin der Frühzeit an, die ihn in mehrfacher Gestalt geboren hat, über den Wein- und Honiggott in Mensch- und Tiergestalt, als den ihn Kerényi so eindrucksvoll beschreibt, bis hin zu seinem schrecklichen Sterben, aus dem er – Jesus vergleichbar – als Auferstehender und Erlöser hervorging.

Vier Herkunftsländer des Dionysos – Thrakien, Phrygien, Lykien und Sizilien – und zwei sehr gegensätzliche Zeugungs- und Geburtsgeschichten kennt der Mythos, ein Beweis für seine Verbreitung und Wirkung durch die Jahrhunderte. Seinem Ursprung nach ist Dionysos wahrscheinlich der älteste, umfassendste Gott des griechischen Pantheons, in das er sicher nur einen Teil seiner ursprünglichen Erscheinungsformen eingebracht hat.

Zwei der überlieferten Zeugungsgeschichten berichten von Liebschaften des Göttervaters Zeus – einer göttlichen und einer menschlichen –, aus denen Dionysos hervorgegangen ist. Als jüngster Sohn des Olympiers ist er ein Bruder des Apollon wie des Herakles. Im Rollenspiel des Mythos steht er zwischen beiden – nicht olympischer Gott, aber auch nicht heroischer Mensch wie Herakles. Von Anfang an erscheint er als ein Gefährdeter, zugleich aber, das verdeutlichen schon seine Geburtsgeschichten, als ein Unsterblicher.

Die älteste Ursprungsgeschichte des Dionysos ist vielgestaltig und vieldeutig wie sonst kaum eine Götterentstehung. Als Mutter werden ursprünglich Demeter, aber auch ihre Tochter Persephone – die Göttin des Totenreiches – genannt. Eine spätere Fassung präzisiert die nur in Bruchstücken eines orphischen Mythos erhaltene Geschichte. Sie spielt auf Sizilien, wo Demeter, die Erdgöttin, ihre Tochter Persephone, von zwei Schlangen bewacht, in einer Höhle verbarg. Während die Göttin an einem Mantel mit dem Bild der Erde webte, erschien Zeus in Schlangengestalt und zeugte mit Persephone den Dionysos.

Es war, wie Kerényi in seiner *Mythologie der Griechen* betont, »keine Verführung gegen den Willen der Mutter: alles geschah, sogar die Verwandlung des Zeus in eine Schlange, nach der Absicht der Demeter«. Für Kerényi liegt hier der Beweis für die frühe Entstehung dieses Mythos. Er stammt »aus Zeiten, wo noch die Mütter es waren, die ihre Töchter mit dem Gatten beschenkten, und nicht die Väter über sie verfügten und sie rauben ließen«. Auch Zeus als Schlange paßt in dieses urtümliche Bild.

Es gehört in die Anfänge des griechischen Mythos, in die endlosen Jahre der Kämpfe zwischen olympischen Göttern, Titanen und Giganten, wie sie Hesiod in seiner *Theogonie* anschaulich schildert. Aus dieser Zeit stammen Berichte, die in Dionysos den künftigen Weltherrscher ankündigen. Eine erste Parallele zu den Messias-Vorstellungen der Juden und den angeblichen Ansprüchen Jesu auf Gotteskindschaft läßt sich hier erkennen. Auch das Opfer folgt früher als geahnt, schon in der Kindheit. Doch Dionysos kann selbst als Opfer seiner Bestimmung als Unsterblicher nicht entgehen.

Schon das Spielzeug des Knaben sind die Insignien des Weltherrschers: Würfel, Kugel, Kreisel, goldene Äpfel, Schwirrholz und Wolle. Sie charakterisieren ihn auch im späteren orphischen Kult.

Als Feinde – des Dionysos wie des Zeus – erscheinen die schrecklichen Titanen, mit denen seit langem der Kampf um die Weltherrschaft tobt. Sie kamen mit weißgefärbten Gesichtern wie Tote aus der Unterwelt, überfielen in einem unbeobachteten Augenblick das arglos spielende Kind und zerrissen es bei lebendigem Leibe in sieben Stücke, die sie in einen auf einem Dreifuß stehenden Kessel warfen und kochten, um sie danach an sieben Spießen zu braten und zu verschlingen.

Die grausame Geschichte ist in vielen Varianten weitererzählt und überliefert worden, je nach der Rolle, die Dionysos in den verschiedenen ihm geweihten Kulten innehatte. Keine der Versionen führte zum endgültigen Tod des Zeus-Sohnes. Er bleibt der Unsterbliche. Doch gleichzeitig wird er zu einer Variante von Hades – dem Totengott: eine doppelgesichtige Gottheit also in einer sonst so gegliederten Welt. Von dramatischer Spannung und erschrekkender Grausamkeit ist auch die Geschichte der Wiedergeburt des Dionysos nach der ersten furchtbaren Tötung des Kindes und seiner Verspeisung durch die Titanen.

Noch ein zweites Mal sollte Dionysos, diesmal auf Anstiftung der eifersüchtigen Zeus-Gattin Hera, dieses Schicksal als spielendes Kind erleiden. Doch die ihm von Zeus geschenkte Unsterblichkeit war auch diesmal stärker. Und selbst seine irdische Mutter, Semele, die Tochter des Thebaner-Königs Kadmos, wurde als Göttin in den Olymp erhoben.

Welcher Umstände es jedoch selbst für Göttervater Zeus bedurfte, um das zu bewerkstelligen, erzählt in farbigen Bildern der Mythos. Als Semele von Zeus schwanger war, erschien er in einem feurigen Streitwagen – ein Indiz für die späte Fassung dieser Dionysos-Geschichte – und schleuderte seinen gefürchteten Donnerkeil gegen die Geliebte. Semele verbrennt in den Flammen des Zeus, der ihr das ungeborene Kind aus dem Leibe reißt und es in seinen Schenkel einnäht. Zeus selbst bringt diesmal Dionysos zur Welt. Seine Mutter Semele aber darf von den Toten auferstehen und zur Göttin werden.

Aus dem so geborenen und wiedergeborenen Gott, dessen Teile Zeus auch nach der zweiten Zerstückelung erneut zusammenmenfügt, wird ein Herrscher über Natur, Halbgötter, Geister, Dämonen und – Frauen. Honig, Wein und Efeu sind seine Zeichen – der Rausch sein Attribut. Wo er auftritt, zittert die Erde. So erkennen wir schon in den Geburts- und Wiedergeburtsgeschichten Züge, die für die Erscheinung des Dionysos charakteristisch sind, und die sowohl das Gewalttätige als auch das Orgiastische, das Ekstatische spiegeln, das zum Wesen seiner Kulte gehört.

Keiner ist tiefer in die Welt dieser Kulte eingedrungen als der Basler Jurist Johann Jakob Bachofen in seinem berühmten Werk *Das Mutterrecht* von 1861. Über Dionysos und seine Erscheinungsformen schreibt er dort:

»Die zauberhafte Gewalt, mit welcher der phallische Herr des üppigen Naturlebens die Welt der Frauen auf neue Bahnen fortriß, offenbart sich in Erscheinungen, welche nicht nur die Grenzen unserer Erfahrung, sondern selbst die unserer Einbildungskraft hinter sich zurücklassen, die aber in das Gebiet der Dichtung zu verweisen geringe Vertrautheit mit den dunkeln Tiefen der menschlichen Natur, mit der Macht einer die sinnlichen und die übersinnlichen Bedürfnisse gleichmäßig befriedigenden Religion, mit der Erregbarkeit der weiblichen, das Diesseitige und Jenseitige so unlösbar verbindenden Gefühlswelt, endlich aber ein gänzliches Verkennen des unterjochenden Zaubers südlicher Naturfülle an den Tag legen würde. Auf allen Stufen seiner Entwicklung hat der dionysische Kult denselben Charakter bewahrt, mit welchem er zuerst in die Geschichte eintritt. Durch seine Sinnlichkeit und die Bedeutung, welche er dem Gebote der geschlechtlichen Liebe leiht, der weiblichen Anlage innerlich verwandt, ist er zu dem Geschlechte der Frauen vorzugsweise in Beziehung getreten, hat seinem Leben eine ganz neue Richtung gegeben, in ihm seinen treuesten Anhänger, seinen eifrigsten Diener gefunden, auf seine Begeisterung all seine Macht gegründet. Dionysos ist im vollsten Sinne des Wortes der Frauen Gott, die Quelle aller ihrer sinnlichen und übersinnlichen Hoffnungen, der Mittelpunkt ihres ganzen Daseins, daher von ihnen zuerst in seiner Herrlichkeit erkannt, ihnen geoffenbart, von ihnen verbreitet, durch sie zum Siege geführt.«

Bachofen kann sich freilich der kritischen Wertung seiner frappierenden Erkenntnisse als Mann des neunzehnten Jahrhunderts nicht enthalten. In der Vorrede zu seinem *Mutterrecht* resümiert er, daß »die Verbreitung der dionysischen Religion eine neue Wendung und einen der ganzen Gesittung des Altertums verderblichen Rückschlag herbeiführte«.

Nun, es kann kaum ein Zweifel sein, daß die dionysische Religion den Wünschen und Bedürfnissen lebensfroher Menschen entsprach und daß Bachofen – folgt man seinem Text – das auch sehr wohl verstanden hat. Mit dem, was ein moralisierendes neunzehntes Jahrhundert in Europa unter Gesittung verstand, hatte das allerdings genausowenig zu tun wie mit der sittlichen Verrohung und sexuellen Freiheit in unserer Zeit, die nicht im Göttlichen, sondern im Grob-Sinnlichen, im Materiellen gründet.

Dionysos verkörpert ein göttliches Menschsein, das, folgt man seinen frühen Spuren, von Griechenland bis Indien Anhänger hatte, die – von den dynamischen Impulsen seines Mythos beherrscht – das Gegenteil von dem lebten, das zur gleichen Zeit heraufkam als sinnenfeindliche Tendenz, die im fernen Indien in Buddha einen gewaltigen Wortführer hatte. Dessen Geist wirkte, wie wir sehen werden, bis in die Welt des Dionysos, so wie andererseits das Lebensgefühl des Gottes bis tief nach Asien – bis nach Indien – ausstrahlte.

Es ist der Konflikt zwischen Leib und Seele, zwischen Sinnlichkeit und Spiritualität, der hier aufbricht und im griechischen wie im asiatischen Raum Lebensgegensätze entstehen läßt, die zu den gravierenden gesellschaftlichen und religiösen Problemen der Achsenzeit zählen. Dionysos bleibt dabei eine schillernde, vieldeutige Figur, deren Mythos schon bald die ganze alte Welt erfüllt und sie mit starken sinnlichen Kräften auflädt. Insofern wird er zum Widersachergott des Menschen Buddha.

Wenn wir auch über ein Zeugnis der Begegnung zwischen der Erscheinungswelt des Dionysos und Buddha – zwischen dem westlichen Gott und dem östlichen Erleuchteten – nicht verfügen, so dürfen wir doch von Konfrontationen der so unterschiedlichen Glaubens- und Geisteswelten ausgehen, die hier, spätestens mit dem Eroberungsfeldzug Alexanders des Großen nach Indien, aber wahrscheinlich schon sehr viel früher, aufeinandergeprallt sind. Eine Untersuchung der Beziehungen zwischen der Mythenwelt des Dionysos und der Lehre des Buddha gehört zu den bisher noch nicht angegangenen Desideraten der euro-asiatischen Religions- und Geistesgeschichte.

Die einzige frühe Darstellung des Dionysos-Zuges nach Indien – einer späten Zutat des Mythos – erleben wir in zweifacher Brechung: bei den griechischen Schriftstellern Megasthenes und Arrian. Vom Werk des Megasthenes – *Indica* –, das der griechische

Autor als Gesandter des Diadochen Seleukos Nikator am Hofe des indischen Maurya-Kaisers Tschandragupta um 300 v. Chr. verfaßt hat, sind nur Bruchstücke in den Werken Diodors und Strabos sowie in Arrians *Alexanders des Großen Siegeszug durch Asien* erhalten. So wird Arrian, dessen Buch im ersten nachchristlichen Jahrhundert entstand, für uns zur Primärquelle, aus der vierhundert Jahre später auch Nonnos geschöpft hat.

Arrian gab seiner Lebensgeschichte Alexanders das sogenannte *Indische Buch*, das auf Megasthenes fußt, als Ergänzung bei. Hier wird Megasthenes als Kronzeuge für den Indien-Zug des Dionysos selbst zitiert. Dionysos erscheint da den »wilden« Indern nicht nur als Eroberer wie Alexander, sondern, noch vor jenem, als Kulturbringer, als eine Art erster Entwicklungshelfer. Er wird damit zu einem Kulturheros des Westens, von dem Megasthenes nach Arrian zu berichten weiß:

»Dionysos aber hätte nach seiner Unterwerfung der Inder Städte gegründet und diesen Gesetze gegeben. Er hätte auch den Indern, gerade wie den Griechen, den Wein gebracht und sie gelehrt, die Erde zu besäen, nachdem er ihnen Samenkörner gegeben hätte, sei es nun, daß Triptolemos nicht in dies Land gekommen sei, als er von Demeter ausgesandt war, die ganze Erde zu besäen, oder sei es, daß dieser Dionysos vor Triptolemos Indien durchzogen und ihnen Samenkörner von veredelter Frucht gegeben hätte. Dionysos hätte auch zuerst Rinder an den Pflug gespannt und die meisten Inder aus Nomaden zu Ackerbauern gemacht und sie mit kriegerischen Waffen versehen. Er hätte sie auch gelehrt, Götter zu verehren und vor allem ihn selber, indem sie ihn mit Cymbeln und Pauken verehrten. Auch den Tanz der Satyrn hätte er sie gelehrt, der bei den Griechen Kordax heißt, und dem Gott zu Ehren ihre Haare lang wachsen zu lassen. Er hätte sie auch daran gewöhnt, eine Haarbinde zu tragen, und sie gelehrt, sich mit Myrrhen zu salben.«

Bei Nonnos wird dann, kurz bevor der Dichter zum Christentum übertritt, der Indien-Zug des Dionysos zum verklärenden Höhepunkt seines Mythos, wobei an Indiens Küsten noch einmal die ganze griechische Götterwelt in ihrem Glanz und ihrer Kraft aufgeboten wird. Als Rasender wird hier Dionysos dargestellt. Doch zugleich sehen wir, wie unter seinem wilden Wirken symbolisch West und Ost verbunden werden, wenn es heißt: »... eine eilige Charis beim erythräischen Garten pflückte dort die Sprossen der herrlich duftenden Rohre, um für Aphrodite in feuerhauchenden Kesseln Saft des assyrischen Ölbaums mit indischen Blüten zu mischen, um ihrer Herrin daraus eine duftende Salbe zu brauen.« Der Gott des Rausches, den Nonnos wahnsinnig nennt, begegnet in dieser Geste einer ihn begleitenden, von Liebreiz erfüllten Charis der Aphrodite, der Göttin der Schönheit.

So wie wir Dionysos in der Spätzeit bis nach Indien verfolgen können, finden wir ihn auch schon über tausend Jahre früher in einer Schöpfungsgeschichte aus dem siebten vorchristlichen Jahrhundert in asiatischer Umgebung. Ist er es doch, der als Phanes-Dionysos – hier ungezeugt, vaterlos – aus dem silbernen Weltenei hervorbricht, das zu den wichtigsten Ursprungssymbolen altasiatischer Religionen zählt, dem wir zum Beispiel schon sehr früh in Persien begegnen.

Die Legende vom silbernen Weltenei und seinem Urbewohner Dionysos, der hier den Ursprung der Unsterblichkeit symbolisiert, ist in einem orphischen Schöpfungsmythos überliefert, der uns die frühe Verbindung zwischen Dionysos und den orphischen Kulten erkennen läßt. Orpheus steht den Menschen nicht so nahe wie Dionysos, obwohl er kein Gott ist. In ihm manifestiert sich die Esoterik des Mythos jenseits der vermenschlichten Religion der olympischen Götter. Bei ihm wird der Mythos zum Mysterium. In einer Zeit der Verweltlichung des alltäglichen Lebens, des Abschieds von Kult und Opfer, bringt er den Suchenden das Geheimnis – verbunden mit den alten Göttern, doch ohne ihre dem Volk als steinerne Statuen sichtbare Allgegenwart.

Hier entsteht eine der Brücken zu den späteren Mysterien – Religionen und Kultformen, die sich nach Buddha und dem Aufbruch der Ratio im griechischen Raum bis hin zur Zeit Jesu vielfältig entwickeln und in den berühmten Eleusinischen Mysterien

einen ihrer stärksten und langlebigsten Pfeiler haben – einen
Pfeiler der Ost-West-Achse. Es geht dabei um Initiation, im letzten um Erleuchtung. Der Gläubige soll seinen Heilsweg finden
und vor Schaden in einer Welt bewahrt werden, die den Menschen in immer tieferes Unheil stürzt. Denn hinter der Hinwendung vieler zu den dionysischen, eleusinischen und orphischen
Mysterien der späten Zeit, stand für die meisten Menschen ein
Unsicherheits- und Angstgefühl, zugleich aber auch die Sehnsucht nach überirdischen Weihen, nach Geborgenheit im Schoß
der Mysterien.

Um solche Gefühle und Reaktionen zu verstehen, müssen wir
uns die gesellschaftlichen und sozialen Verhältnisse der Zeit anschauen, die bei der wissenschaftlichen Betrachtung griechischer
Kulturgeschichte meist außer acht gelassen werden.

Vielleicht steht hier am Anfang, wenn auch noch kaum so formuliert, das Auftreten jenes volksnahen Gottes – des Dionysos –
in der Dichtung, der Tragödie, die in höchster sprachlicher Vollendung Zeitgeschehen, vor allem aber Zeitelend spiegelt, das in
den folgenden Jahrhunderten immer stärker wird und einen tiefen
Keil zwischen die griechische Gesellschaft vor allem in den wachsenden Städten treibt.

Doch vermochten weder eine Seelenreinigung des Menschen,
wie man sie im tragischen Spiel erwartete, noch das in Lebensgier
und Sinnenlust schäumende Leben Befriedigung und Wunscherfüllung zu geben. Nicht nur bei den Armen, auch bei den Reichen herrschte ein großes Maß an Unzufriedenheit. Das erstrebte
und erwartete Glücksgefühl blieb aus. Man traute der Zukunft
nicht und verfiel in einen wachsenden Pessimismus, der an mögliche Einflüsse aus dem Osten denken läßt. Denn Not war genausowenig ein auf Griechenland beschränktes Phänomen wie
die leidenschaftliche Suche nach Lebenserfüllung und der Hunger
nach Lebenslust.

Dabei finden wir in der Spruchweisheit der orphischen Mysterien so manchen Satz, der auf indisches Gedankengut hinweist
und ähnlich in der Lehre Buddhas erscheint, so etwa, wenn den

orphischen Initianten gesagt wird: »Was du getan, erleide.« Hier
tritt deutlich die Karma-Lehre hervor, der wir auf andere Weise
auch in der Tragödie begegnen, wenngleich ganz andere Schlüsse
aus den Begriffen von Schicksal und Verhängnis gezogen werden
als im fernen Indien. So stellen wir Ähnlichkeiten und zuweilen
Wurzelgleichheit bei Erscheinungen fest, die sich dann in den
Zentren der Achsenzeit sehr unterschiedlich entwickelt haben.
Das wird bei der so einmaligen Form der griechischen Tragödie
besonders deutlich.

Seit Nietzsche ist viel und oft Widersprechendes über die Tragödie geschrieben worden. Daß sie am Anfang griechischer Selbsterkenntnis steht, wird niemand bestreiten. In ihr spiegelt sich Dionysos als Mensch, anders als in den Mysterien, die ihn zum Erlöser
machen. Die Tragödie kündet von Schicksal, das Mysterium von
der Hoffnung – und vom Tod, der zu überwinden ist.

Schicksal, Tod und Hoffnung aber sind die Ereignisfelder, die
griechisches Leben – ein Leben im ständigen Umbruch der Jahrhunderte seit Homer bis Sokrates – geprägt haben. Es ist ein Leben
zwischen Königtum und Demokratie, zwischen Bauernwirtschaft
und Polis, wobei die Skala vom Superreichen bis zum Sklaven
reicht – eine kapitalistische Skala, die von höchsten Geistes- und
Kunstleistungen genauso beherrscht ist wie von Sorge, Angst, Not.
Viele Menschen folgten jedoch ihren mythischen Träumen, aus
denen die Mysterien erwachsen sind, die lebendig blieben bis zum
selbstherrlichen Dogmatismus eines von Jesus weit entfernten
Christentums in der Spätzeit Roms.

Zwischen Reichtum und Elend hat sich die griechische Stadt-
form – die Polis – entwickelt, zwischen Geist und Mysterium entfaltete sich der Logos – das Geheimnis ihrer schwer faßlichen Einmaligkeit, die keineswegs ein Neuanfang, ein Auftakt, vielmehr
eine Brücke war zwischen Homer, den Tragikern Aischylos und
Sophokles sowie den Sieben Weisen, die als Symbole griechischer
Daseinsbewältigung gelten dürfen. In diesen präsentieren sich
erstmals persönliche Intelligenz und ein Wirken für das Gemein-
wohl. Sie sind Helfer des Volkes in der sich verbreitenden Not der

Zeit, zu deren Überwindung der aufbrechende Logos angesichts der vielfältigen Aufgaben der zerrissenen, ungefügen Gemeinschaft nicht genügte.

Die räumliche Ausdehnung des Griechentums mit der Gründung vieler neuer Städte, vor allem an der kleinasiatischen Küste, hatte zu politischen und sozialen Umwälzungen geführt, die nach der längst zerbrochenen Königsherrschaft auch dem auf Großgrundbesitz und Landwirtschaft gegründeten Adel mehr und mehr zusetzten. Durch weitreichenden Handel und die Einführung der Geldwirtschaft entstand ein schnell wachsendes Besitzbürgertum, dem, ähnlich wie heute bei uns, die gewachsenen ethischen Begriffe und das rechte Verantwortungsgefühl zum großen Teil fehlten. Luxusentfaltung und rücksichtslose Ausbeutung der wirtschaftlich Schwachen schufen unerträgliche Spannungen, die durch das Anwachsen der Sklavenarbeit ständig zunahmen, weil den Handwerkern die Beschäftigung fehlte.

Das war die Zeit, in der die Sieben Weisen als ratgebende Nothelfer auftraten. Während diese Weisen bei Platon idealisiert als Beispiele umfassend Wissender von edlem Bürgersinn erscheinen, sind sie zu Lebzeiten, soweit es uns die bescheidenen Quellen erkennen lassen, echte Ratgeber einer verzweifelten Bürgerschaft gewesen. Zu ihnen zählte Thales, der als erster Philosoph gilt. Die ihm zugeschriebene selbstkritische Aufforderung »Erkenne dich selbst« wird heute allerdings für Chilon von Lakedaimon in Anspruch genommen.

Der wichtigste unter den Weisen aber war, wie wir aus der spärlichen Überlieferung schließen können, der um 624 v. Chr. geborene Staatsmann Solon. Ihn, der um bürgerliche Tugend und eine gerechte Ordnung der Geldwirtschaft sowie um politische Reformen bemüht war, ging man vielerorts um Rat an. Er wurde später zum führenden Politiker Athens.

Von Solon sind zwanzig Kernsätze erhalten, die als älteste dem Logos verpflichtete Spruchweisheit einer Tradition vorangehen, die weltweit bis in die Gegenwart fortwirkt. Hier einige der eindrucksvollsten dieser Thesen:

Wahre deine Anständigkeit treuer als deinen Eid.

Siegle deine Worte mit Schweigen, dein Schweigen mit dem rechten Augenblick.

Fliehe die Lust, die Unlust gebiert,

Um Ernstes bemüh' dich.

Hab' nicht mehr Recht als deine Eltern.

Freunde erwirb nicht rasch; die du aber hast, verwirf' nicht rasch.

Lerne zu gehorchen, und du wirst zu herrschen wissen.

Wenn du von anderen Rechenschaft forderst, gib sie auch selbst.

Rate nicht das Angenehme, sondern das Beste.

Sage nicht, was du nicht gesehen hast.

Wisse und schweige.

Das Unsichtbare erschließe aus dem Sichtbaren.

Der Geist dieser Sprüche weist bis nach Indien und China, bis auf Lao tse, Tschuang tse, Liä tse und Buddha zurück. Es ist der Geist tiefer, reiner Vernunft und klarer Einsicht in unser von Konflikten beherrschtes Dasein, um es buddhistisch zu sagen: ins Samsara.

Es besteht also auch hier kein Grund, ausschließlich Urgriechisches sehen zu wollen. Es ist der tiefe, fortschrittliche Geist der Achsenzeit, der sich über weite Gebiete entfaltet und sich sinngebend ausdrückt in einer sinnsuchenden Zeit.

Frühe Denker in Indien und Ionien

Im Gegensatz zu unserem Wissen über indische Veden, Brahmanas und Upanishaden sowie die Reden Buddhas, das auf breiter Quellenbasis beruht, schöpfen wir unsere Kenntnisse von Texten der vorsokratischen Denker allein aus Bruchstücken und Fragmenten. Daraus ergeben sich nicht nur Interpretations- und Vergleichsprobleme, sondern auch Schwierigkeiten bei der richtigen Einschätzung der Autoren in ihrem historischen und geistigen Umfeld.

Was in der Achsenzeit verbreitet zum Durchbruch kommt, ist ein unübersehbarer Ausdruck des Individualismus, aber auch ein – entgegen manch anderslautender Deutung – fortbestehendes, wenngleich differenziertes Verhältnis zu den Göttern oder doch zum Göttlichen, das selbst bei Buddha und in seinem Kreis nicht erstorben ist.

Über die Ausdrucksformen indischen Geistes haben wir in den vorangegangenen Kapiteln schon ausführlich gesprochen – Zeugnisse griechischen Denkens indessen nur anklingen lassen. Sie sollen uns nun intensiver beschäftigen. Dabei geht es um Denker, die zum Teil schon vor Buddha in Erscheinung getreten sind. Die meisten von ihnen wurden von der Wissenschaft mit einem Etikett versehen, das sie nur unzureichend oder auch gar nicht verständlich macht. Das hängt teilweise mit ihrer späteren Einordnung und Charakterisierung durch Aristoteles zusammen, der an vielen weitergegebenen Fehlurteilen schuld ist.

Wir wollen hier nicht den philosophischen Grundthesen nachgehen, die seit mehr als hundert Jahren im Gefolge des Aristoteles, unter Verwendung verschiedenster Quellen, als Charakteristika der sogenannten Vorsokratiker diskutiert werden. Uns interessiert vielmehr der Sinngehalt einzelner Texte und Fragmente, die uns im Zusammenhang mit unserem Thema verstehenswert erscheinen. Sie wollen wir auf dem Hintergrund der Zeitverhältnisse – ihrer gesellschaftlichen und religiösen Lebensformen – zu deuten versuchen. Im Hintergrund damaliger Lebensformen drückt sich eine unübersehbare Spannung zwischen der oberflächlichen Lebenslust der Massen und den spirituellen Bedürfnissen elitärer Gruppen aus. Beide Tendenzen hatten religiöse Ursprünge.

So war Dionysos mehr und mehr zum Gott der Massen degeneriert. Heraklit ist dafür ein Zeitzeuge, wenn er angesichts der Dionysos-Feste seiner Jahre sagt: »Denn war es nicht Dionysos, dem sie den Umzug machen und das Lied singen vom Phallos, sonst ist es ganz schamloses Treiben. Derselbe aber ist Hades und Dionysos, dem sie toben und feiern.« Heraklit unterscheidet sehr fein zwischen dem Gott, seiner großen Tradition und der zeitgenössischen Veroberflächlichung, die er unter dem Einfluß der erlebnishungrigen, sensationsgierigen Menge erfährt.

Was hier offen und wild durch die Straßen tobt, findet in den geheimen orphischen und eleusinischen Mysterien sein ganzes Gegenteil. Mir scheint, daß Heraklit und viele seiner nachdenklichen, sinnsuchenden Zeitgenossen den Mysterien näher standen als den Feste feiernden Massen. Wahrscheinlich aber suchten sie etwas Drittes – einen mittleren, zur Erkenntnis führenden Weg, wie ihn wenig später Buddha in Indien fand. Es scheint ein verbreitetes Zeitbedürfnis gewesen zu sein, das sich hier offenbart.

Das mag für uns ein Grund sein, Spuren nachzugehen, die solche Gedankenverbindungen vom siebten vorchristlichen Jahrhundert an zwischen der Mittelmeerwelt und Indien wahrscheinlich machen. Unser Blick richtet sich dabei zuerst in die ionische Welt und dort vor allem in die große griechische Pflanzstadt Milet, wo Handel, Geist und Kunst von früh an blühten und wo Thales nach abendländischer Lesart die Geburtsstunde der Philosophie einläutete.

Doch es gibt auch eine andere Anschauungsweise. Sie sieht Milet nicht am Ostrand der griechischen Einflußsphäre, sondern am Westrand einer damals schon seit Jahrhunderten durch Handel, Güteraustausch und religiöse Vorstellungen verbundenen euro-asiatischen Welt, an deren Peripherie durch Homer und Hesiod zum erstenmal spezifisch Griechisches zum Ausdruck kommt, das aber dann schon bald in diesem Raum das Asiatische für längere Zeit verdrängte, obwohl dessen Einwirkung damit nicht zu Ende war.

Wenn auch die Nachrichten über Kontakte und Einflüsse zwischen griechischer und indischer Geisteswelt bis heute sehr spärlich und zudem unzuverlässig sind, kann doch an Begegnungen und interessierter Kenntnisnahme kein Zweifel bestehen. Die überlieferten Berichte von Indien-Reisen griechischer Denker und Autoren vor Alexanders Indien-Zug sind freilich zweifelhaft. Wir können weder bei Pythagoras noch bei Demokrit in Lebensgeschichte und Werk echte Spuren einer angeblichen Indien-Reise finden. Hätte Aristoteles den Subkontinent tatsächlich bereist, würden sich Nachrichten darüber gewiß in der reichen Literatur über seinen Schüler Alexander nachweisen lassen. Sicherer scheint schon die Überlieferung, nach der Platon die Absicht einer Indien-Reise hegte, die aber durch Alexanders Indien-Zug und die damit verbundenen Gefahren nicht zur Ausführung kam. Verbürgte Begegnungen haben sich tatsächlich erst im Zusammenhang mit diesem Weltereignis ergeben.

Um so größer muß unser Interesse sein, frühere Einflüsse und Verbindungen zu erkennen und aus überlieferten Texten nachzuweisen und zu entschlüsseln. Wie schwierig das ist, sehen wir beim Vergleich der uns vorliegenden frühen griechischen Bruchstücke in ihren zahlreichen, viele Fragen suggerierenden Übersetzungen. Dabei machen wir bei dem einzigen uns im Original überlieferten Fragment des um 610 v. Chr. geborenen Anaximander, der mit Thales die Reihe der frühen Philosophen eröffnet, eine verblüffende Entdeckung.

Nietzsche zitiert es in seiner frühen, unvollendeten Schrift *Die Philosophie im tragischen Zeitalter der Griechen*. Da heißt es: »Woher die Dinge ihre Entstehung haben, dahin müssen sie auch zugrunde gehen, nach der Notwendigkeit; denn sie müssen Buße zahlen und für ihre Ungerechtigkeiten gerichtet werden, gemäß der Ordnung der Zeit.«

Nietzsche setzt hinter diesen ersten weitgehend original überlieferten Satz griechischen Denkens als Frage bereits die Interpretationszweifel, die bis heute geblieben sind. Da heißt es:

»Rätselhafter Ausspruch eines wahren Pessimisten, Orakelaufschrift am Grenzstein griechischer Philosophie, wie werden wir dich deuten?« Doch die Richtung ist Nietzsche schon klar. Er verweist auf Schopenhauer und damit auf Buddha, wenn er dessen ersten deutschen Interpreten sinngleich zu Anaximanders Orakelspruch zitiert: »Der rechte Maßstab zur Beurteilung eines jeden Menschen ist, daß er eigentlich ein Wesen ist, welches gar nicht existieren sollte, sondern sein Dasein abbüßt durch vielgestaltetes Leiden und Tod: was kann man von einem solchen erwarten? Sind wir denn nicht alle zum Tode verurteilte Sünder? Wir büßen unsre Geburt erstlich durch das Leben und zweitens durch das Sterben ab.«

Damit wird nicht nur die Brücke zu den »Höhen der indischen Lüfte«, wie Nietzsche Schopenhauer zitiert, hergestellt, sondern für die Interpretationsfrage der Gedanke an indische Einflüsse auf die westliche Geisteswelt noch vor oder mit Buddha nahegelegt.

Wenn wir hier auch sicher keine unmittelbare Beeinflussung des Denkens und Lebens annehmen dürfen, so werden dennoch zweifellos Grundzüge der Lebenssinnerfassung und der Seinsdeutung deutlich, die zu den Grundstrukturen der Achsenzeit und ihren geistigen Ausdrucksformen gehören, so rätselhaft diese zum Teil auch sein mögen.

Was den heutigen Betrachter dieser Themenwelt und ihrer möglichen Verbindungen überrascht, ist die Tatsache, daß kaum einer der Vorsokratik-Spezialisten unserer Zeit den Hinweis Nietzsches oder überhaupt eine nach Indien führende Gedankenspur erwähnt. So eurozentrisch zeigt sich an der Schwelle zum dritten Jahrtausend unsere Wissenschaft. Der Grund dafür liegt vor allem in der noch immer einseitig naturwissenschaftlich ausgerichteten Vorsokratiker-Forschung, wobei die Einflüsse östlichen Denkens und der davon stark berührten Mysterien fast völlig außer acht gelassen werden.

Eine Ausnahme bildet Hermann Fränkel in seinen Heraklit-Studien. In seinem Vortrag »Heraklit über Gott und die Erscheinungswelt« stellt er einleitend fest: »Das Hauptanliegen der frühgriechischen Philosophen war die Metaphysik. Unsere doxographische Überlieferung gibt eine falsche Vorstellung von ihren Systemen, weil sie bei allem, was die Denker gelehrt haben, viel genauer auf die physische Seite eingeht als auf die metaphysische, so daß wir über wesentliche Dinge nur mangelhaft unterrichtet sind.«

Es geht in diesem Vortrag um ein bis heute in der Fachwelt umstrittenes Heraklit-Fragment, bei dem einzelne, aber entscheidende Begriffe unterschiedlich übersetzt und gedeutet worden sind. Gedanklich kreist dieses Fragment um die Frage nach der Beziehung zwischen Einheit und Vielfalt, zwischen dem Absoluten und dem Relativen oder – wie Fränkel es im Titel seines Vortrags formuliert hat – »zwischen Gott und der Erscheinungswelt«.

Das Fragment 67 des Heraklit, das hier im Mittelpunkt steht, hat durch Begriffsunklarheiten in seinem zweiten Teil Rätsel aufgegeben, die durch Fränkel geklärt wurden. Im Sinne dieser Deutung liegt die Übersetzung des Fragments durch Bruno Snell in seinem *Heraklit*: »Gott ist Tag Nacht, Winter Sommer, Krieg Frieden, Sattheit Hunger; er wandelt sich wie Öl (?): mischt sich dies mit Duftstoffen, so heißt es nach dem jeweiligen Geruch.«

Wilhelm Nestle formuliert freier, dabei weniger schlüssig: »Gott ist Tag und Nacht, Winter und Sommer, Krieg und Friede, Sättigung und Hunger. Er verwandelt sich wie der Wein, wenn er mit Gewürzen vermengt wird, und wird dann, wie dieser, nach dem Geschmack eines jeden benannt.«

Fränkel interpretiert unter Hinweis auf Parallelen in den indischen Upanishaden und versucht so, den »geschichtlichen Ort« des Fragments festzulegen. Das geschieht bei ihm auf eine sehr behutsame, dabei äußerst tiefsinnige Weise. Er vergleicht die

Aussage des Heraklit-Fragments mit Versen zum Atman-Brahman der Upanishaden, in denen das Brahman gerühmt wird als »alle Werke enthaltend, alle Düfte enthaltend, alle Wünsche enthaltend«.

Hier kommt der indische Text dem Heraklit-Fragment erstaunlich nahe. Er enthüllt frühe Vergleichskomponenten, um deren Verständnis sich europäische Interpreten lange gestritten haben. Doch Fränkel will den Vergleich nicht strapazieren. Er erkennt und nennt die Parallelen wie die Unterschiede. Aber er zieht keine abendländischen Grenzen, die es ja in Wirklichkeit auch nie gegeben hat.

Wir kommen zurück auf das Öl und seinen jeweils durch Duftstoffe geprägten Geruch, den Heraklit in seinem Fragment als Bezeichnung für das sich ständig Wandelnde angibt. Der Geruch, so urteilen auch die Inder, ist ein Kriterium der Wandlung. Er verändert sich ständig: von der Körperfrische zum Schweißigen, vom Wohlriechenden zum Ranzigen, vom Lebensduft zum Verwesungsgeruch. Da gibt es tausend Varianten, die dennoch alle spezifisch zuzuordnen und als Zeugen der Wandlung zu erkennen sind.

Für Fränkel besteht jedoch ein an diesem Fragment festzumachender Erkenntnisunterschied hinsichtlich Wandlung und Trennung im Sinnlichen und im Geistigen zwischen den Indern der Upanishaden und einem Denker wie Heraklit. Es ist eine Individualunterscheidung und damit vielleicht die feinste Trennung zwischen Gott und Ich – zwischen dem Gemeingeist Indiens und der Individualität, die sich im Griechenland der sich entfaltenden freien Geister damals mehr und mehr herausgebildet hat.

Um die Herausbildung der Individualität – *naman* und *rupa*, Namen und Gestalt – geht es bei den Indern wie bei Heraklit. Doch, und hier sieht Fränkel den Unterschied: »Während sich die Inder nur in die Betrachtung des Einen versenken, legt der griechische Philosoph den gleichen Nachdruck auf die tatsächliche Struktur der Erscheinungswelt.«

Das soll heißen: Während die Inder im Symbolischen, in der

Bildwelt verharren, wird der Grieche konkret. Er fragt nach den Dingen und ihrem Zusammenhang. Er drängt zur Realität. Das ist es, was die abendländischen Interpreten der frühen griechischen Denker sehen, aber zugleich überschätzen. Sie erkennen die Brücke nach Asien nicht und nicht die Impulse, die aus den Vorsokratikern mehr machen als Naturphilosophen. Sie übersehen den esoterischen, metaphysischen Bezug zwischen Griechenland und Indien.

Dem östlichen Denken eindeutig näher noch als Anaximander und Heraklit steht Pythagoras, dessen Seelenwanderungslehre die buddhistische Erlösung aus dem Kreislauf der Wiedergeburten vorausnimmt oder einschließt, je nach der Bedeutung, die man dem möglichen Einfluß der beiden etwa gleichaltrigen Lehren aufeinander beimißt.

Ich sehe keinen direkten Einfluß und spüre doch die tiefe Berührung der Thematik. Das fast totale Verschweigen der Parallelität erscheint mir deshalb als ein Symptom der verbreiteten Einseitigkeit der westlichen Interpretationsliteratur nach Nietzsche, der die Zusammenhänge noch sehr deutlich sah und auch beim Namen nannte. Dann wurde es still um die Zusammenhänge. Selbst Karl Praechter erwähnt sie nicht in seiner sonst so ausführlichen und genauen *Philosophie des Altertums*, dem ersten Band von Friedrich Überwegs berühmtem *Grundriß der Geschichte der Philosophie*. Es ist ein auffälliges, peinliches Verschweigen von Generation zu Generation. Das Wissen schwindet, der Dünkel wächst. Oder wie mir ein Gräzist sagte: »Indien ist für uns kein Thema.« Diese Äußerung war für mich der Anlaß, über die Gedankenwelt dieses Buches nachzudenken.

Doch ein Wort noch zu Gräzistenurteilen. Bis heute halten viele Gräzisten an der Herkunft der Seelenwanderung und der Wiedergeburtslehre, die bei Pythagoras eine so große Rolle spielt, aus Ägypten fest, wie das Herodot behauptet hat, obwohl Experten schon vor langer Zeit festgestellt haben, daß Ägypten als Ursprungsland nicht in Frage kommt. So bleibt uns Indien, auf das jedoch kaum ein Kommentar eingeht. Selbst B. L. van der Waerden erwähnt Indien in seinem umfassenden Werk *Die Pythagoreer* nur als Beiwort zu Buddha sowie zum Buddhismus je einmal im Nebensatz.

In Kirk/Raven/Schofields gelobtem Werk *Die vorsokratischen Philosophen* – einer der letzten großen Publikationen zum Thema – heißt es im Pythagoras-Kapitel über Reinkarnation, daß sie »vielleicht aus dem Ausland nach Griechenland importiert worden ist (z. B. aus Indien, Zentralasien oder Südrußland)«. Weiter kann man als Wissenschaftler unserer Zeit geistigen Hochmut und Ignoranz wohl kaum treiben.

Das Thema Vorsokratiker und Indien verdiente jedenfalls eine eingehende Untersuchung, die wir hier nur anregen, aber nicht leisten können. Interessierten Lesern sei empfohlen, zu einer der zahlreichen Übersetzungen vorsokratischer Texte und Fragmente zu greifen. Da ist der indische Einfluß, die Nähe zur Gedankenwelt der Upanishaden und später des Buddha nicht zu überlesen.

Die frühen Gedankenverbindungen der euro-asiatischen Geisteswelt wurden hier bewußt nicht global, sondern an Einzelbeispielen dargestellt, die beliebig erweitert werden könnten. Sie dokumentieren eine Denkweise, die keineswegs typisch ist für das frühe griechische Philosophieren. Doch sie kann auch nicht ausgeschlossen oder übergangen werden, wie das in der einschlägigen Literatur bisher fast durchgängig geschehen ist.

Wichtig erscheint mir bei der Betrachtung dieses äußerst komplexen Problems und seiner Vergleichsschwierigkeiten, einen nicht im Gedanken, sondern in der Form begründeten wesentlichen Unterschied zu berücksichtigen: Die indischen Texte sind durchweg Dichtung, die griechischen meist Prosa oder – soweit wir sie rekonstruieren können – Spruchweisheit.

Wir wollen uns abschließend noch zwei griechischen Denkern zuwenden, die, jünger als Buddha, aus europäischer Sicht weit vom indischen Geist entfernt sind. Doch auch in ihren Texten finden wir Gedanken, die aus der indischen Sphäre stammen und uns erkennen lassen, wie stark die Beeinflussung griechischen

Denkens vom Osten her war, obwohl wir nur wenige zeitgenös-
sische Belege für diesen Einfluß haben.

Der um 500 v. Chr. in Milet geborene Anaxagoras kam 462 als
Vertreter der ionischen Philosophie ins konservative Athen, wo er
als Freund und Berater des fortschrittlich gesinnten berühmten
Politikers Perikles ein weitgehend zurückgezogenes, kontempla-
tives Leben führte.

Seine Lebenshaltung rückt ihn in die Nähe der buddhistischen
Lehre, von der damals schon etwas durch Händler und Pilger bis
an die Mittelmeerküste gedrungen sein mag. Dabei dürfen wir bei
Anaxagoras vor allem die Lebenshaltung – das Denken nur zum
Teil – östlich beeinflußt sehen, obwohl auch seine naturwissenschaftlichen Überlegungen häufig in diese Richtung weisen, so
wenn er sagt: »Die Worte ›Entstehen‹ und ›Vergehen‹ gebrauchen
die Griechen nicht richtig. Denn kein Ding entsteht oder vergeht
(in eigentlichem Sinne), sondern aus (schon) vorhandenen Dingen findet eine Mischung wie andererseits eine Trennung statt.
Und so dürfen sie wohl mit Recht das Entstehen als ein Sich-
Mischen und das Vergehen als ein Sich-Trennen (von Stoffen)
bezeichnen.«

Hier zeigt sich Anaxagoras von Gedanken beeinflußt, die
Buddhas Lehre von der bedingten Entstehung zugrunde liegen.
In diesem Sinne ist auch folgendes Fragment des Anaxagoras zu
verstehen: »Keins von allen Dingen vergeht und keins entsteht,
was nicht auch schon vorher vorhanden war. Indem sie sich
aber mischen und trennen, verändern sie sich.« Die Nähe zum
Paticca-samuppada – zur »Bedingten Entstehung« in der Lehre
Buddhas – ist hier unverkennbar, vor allem wenn man das von
den deutschen Übersetzern gebrauchte Wort »Ding« durch »Phänomen« ersetzt, was im Denken des Anaxagoras angelegt
scheint, da er nach eigenen Worten den »Geist der Materie vor-
ansetzt«.

Ganz zu dieser Denkweise und in die Nähe Buddhas paßt
auch nachfolgender Bericht über den Philosophen: »Von Anaxagoras sagt man, er habe das geistige Schauen als das Lebensziel

bezeichnet und die aus ihm entspringende Freiheit. – Als ihm jemand meldete, sein Sohn sei gestorben, sagte er in sehr ruhiger Haltung: ›Ich wußte, daß ich einen Sterblichen erzeugt hatte.‹ – Über seine Verurteilung (zum Tode) habe er folgendes gesagt: ›Ebenso über jene wie über mich hat schon längst die Natur ihr Urteil ausgesprochen.‹ – Zu einem, der schwer daran trug, daß Anaxagoras auf fremder Erde sterbe, sagte er: ›Von überall ist der Hinabweg in die Unterwelt gleich weit.‹ – Er sagte, zwei Mittel der Belehrung gebe es über den Tod: die Zeit vor der Geburt und den Schlaf.«

Anaxagoras bedurfte dieser Gelassenheit; denn er wurde 432 v. Chr. wegen Gottlosigkeit angeklagt. Auch ihm drohte die Todesstrafe, die 399 v. Chr. an Sokrates wegen der gleichen Anschuldigung vollstreckt worden ist.

Philosophie – ein todeswürdiges Verbrechen? Oder war es nicht gerade das Einwirken eines fremden, den konservativen Griechen verhaßten Gedankengutes, dessen Verbreitung man für ein nur durch den Tod zu sühnendes Verbrechen hielt?

Drei Zitate zum Schluß dieses Kapitels mögen den Leser über diese Frage nachdenken lassen. Sie stammen von Demokrit, den wir Vater des Atomismus zu nennen gelernt haben.

Walther Kranz, einer der großen Gräzisten, bezeichnet Demokrits Lehre in seiner *Griechischen Philosophie* als den »vollendeten Materialismus«. Zugleich aber ist es, wenn wir dieser Interpretation folgen, der gemäßigtste und vernünftigste Materialismus, den wir kennen. Es ist ein ethischer Materialismus, der von westlicher Seite der Lehre Buddhas als Lebenslehre am nächsten kommt. Wir lesen bei Demokrit:

»Die Menschen erwerben innere Heiterkeit durch Maßhalten im Genuß und durch Ausgeglichenheit in ihrer Lebensführung. Denn sowohl Mangel wie Überfluß sind gern dem Wechsel ausgesetzt und pflegen starke Erschütterungen der Seele hervorzurufen. Seelen aber, die von extremen Erregungen bewegt werden, sind weder in sich beständig noch wohlgemut. Man soll also sein Denken auf das Erreichbare einstellen und an dem Genüge haben, was vorhanden ist, ohne sich viel um die zu bekümmern, die wegen ihrer Glücksumstände beneidet und bewundert werden, oder gar sein Denken und Trachten auf sie abzustellen. Vielmehr soll man sich die Lebensschicksale der von Trübsal Beladenen vor Augen führen und sich recht stark ihre Leiden vergegenwärtigen, so daß dir dann deine gegenwärtige Lage groß und beneidenswert erscheint und es dir nicht begegnet, deine Seele zu vergiften mit der Gier nach mehr. Denn wer die Wohlhabenden und von den anderen Menschen selig Gepriesenen bewundert und die ganze Zeit sein Denken nur auf sie richtet, der zwingt sich selbst dazu, ständig etwas Neues auszusinnen und wegen seiner Begierde darauf zu verfallen, etwas Unsühnbares von dem zu begehen, was die Gesetze verbieten.

Daher ist es Pflicht, einesteils dem einen nicht nachzujagen, andrerseits es sich bei dem Vorhandenen wohl sein zu lassen; sein eigenes Leben mit dem Leben derer zu vergleichen, denen es schlechter geht, und in Beherzigung ihrer Leiden sich selbst glücklich zu preisen, um wieviel besser man es hat und treibt. Wenn du dich an diese Einsicht hältst, wirst du wohlgemuter dein Leben verbringen und nicht wenige Dämonen aus deinem Leben vertreiben: Neid, Mißgunst und verbitterten Groll.«

Diese Sätze könnten wir ähnlich in den Reden Buddhas finden. Auch Demokrits Auseinandersetzung mit dem Thema Fortpflanzung läßt an die Lehre des Erleuchteten denken, wenngleich sie nicht aus den Vier Edlen Wahrheiten Buddhas, sondern aus nüchterner Lebensbetrachtung im alten Griechenland hervorgegangen ist. Da lesen wir:

»Die Erzeugung von Kindern scheint den Menschen ein Naturgesetz und unumgänglicher alter Brauch zu sein; das sieht man auch an den andern Lebewesen. Denn alle erzeugen, dem natürlichen Triebe folgend, Junge, ohne selbst irgendeinen Nutzen davon zu haben. Im Gegenteil: Wenn sie geboren sind, haben sie alle Not mit ihnen und ziehen sie auf, so gut sie können, und ängstigen sich um sie, solange sie noch klein sind, und wenn ihnen etwas zustößt, so sind sie bekümmert. Dies ist das natürliche Gebaren aller beseelten Wesen. Bei den Menschen im besonderen aber ist die Meinung herrschend geworden, Nachkommenschaft bringe irgendwelchen Segen.«

In Fortsetzung des brisanten Themas heißt es an anderer Stelle: »Mir scheint es nicht geboten, Kinder zu erzeugen; denn ich sehe im Besitz von Kindern viele und schwere Gefahren, viel Kummer und wenig Erfolg und dies Wenige in dürftigem und geringem Maß.«

Könnte nicht in solchen und ähnlichen »ungriechischen« Sätzen, die wir nicht nur bei Demokrit finden, der Anlaß für die Verfolgung und Anklage so bedeutender Geister wie Anaxagoras und Sokrates zu suchen sein?

In Indien hören wir, zumindest vor dem Einbruch des Islam, nichts von derartigen Bedrohungen geistiger oder religiöser Menschen. In Griechenland fiel einer der größten Geister der Menschheit – Sokrates – ihnen zum Opfer.

DER TOD DES SOKRATES UND
PLATONS WILLE ZUM GEIST

Mit Sokrates tritt in der abendländischen Welt zum erstenmal ein Mensch auf, der in seiner Bedeutung Buddha vergleichbar ist. Er wurde 469 v. Chr. in Athen geboren, ist also fast genau hundert Jahre jünger als der Erleuchtete.

Jaspers zählt ihn im ersten Band seiner *Großen Philosophen* mit Buddha, Kung tse und Jesus zu den »maßgebenden Menschen«. Was heißt das? Jaspers sieht in ihm und dem chinesischen Staatsphilosophen Kung tse sowie in den beiden Religionsbegründern Buddha und Jesus die Fundamente ethischen Menschseins. Dabei geht Jaspers weit über den eigentlichen Philosophiebegriff hinaus. Maßgebend sind für ihn diese vier als sinn- und zielsetzende Vorbilder der Menschheit.

Interessant ist bei dieser Einschätzung der Großen durch einen Philosophen unseres Jahrhunderts die Tatsache, daß nur zwei von ihnen Philosophen im strengen Wortsinn sind, daß sie aber alle vier unserer hier behandelten Epoche – der Achsenzeit – angehören. Jaspers selbst begründet seine Auswahl einführend mit folgenden Sätzen:

»Die vier maßgebenden Menschen haben eine geschichtliche Wirkung von unvergleichlichem Umfang und Tiefgang gehabt. Andere Menschen hohen Ranges mögen für kleinere Kreise von gleich starker Bedeutung gewesen sein. Aber der Abstand an nachhaltiger und umfassender Wirkung in Jahrtausenden ist so gewaltig, daß das Herausheben jener vier zur Klarheit welthistorischen Bewußtseins gehört.«

Für Buddha und Jesus gilt das, soweit es um Nachfolge und Wirkung geht, ohne jeden Zweifel. Für Kung tse bleibt diese Bedeutung im wesentlichen auf China beschränkt. Und man fragt sich, ob in weltwirksamer Hinsicht hier nicht eher Lao tse als vierter zu nennen wäre, der gerade in unserer Zeit mit seiner Lehre vom Tao eine umfassende Wirkung innerhalb der ganzen Kulturwelt, besonders in bezug auf Lebensführung und Lebensgestaltung, ausübt.

Von ganz anderer Art als die drei dem asiatischen Raum entstammenden »maßgebenden Menschen«, die uns Jaspers genannt hat, ist der vierte: Sokrates. Und doch sehen wir ihn im Geistigen mit Buddha enger verbunden, als das je erkannt und dargestellt worden ist – zumindest, wenn wir seiner Geistigkeit in Platons Dialogen, insbesondere im *Phaidon* – folgen. Doch wo, wenn nicht dort, wollten wir das Denken des Sokrates nachvollziehen? Obwohl gerade dieses Problem bis in die jüngste Sokrates-Forschung immer wieder zu tiefen Kontroversen geführt hat.

Da es uns um einen Brückenschlag im Denken, nicht in der schwer zu rekonstruierenden Biographie des Sokrates geht, wollen wir unsere Betrachtung vor allem auf den Vorgang konzentrieren, der das einzig unbestreitbar Historische am Leben des Sokrates ist: sein gewaltsamer Tod durch den Schierlingsbecher im Gefängnis von Athen, bewirkt durch einen Richterspruch in der demokratisch regierten Stadt, zu deren angesehensten Bürgern Sokrates zählte.

Wer war dieser Mann, der durch seinen von sogenannten Demokraten verursachten Tod und seine danach in Platons Dialoge eingegangene Fragekunst – die Mäeutik – zu einem der maßgebenden Menschen wurde? Er läßt sich aus heutiger Sicht, trotz seiner weltweiten Bedeutung, die er vor allem in und seit der Renaissance erlangte, für seine Wirkungszeit nur aus Vermutungen beschreiben.

Als Sohn eines Steinmetzes und einer Hebamme, der in der väterlichen Werkstatt ausgebildet wurde, gehörte er zum Athener Kleinbürgertum. Er hat die gesetzlich vorgeschriebene Knabenausbildung erhalten und sich in seiner Jugend mit Geometrie und Astronomie beschäftigt – Fächern, die damals als modern und zukunftsträchtig galten. Mit der Behauptung, er sei ein Schüler von

Anaxagoras und Archelaos gewesen, betreten wir bereits unsicheres Gelände. Auch die von Platon postulierte Begegnung mit Parmenides kann aus chronologischen Gründen nicht stattgefunden haben.

Kontakte des Sokrates zu den führenden Sophisten – den spitzfindigen Modephilosophen der Zeit – sind aus seinem uns überlieferten, wenngleich nicht eindeutig zu definierenden Denken zu schließen. Denn Sokrates hat wahrscheinlich nie eine Zeile geschrieben. Zumindest ist kein einziger Text von ihm überliefert.

Im geistigen Leben Athens trat er wohl als Enddreißiger zum erstenmal diskutierend in Erscheinung. Über die Themen, mit denen er auftrat und bekannt wurde, sowie über die Art, wie er sie anfangs vortrug, wissen wir nichts. Doch hat er wohl schon bald jene Redetechnik entfaltet, die wir als geistige Hebammenkunst, als Mäeutik, bezeichnen und die er – nicht ohne ironischen Unterton – zur Meisterschaft entwickelte, wenn uns auch keine zweifelsfreien Beispiele dafür vorliegen.

Nur in den Dialogen Platons wird uns seine Fragekunst vorgeführt. Wie weit sie – besonders in den frühen Dialogen – Authentizität besitzt, vermag niemand zu sagen, zumal die Texte Platons den gleichfalls von Sokrates handelnden Schriften des Xenophon in vielen Punkten widersprechen. Trotz dieser Schwierigkeiten in Verstehen und Interpretation, die sich aus der historischen Ungewißheit ergeben, ist kaum ein Philosoph so vielfältig und kontrovers diskutiert worden wie Sokrates. Die Urteile reichen von hymnischem Lob bis zur Verdammnis, die selbst das Todesurteil gerecht erscheinen lassen möchte. Die Sokrates-Rezeption und -Deutung umfaßt eine unüberschaubare Bibliothek.

Es muß deshalb als ein wirkliches Verdienst begrüßt werden, daß einer der besten Sachkenner – Olof Gigon – 1947 einen schmalen Band mit dem Titel *Sokrates. Sein Bild in Dichtung und Geschichte* veröffentlichte, dessen ursprüngliche Absicht es nach den Worten des Autors war, »nicht mehr zu geben als eine lesbare Übersicht über den gegenwärtigen Stand der Sokrates-Forschung«. Was schließlich daraus wurde und was uns so bedeutend erscheint, ist die Vereinigung von sachlicher Problemanalyse und Darstellung dessen, was wir wirklich über Sokrates wissen. Es ist viel weniger als unsere Kenntnis von Buddha und seiner Lehre. Ja, wir dürfen hier wohl ein überliefertes Sokrates-Wort auch als Selbstaussage über das eigene Leben und Wirken gelten lassen: »Ich weiß, daß ich nichts weiß.« Denn in der Tat ist alles, was wir über Sokrates zu wissen meinen, Vermutung und Spekulation. Da stellt sich natürlich die Frage, ob wir trotzdem von einem »maßgebenden Menschen« sprechen dürfen.

Fragen wir nach bei Gigon. Er erinnert seine Leser an das unsterbliche Wort des Cicero: Sokrates habe als erster die Philosophie vom Himmel herabgeholt und in den Städten und Häusern der Menschen angesiedelt. Von daher kommt Gigon zu dem wohl unbestreitbaren Schluß, Sokrates sei der Schöpfer der philosophischen Ethik. Es geht also erstmals um die Frage nach dem Menschen und seinem Verhalten in der Gemeinschaft, um eine Philosophie vom Menschen für den Menschen. Doch wissen wir nicht, wie sie Sokrates formuliert hat. Wir kennen das Was, nicht das Wie. Sokrates bleibt in diesem Prozeß ein Rätsel. Und Gigon hat recht, wenn er schreibt: »Je strenger die Methode ist, nach der die Forschung die überlieferten Texte auf den geschichtlichen Sokrates hin befragt, desto offenkundiger wird es, daß wir letzten Endes über seine Persönlichkeit und Lehre kaum ein Minimum wissen.«

Was wir von Sokrates besitzen und was seinen Namen groß und sein Denken weltweit bekannt gemacht hat, ist Sokrates-Dichtung, ob wir nun Platon oder Xenophon lesen. Von ihr müssen wir ausgehen, wenn wir uns anders nicht jeden Zugang zu Sokrates und seinem Wirken verschließen wollen. Aus solcher Einsicht zieht Gigon den folgenden, wie mir scheint, einzig richtigen Schluß:

»Die geschichtliche Realität des Sokrates wird vermutlich niemals aufhören, uns zu beunruhigen, aber es hat keinen Sinn, wissenschaftlich nach ihr zu fragen, weil wir einfach keine Texte besitzen, die wir daraufhin befragen könnten. Wir besitzen die Sokrates-Dichtung; aber ihr gegen ihre eigene Absicht geschichtliche Zeugnisse abzupressen, ist ein Verfahren, das von vornherein bedenklich ist und bis heute jedenfalls noch zu nichts geführt hat. Da bleibt nur eines: In entschlossener Resignation die Frage nach der Persönlichkeit und Lehre des geschichtlichen Sokrates als unbeantwortbar beiseite zu legen und dafür die Freiheit zu gewinnen, die sokratische Literatur unbefangen als Dichtung zu verstehen, als die imposante Schöpfung bestimmter, historisch faßbarer Schriftsteller, die in bestimmter Absicht Philosophie in der Form von Dialogdichtungen gestaltet haben.«

Damit wird Sokrates zu einer Figur – der Hauptfigur – in den Schriften Platons und Xenophons. Er wird zu einer idealtypischen Erscheinung, an deren wie immer gearteten Realität nicht zu zweifeln ist.

Todesurteil und gewaltsamer Tod besiegeln ein Leben, das zweifellos der Selbsterkenntnis des Menschen und der Frage nach der rechten Lebensart geweiht war. Darin zumindest stimmen wohl Wirklichkeit und Dichtung überein. Und darin zeigen sich auch unübersehbare Parallelen zu dem anderen Großen, der Sokrates im fernen Indien als ein ähnlich edler Geist voranging: Buddha.

Buddha und Sokrates stehen sich, soweit das aus den Quellen und Texten zu erschließen ist, in zwei zentralen Punkten sehr nahe: in der Einschätzung des Lebens und in ihrer Haltung gegenüber dem Tod. Es sind die Probleme, die sie zum Fragen und Lehren anregten, wobei allerdings die Einstellung des Sokrates zu seinem pädagogischen Wirken eine andere war als die Buddhas. Er begriff sich nicht als Lehrer, sondern im genauen Wortsinn als geistiger Geburtshelfer. Er war wohl das Herausfrage-Genie der Menschheit schlechthin. Bei beiden aber geht es letztendlich um Wegsuche und Wegweisung – um Sinnerfüllung des Daseins oder genauer: des Hierseins.

Leider ist diese geistige Nähe der beiden nie ernstlich erwogen, geschweige denn analysiert worden. Das ist eines der großen Versäumnisse abendländischer Wissenschaft im Hinblick auf die unübersehbaren frühen Geistesverwandtschaften zwischen Asien und Europa – hier zwischen Indien und Griechenland. Es handelt sich freilich nicht um eine Geistesverwandtschaft der Breite, sondern vielmehr der Tiefe. Das wird am Vergleich von Buddha und Sokrates und ihrer jeweiligen Umwelt deutlich. Dabei spielen die Ernsthaftigkeit und die Denkanstrengung der beiden großen Repräsentanten unterschiedlicher Kulturkreise eine wichtige Rolle.

Wenn man Sokrates und seine sophistischen Zeitgenossen – so wie in Platons Frühdialog *Protagoras* – im Gespräch beobachtet, wird der Unterschied in der Gesinnung wie der Gesittung erkennbar. Die Sophisten erscheinen als mehr oder weniger selbstgefällige Herren des Wortes, als Florettfechter der Sprache, denen es weniger um das behandelte Problem als vielmehr um elegante Polemik geht. Die Kluft zu Sokrates wird hier deutlich. Sie ist nicht nur um der dichterischen Spannung willen von Platon in den Dialog eingebracht. Sie zeigt sich eindeutig als ein von Platon erlebtes und erkanntes Phänomen sokratischer Haltung. Von da aus dürfen wir auch Themenvergleiche zum Denken und zur Lehre Buddhas anstellen. Dabei wird sich zugleich die Tiefe enthüllen, aus der hier, bei aller Unterschiedlichkeit von Umwelt und Ziel, gedacht und argumentiert worden ist.

Nun mag mancher fragen, ob wir angesichts des geringen Wissens über den historischen Sokrates solche Vergleiche überhaupt anstellen dürfen? Ich glaube, daß uns Platons Verhältnis zu Sokrates und seine ihm sicher schwer gewordene frühe Entscheidung, nicht, wie ursprünglich geplant, Dramatiker, sondern Philosoph zu werden, das Recht gibt, ihn als Kronzeugen für das Denken und Fragen des Sokrates anzuerkennen; zumindest in seinen frühen Dialogen, die ohne die Begegnung mit Sokrates nicht denkbar wären und in denen Platons eigene Philosophie – sein Wille zum Geist – noch nicht eindeutig durchbricht. So dürfen wir also wohl den Spuren buddhistischer Geistigkeit – mögen sie nun damals wirklich nach Westen gelangt oder nur als Zeittendenzen vorhanden gewesen sein – in den Dialogen Platons und ihrer Sokrates-Darstellung nachgehen. Wir erkennen sie überall dort, wo das fragende Sokrates-Wort dem sophistischen Zeitgeist und der Oberflächlichkeit leichtfertig formulierter Erklärungsversuche entgegensteht. Solche Größe besitzt aber nicht nur Sokrates selbst, sondern auch Platon. Von daher wird er zum geeigneten, ja einzigen geistigen Zeugen. Die Themen, denen wir bei beiden nachspüren wollen, heißen menschliches Handeln, Lebenseinschätzung und das Verhältnis zum Tod.

Bei der Betrachtung dieser Zusammenhänge und ihrer Bedeutung für den urteilenden Menschen gibt es zwei Grundverhaltensweisen, denen wir zum erstenmal im *Protagoras*-Dialog begegnen, und zwar in bezug auf die Frage der Tugenden und ihrer Beurteilung. Da unterscheidet sich die Zweckbestimmtheit protagoreischen, das heißt sophistischen Denkens – mit der überheblichen Grundsatzaussage »Der Mensch ist das Maß aller Dinge« – von der eher bescheidenen, nur dem Ethos verpflichteten Betrachtungsweise des Sokrates. Es ist die Haltung, aus der sich die Nähe zu Buddha ergibt. So etwa, wenn Sokrates in der Einleitung zum *Protagoras* den Sophisten gleichen Namens, den als weise geltenden Mann also, ironisch als eine Art Großhändler oder auch Krämer mit Waren bezeichnet, die der Seele zur Nahrung dienen.

Und er warnt seinen jungen Freund Hippokrates, der Schüler des Protagoras werden möchte, mit eindringlichen Worten: »Man hüte sich wohl, mein Freund, daß uns der Sophist nicht täusche mit der Anpreisung seiner Waren, wie es bei den Händlern mit leiblicher Nahrung üblich ist, beim Kaufmann und Krämer. Denn was von ihren dargebotenen Waren wirklich tauglich oder untauglich ist für den Körper, das wissen weder sie selbst – preisen aber alles an beim Verkauf – noch ihre Käufer, es müßte denn einer gerade ein Turnmeister oder Arzt sein. Ebenso treiben es nun auch die Händler mit Wissensvorräten: Von Stadt zu Stadt umherziehend bieten sie im Groß- und Kleinverkauf jedem Kauflustigen ihre Waren dar und preisen alles an, was sie verkaufen; und doch, mein Bester, dürften gar manche von ihnen nicht wissen, was davon der Seele zuträglich oder schädlich ist. Und das gleiche gilt auch von den Käufern, es müßte denn einer gerade ein Seelenarzt sein. Gehörst du also etwa zu denen, die über Tauglichkeit und Untauglichkeit auf diesem Gebiete ein zuständiges Urteil haben, dann kannst du ohne Gefahr von Protagoras wie von jedem anderen Kenntnisse einhandeln. Wo nicht, so warne ich dich, mein Bester, nicht ein gewagtes Spiel zu treiben mit dem Kostbarsten, was du hast. Denn weit größer ist die Gefahr bei Einkauf von Wissensvorräten als von Speisevorräten. Speisen und Getränke nämlich kann man, wenn man sie von einem Krämer oder Kaufmann eingehandelt hat, in besonderen Gefäßen forttragen und, bevor man sie durch Trinken oder Essen in den Leib aufnimmt, im Hause stehen lassen und unter Zuziehung eines Sachverständigen sich Rats erholen, was davon sich zum Essen oder Trinken empfiehlt und was nicht, und wieviel und wann; mit dem Kauf hat es also hier keine weitere Gefahr. Kenntnisse aber kann man nicht in einem besonderen Gefäße wegtragen, sondern hat man einmal den Kaufpreis erlegt, so muß man sie unmittelbar in die Seele aufnehmen und sich mit ihrem Besitze abfinden, gleichviel ob es einem zum Schaden oder zum Nutzen ausschlägt.«

Hier klingt ein Ton verantwortungsbewußten Erklärens an, der ähnlich in einer Rede Buddhas stehen könnte – bei aller Unterschiedlichkeit der Problemlage und Betrachtungsweise. Übereinstimmend ist, wie wir schon einmal betont haben, die Tiefe der Betrachtung. Dabei wird Kritik zur existentiellen Grundsatzfrage. Eindringlich richtet sie sich mit vollem Ernst auf Lebenssinn und Lebensziel. Damit sind wir, ohne daß es zur terminologischen Übereinstimmung kommt, bei der Lehre Buddhas. Was er ausgedrückt hat, bleibt bei Sokrates – wohl abendländisch begründet – im Fragezustand. Der sokratische Zweifel tritt auf und erweist sich als eine Form der Wegweisung, die anders und bestimmter auch Buddha gegeben hat. Es geht hier nicht um Sinngleichheit, sondern um vergleichbare Tendenzen – um den vollen Ernst der Lebensproblematik, die von Buddha und Sokrates bei aller Unterschiedlichkeit der Voraussetzungen und Ziele gesehen und angegangen wird. Das eine ist ein weltlich-abendländischer, das andere ein geistlich-meditativer Weg. Doch beide führen aus der materiellen Gefangenschaft des Alltagsmenschen zu einem Ziel, das sinnvoll ist.

Wir haben in diesem Zusammenhang vor allem das Verhältnis von Sokrates und Buddha zum Tod zu betrachten. Die Frage führt uns zum historischen Sokrates, aber auch zu seiner von Platon gegebenen Darstellung in der *Apologie* – seiner Verteidigungsrede vor dem Gerichtshof von Athen – und im *Phaidon*, dem berühmten Dialog, in dem Platon die letzten Stunden des Sokrates darstellt, ja verklärt.

Gelassenheit im Leben wie angesichts des Todes kennzeichnen Sokrates als den Anderen, nicht nur vor seinen Zeitgenossen, sondern ebenso im Vergleich zum Menschenverhalten und Menschenwirken überhaupt. Ein solcher Anderer aber ist Buddha auch. Beide sehen sie furchtlos, ja, heiter dem Tod entgegen, wenngleich sich ihr Wissen um das Danach unterscheidet. Für Buddha ist die Wiedergeburt – in seinem Fall das Nirvana – eine Tatsache, für Sokrates liegt im Tod eine Hoffnung, eine Ahnung von Schönerem, aber keine Gewißheit.

Buddhas Hoffnung, die er allen Menschen predigt, ist das Nirvana, der letzte Erdentod und damit der Eingang in eine höhere Sphäre, ins Geistige, das als Erlösung empfunden wird. Es ist viel um dieses Nirvana gerätselt worden. Doch wenn man die Reden liest, die Buddha nach seiner Erleuchtung gehalten hat, muß es etwas Wunderbares sein, in diesem Zustand zu verweilen. Ob auch Sokrates ihn geahnt hat in den Stunden vor seiner Hinrichtung, die er philosophierend, letzten Fragen nachgehend, mit Freunden verbringt? Man möchte es meinen und darin eine weitere entscheidende Brücke zwischen den beiden sehen. Denn es ging Sokrates immer um die rechte Lebensführung auf Grund von Einsicht, von Erkenntnis durch den Gebrauch unserer Vernunft. Aus solcher Haltung ergibt sich sein Verhalten angesichts des Todes und seine Hoffnung auf ein gutes Danach. Das aber ist auch Buddhas Weg und Hoffnung. Beide begegnen sich in ihrer Einschätzung des Todes, in ihrem Verhältnis zum Sterben. Das wird im *Phaidon* besonders deutlich.

Doch bevor wir uns diesen Fragen zuwenden, wollen wir das wenige Historische betrachten, das diesem Sterben vorausgeht.

Werner Jaeger nennt Sokrates in seiner *Phaideia* einen Erzieher. Und tatsächlich ist sein sprachgewaltiges Wirken, sein das Denken anregende Fragen, Vorbild aller echten, über Wissensvermittlung hinausgehenden Pädagogik. So macht er Eindruck auf seine Mitmenschen, vor allem auf die Jugend. Doch er erzeugt auch – nicht anders als der lehrende Buddha – Mißtrauen, Unsicherheit, Neid. Er spricht von seinem Daimonion, der ihn vor falschem Denken bewahrt – ein geheimnisvoller Einflüsterer, der Fehltritte vermeiden hilft. Das haben ihm konservative Athener als ein Abirren vom rechten religiösen Pfad, vom Glauben an die alten Götter, ausgelegt.

Philosophieren galt damals vielen als ein Rebellieren und machte die Philosophen in Athen insgesamt verdächtig – aus verschiedenen Gründen, vor allem aber wegen ihres oft unpragmatischen, dem praktischen Leben abgewandten Verhaltens und ihrer geringen Neigung, sich der sogenannten demokratischen Ordnung, das heißt dem oft einfältigen Willen der vielen zu unterwerfen. Gerade Sokrates aber fand deshalb unter der Jugend viel Beachtung und Anerkennung für sein unkonventionelles, dabei unwiderlegbares Denken und Reden.

Kaum vorstellbar – aber das war es, was im alten demokratischen Athen zu einer Anklage auf Leben und Tod reichte. Es sind bis auf den auch politisch aktiven Gerber Anytos unbekannte, unbedeutende Bürger Athens, unter ihnen als Wortführer ein junger Mann namens Meletos, die Anklage gegen Sokrates erheben. Die Anklage lautete: »Sokrates frevelt gegen die Gesetze, denn er glaubt nicht an die vaterländischen Götter, huldigt einem Glauben an eine neue Art von Dämonischem, verführt die Jugend.« Unter dieser Anklage wurde Sokrates 399 v. Chr. vor Gericht gestellt – das wohl erhabenste Denunziationsopfer der Weltgeschichte.

Diese Denunziation hatte auf der Bühne begonnen. Der Komödiendichter Aristophanes führte in seinen *Wolken* den ersten bösartigen Schlag gegen Sokrates. Er machte ihn zur lächerlich aufgeblasenen Hauptfigur seines Stückes und gab ihn so von der Bühne her dem allgemeinen Spott preis.

Von da an erfuhr Sokrates als Resonanz nicht mehr nur wachsende Bewunderung, sondern auch in zunehmendem Maße Mißtrauen und Verachtung. Er war der Masse und genauso den hochgestellten Spießern, der politischen Führungsschicht wie den eitlen Sophisten durch sein Reden und seinen unkonventionellen Lebenswandel ein ständiger Stein des Anstoßes. Was beispielhaft an ihm war, erregte Ärgernis und schuf Spannung, zumal er manchen Jüngling dem fragwürdigen Elternhaus entfremdete, Söhne kritisch auf die Väter schauen ließ.

Wir wissen nicht, was der letzte Auslöser für die Anklage war und wer letztlich hinter dieser Anklage stand. Die vielen Freunde des Sokrates waren entsetzt, als sie davon erfuhren. Was Sokrates selbst von der Anklage hielt und wie er darauf reagiert hat, ist uns wie alles in seinem Leben nur aus der zeitgenössischen Dichtung, vor allem durch die Darstellung Platons, vertraut. Doch es könnte so gewesen sein, wie es in den ersten drei Teilen des Dialogs *Euthyphion* und in Platons *Apologie* – der Verteidigungsrede des Sokrates – dargestellt ist.

Platons *Apologie*, eines seiner schon durch das Thema bedeutenden Hauptwerke, besteht aus drei Reden des Sokrates: der Verteidigungsrede, einer kurzen Rede nach dem Schuldspruch, in der er einen Vorschlag zum Strafmaß unterbreiten kann, und der Rede an die Richter, nachdem sie das Todesurteil verkündet hatten.

In der ersten Rede geht es Sokrates um die grundsätzliche Unterscheidung zwischen Wahrheit und Lüge. Lüge ist das Mittel, mit dem die Ankläger den Philosophen zur Strecke bringen wollen. Sokrates reagiert mit der ganzen, dem Gericht nicht angenehmen Wahrheit. Dabei kommt der Abstand zwischen Sokrates und seiner Umwelt, zwischen seiner Auffassung vom Edlen und Guten und der Lebensart der vielen klar zum Ausdruck.

Sokrates erweist sich in dieser Rede, nach Olof Gigons Worten, als »der dem Ewigen und dem Wesen der Dinge zugewandte Philosoph, der mit den Zänkereien und der Betriebsamkeit an den Gerichtshöfen nichts zu schaffen hat. Sokrates ist in dieser Situation sowohl er selbst als ein Athener, der nach Herkunft und Neigung zu den Stillen im Lande gehörte, wie auch der Repräsentant der Philosophie schlechthin, der jeden Streit um Mein und Dein hinter sich gelassen hat.«

Kürzer und prägnanter kann man Sokrates nicht charakterisieren. In diesen Sätzen wird er aber auch, ohne daß dies von Gigon irgendwo angedeutet würde, zum geistigen Bruder des Buddha.

Sokrates beginnt seine Verteidigung mit dem Hinweis darauf, daß man schon seit vielen Jahren falsche Anklage gegen ihn erhebe, womit er meint, daß er, der immer schonungslos öffentlich die Wahrheit gesagt hat, zahlreiche Gegner hat, die allerdings nie vor Gericht erschienen sind.

Hier wird die Quelle ständiger Befeindung und Denunziation offengelegt. Sokrates spricht von Verleumdung und weist überzeugend nach, daß nichts, was man ihm vorwirft, der Wahrheit entspricht. Ironie spielt mit, wenn er die Vorwürfe, die gegen ihn erhoben werden, so zusammenfaßt: »Sokrates tut Unrecht und treibt törichte Dinge; denn er forscht nach dem, was unter der Erde und am Himmel ist; die schlechtere Sache macht er zur besseren, und zudem unterrichtet er noch andere in diesen Dingen.«

Aus diesen Worten wird die Banalität der Anklage klar, aber auch die Überlegenheit, mit der Sokrates seinen Richtern entgegengetreten ist. So fragt er, wie die Anschuldigungen gegen ihn entstanden sein könnten, und er bekennt sich zu dem, was ihn von anderen Leuten deutlich unterscheidet. Was aber ist das? Sokrates benennt es im zentralen Stück seiner Verteidigungsrede auf folgende Weise:

»Ich will versuchen, euch darzulegen, was mir diesen schlechten Ruf und diese falsche Anklage eingetragen hat. So höret denn. Vielleicht werden einige von euch glauben, ich scherze. Ich sage aber die volle Wahrheit. Ich habe diesen Ruf, ihr Athener, infolge einer bestimmten Weisheit bekommen. Was für eine Weisheit ist das denn? Wahrscheinlich ist es ein Wissen menschlicher Art; denn das besitze ich in der Tat. Die aber, die ich eben erwähnt habe, besitzen wohl übermenschliche Weisheit, oder ich weiß nicht, was ich sagen soll. Ich verfüge über solche Weisheit ja nicht, und wer sie mir trotzdem zuschreibt, der lügt und versucht, mich zu verleumden.

Erhebt jetzt keinen Lärm, Athener, auch wenn ihr den Eindruck habt, daß ich prahle. Denn was ich euch jetzt sage, kommt nicht aus mir. Ich kann mich dafür auf jemanden berufen, der völlig glaubwürdig ist. Als Zeugen für meine Weisheit, wenn es denn eine ist, kann ich euch den delphischen Gott stellen.

Ihr kanntet ja alle den Chairephon. Er war mein Freund von Jugend an und ein Freund auch der meisten von euch und der Demokratie, ging kürzlich mit in die Verbannung und kehrte mit euch auch wieder zurück. Ihr wißt ja, was für ein Mann er war und wie ungestüm er sich für eine Sache einsetzen konnte. Das tat er auch, als er nach Delphi kam. Er erkühnte sich, dem Orakel folgende Frage zu stellen – aber jetzt keine Protestrufe, ihr Männer, was ich auch sagen werde! Er fragte also, ob jemand weiser sei als ich. Die Pythia antwortete, daß niemand weiser sei. Diese Antwort wird euch sein Bruder bezeugen können; denn Chairephon selber ist ja gestorben.

Überlegt nun, weshalb ich euch das sage; ich möchte euch erklären, woher die schlechte Meinung über mich entstanden ist. Als ich den Orakelspruch gehört hatte, überlegte ich folgendermaßen hin und her: ›Was meint wohl der Gott, und was ist der Sinn seines rätselhaften Ausspruchs? Denn ich bin mir doch weder im großen noch im kleinen einer besonderen Weisheit bewußt. Was meint er denn, wenn er behauptet, ich sei der Weiseste? Er lügt doch nicht; denn das ist ihm nicht erlaubt.‹ Und lange Zeit war ich im unklaren, was er meine. Dann aber stellte ich, wenn auch sehr ungern, folgende Untersuchungen an: Ich ging zu einem der Männer, die als weise gelten, in der Meinung, daß ich, wenn überhaupt irgendwo, dort die Weissagung widerlegen und dann zum Orakel sagen könne: ›Dieser da ist weiser als ich; du aber hast mich als den Weisesten bezeichnet.‹ Diesen Mann prüfte ich nun genau, seinen Namen brauche ich nicht zu nennen; es war einer unserer Staatsmänner. Ich machte dabei diese Erfahrung, ihr Athener: In der Unterredung mit ihm bekam ich den Eindruck, er werde wohl von vielen Menschen und am meisten von sich selbst für weise gehalten, er sei es aber nicht; und ich suchte ihm dann klarzumachen, daß er zwar meine, weise zu sein, daß er es aber nicht sei; damit machte ich mich bei ihm und bei vielen Anwesenden verhaßt. Beim Weggehen aber sagte ich zu mir: ›Verglichen mit diesem Menschen, bin ich doch weiser. Wahrscheinlich weiß ja keiner von uns beiden etwas Rechtes; aber er glaubt, etwas zu wissen, obwohl er es nicht weiß; ich dagegen weiß zwar auch nichts, glaube aber auch nicht, etwas zu wissen. Um diesen kleinen Unterschied bin ich also offenbar weiser, daß ich eben das, was ich nicht weiß, auch nicht zu wissen vermeine.‹ Von da ging ich zu einem andern, den man für noch weiser hält als jenen. Ich bekam dort genau denselben Eindruck und machte mich auch bei diesem und dann noch bei vielen anderen unbeliebt.«

Es kann kein Zweifel sein, daß diese Rede, so ehrlich sie war, die Richter verwunderte, wenn nicht erzürnte. Viele mochten die Erzählung des Sokrates für einfältig, andere für überheblich, wenn nicht gar für schwachsinnig halten. Doch widerlegt er mit seinem gläubigen Bekenntnis zum Gott des berühmten Orakels von Delphi auch indirekt den von Meletos erhobenen Vorwurf des Atheismus.

Nachdem er eingeräumt hat, daß er sich durch dieses eigenartige Prüfverfahren gegenüber seinen Mitmenschen »immer mehr Feinde machte«, fährt er jedoch fort, diese Tendenz im Gerichtssaal zu verstärken, indem er ohne Namensnennung, aber dadurch um so schärfer, um so ätzender die versammelten Großen Athens als von ihm Geprüfte bloßstellt, wenn er sagt: »Diejenigen, die im größten Ansehen standen, schienen, als ich sie im Sinne des Gottes prüfte, beinahe am dürftigsten zu sein, andere dagegen, die geringer geachtet wurden, machten mir eher den Eindruck von vernünftigen Leuten.«

Sokrates weiß natürlich, daß ihn sein Verhalten trotz guter Freunde in der Gesellschaft isoliert hat. Und er erkennt wohl bereits in diesem Augenblick – Platon hat die *Apologie* nach dem

Tode des Sokrates geschrieben –, daß er mit seiner Weisheit wie mit seinem Schicksal allein ist unter all diesen Menschen, zu denen er spricht und denen er eben ihre Bedeutung, ihren vermeintlichen Rang, ihre eingebildete Größe abgesprochen hat.

Es ist der Punkt, wo aus der Sicht der athenischen Volksvertreter das Urteil feststeht. Ein Urteil zumindest gegen die Überheblichkeit, die man als gekränkter Durchschnittsmensch in der Rede des Sokrates erkennen mußte: Überlegenes Selbstbewußtsein und Ironie ergeben eine Mischung, die von den meisten nur schwer ertragen wird. Sokrates steigert sie dann im direkten Dialog mit Meletos, den er dabei völlig der Lächerlichkeit preisgibt.

Gegen Ende der Rede kommt es zu jenem berühmten Bekenntnis der Entschiedenheit, das jede Kompromißmöglichkeit gegenüber dem Gericht ausschließt. In einem den Ereignissen vorausgenommenen fiktiven Dialog mit den Richtern sagt Sokrates: »Wenn ihr mir sagtet, Sokrates, wir sprechen dich frei unter der Bedingung, daß du dich nicht mehr mit dem Suchen nach Wahrheit abgibst und nicht mehr philosophierst. Wenn du aber noch einmal darüber betroffen wirst, mußt du sterben, wenn ihr mich, wie gesagt, unter diesen Bedingungen freiließet, dann würde ich zu euch sagen: ›Ich verehre und liebe euch sehr, ihr Athener. Aber ich will lieber dem Gotte als euch gehorchen, und solange ich atme und die Kraft dazu habe, nicht ablassen, zu philosophieren, euch zu mahnen und jeden von euch, den ich antreffe, zu überführen, indem ich in meiner gewohnten Art zu ihm sage: Mein Bester, du bist doch ein Athener, ein Bürger der größten und an Bildung und Macht berühmtesten Stadt. Schämst du dich nicht, daß du dich zwar darum bemühst, wie du zu möglichst viel Geld, zu Ruhm und Ehre kommst, um die Einsicht aber und um die Wahrheit und darum, daß deine Seele möglichst gut werde, dich weder sorgst noch kümmerst?«

Sokrates nimmt polemisch sein Todesurteil voraus und läßt zugleich erkennen, wie er seine Landsleute moralisch einschätzt.

Die drei von Platon wiedergegebenen Reden und der bereits erwähnte *Phaidon* – das Gespräch der letzten Stunden – vermitteln einen Einblick in die einmalige Seinsverfassung des Sokrates und einen Eindruck von seiner Todesvorstellung, die, wie wir schon feststellten, der des Buddha sehr ähnlich gewesen sein muß, wenn sie auch aus anderem Glauben hervorging.

Vom rechten Leben und von der Frage nach der Bedeutung und dem Sinn des Todes handelt der *Phaidon*. Darin werden Leben und Sterben des Sokrates zu einer symbolischen Einheit zusammengefaßt, die aus abendländischer Sicht das wohl tiefste Geheimnis einer Erfassung des Lebenssinns birgt, das je von einem Europäer erfahren und formuliert worden ist.

Für den Autor Platon wurde es zum prägenden Element seines Werkes als Wille zum Geist. Sokrates hat dazu das Fundament gelegt, nicht nur als Ethos, sondern auch im Begreifen des Lebens als eines Weges zum Tode. Bezeichnet doch Platon am Anfang des *Phaidon* mit Worten des Sokrates das philosophische Dasein als eine Vorbereitung auf die letzte Stunde, ja als ein beständiges Sterben. Und in seiner Lebensbetrachtung sagt Sokrates zu Kebes, einem seiner letzten Gesprächspartner: »Es ist besser zu sterben als zu leben.« Auch in diesen Sätzen, ob wir sie nun mehr als Platons oder noch ganz als Sokrates' – richtig wohl beiden gemein – begreifen, stellt sich die Nähe zur Gedankenwelt, zur Lehre des Buddha wieder ein. Das muß nachdenklich stimmen. Hier werden doch offenbar Grundhaltungen besonderer Menschen dargestellt, in denen sich Weltverstehen, aber auch Weltverwehen ausdrückt, das, was in der indischen Atman-Lehre als der Weisheit letzter Schluß zu finden ist.

ALEXANDER UND ASIEN –
EINE WEST–ÖSTLICHE
BEGEGNUNG

Sokrates und Buddha stehen zum Leben des einzelnen Menschen und seiner Problematik wie Alexander zur Menschenwelt und ihren Herausforderungen. Es geht bei dieser fundamentalen Gegenüberstellung um Denken und Tat, um Besinnung und Aktion. Beides ist im Menschen angelegt, beides drängt nach Verwirklichung. Hier tritt erstmals der Zwiespalt zutage zwischen Geistmensch und Tatmensch, zwischen kontemplativem und aktivem Leben. Es ist ein Zwiespalt zwischen Asien und Europa, und es ist genauso ein Zwiespalt im christlichen Abendland: zwischen Scholastik und Mystik, zwischen Machtstreben, Gewaltherrschaft und geistigem Weg zur großen Form und zu edler Gesinnung. Der hier angedeutete Riß, die tiefe Kluft, zieht sich durch das Abendland seit Aristoteles und Alexander.

Ihnen und ihren östlichen Antipoden ist dieses Kapitel gewidmet. Die Konfrontation besteht allerdings nicht – das muß hier eingangs ganz deutlich gesagt werden – zwischen Griechenland und Indien, sondern zwischen Makedonien, als dem späten Racheengel der griechischen Polis, und Persien, wobei die zu Rächenden dem Rächer – Alexander – zuerst zum Opfer fielen: die Thebaner, die mit Blut und Sklaverei dafür büßen mußten, daß sie Alexanders Größe und Herrschaftswillen zu spät begriffen. Nach diesem blutigen Sieg Alexanders über das stolze Theben hatte Griechenland ein anderes Gesicht: ein makedonisches, das zum hellenistischen wurde.

Der Hellenismus ist ohne diesen politischen Wandel in Griechenland, der zugleich ein Wandel im Geistigen war, nicht vorstellbar. Sein Spiritus rector heißt Aristoteles. Nicht zufällig wurde der große Philosoph zum Lehrer Alexanders, aber auch zum Erzvater der christlichen Scholastik.

Mir scheint, diese beiden Fakten haben viel miteinander zu tun, erklären mehr die Geschichte des Abendlandes bis heute, als je gesehen und eingesehen worden ist.

Aristoteles hat als erster Philosoph die geistige Statur eines Polyhistor. Er wird als »Leser« apostrophiert. Seine Bibliothek galt als die umfassendste der Zeit. Sein Denken und Lehren zielte aufs Ganze: auf Welterkenntnis und systematische Welterklärung. So wurde er zum ersten bewußten Systemschöpfer, als den ihn noch Hegel erkannte und anerkannte.

Nun stehen wir allerdings bei dem Vielschreiber Aristoteles vor einem ähnlichen Problem wie bei dem Nichtschreiber Sokrates. Im Gegensatz zu den Dialogen des Platon, deren Echtheit bis auf wenige Nebenwerke unbestritten ist und die uns aus zeitgenössischen Quellen vorliegen, müssen die an Platon anknüpfenden frühen Schriften des Aristoteles – vor allem seine Dialoge – als verloren gelten. Wir haben nur Bruchstücke davon. Und was den gewaltigen Corpus der nachfolgenden wissenschaftlichen und philosophisch-systematischen Schriften betrifft, so liegen uns bearbeitete, später überlieferte Texte vor, deren Urschriften aus der Erbmasse des Philosophen zunächst verschollen blieben, bis sie nach fast zweihundert Jahren zum erstenmal wieder auftauchten.

Wenn das für unser Thema nicht eben von entscheidender Bedeutung ist, so müssen wir dennoch bei der für uns wesentlichen Geschichte von Aristoteles als dem Erzieher des jungen Alexander Vorsicht walten lassen. Das gilt sowohl für die Zeit, die Aristoteles mit Alexander verbracht hat, wie auch für das Maß des Einflusses, den er auf den jungen Prinzen nehmen konnte. Wir müssen es wohl eher geringer ansetzen, als bisher angenommen. Zu gegensätzlich sind die Intentionen der beiden, als daß man von einer geistigen Überwältigung des Jüngeren durch den Älteren sprechen könnte. Es gab wohl mehr persönliche als wirklich geistige Kontakte, wenngleich beiden eine ordnende Grundtendenz ihres Wirkens eigen war. Die Vita activa ist beider bestimmendes Element.

Alexander wie Aristoteles trachteten danach, nichts dem Zufall zu überlassen. Ihr Prinzip war die vollendete Organisation. Was der eine in der geordneten Gesamtheit seiner Lehren und Schriften auszudrücken und zu deuten versuchte, realisierte der andere als Feldherr und Politiker: Vorstellungen, die vorher weder bei den Griechen noch bei den Persern denkbar gewesen wären. Und wenn Olof Gigon schreibt: »Es liegt Aristoteles daran, den Bereich des Beliebigen, Zufälligen, Unbegründbaren und Unkontrollierbaren so weit als irgend möglich einzuschränken«, so gilt das in gleicher Weise für das politisch-militärische Konzept Alexanders.

Hier begegnen sich Lehrer und Schüler auf der Ebene des klaren, unbedingten Bewußtseins, das von nun an zu einem Maßstab der Zielorientierung wird, zu einem abendländischen Konzept, dessen sich weltliche Herrschaft wie Kirche, Wirtschaftsmacht wie Wissenschaft zu ihrer Entfaltung und Behauptung bedient haben und noch immer bedienen. Dabei tritt der Gegensatz zu asiatischem Weltverständnis, zu östlicher Lebensart deutlich hervor. Hierin sind sich Philosoph und Weltherrscher einig.

Doch das abendländische Konzept, das so einheitlich und klar erscheint, hat nur zum Teil die Wurzeln, die ihm eine oberflächliche, gräkophile Geschichtsschreibung gern geben möchte. Was Alexander betrifft, kommt es aus dem nördlichen Barbarentum, von dem Makedonien nach griechischer Sicht beherrscht war. Auch Aristoteles ist kein Athener. Er stammt aus der griechischen Stadt Sageira auf der Halbinsel Chalkidike, die von Philipp zerstört wurde und deren Territorium danach zum makedonischen Reich gehörte. Aristoteles war damit makedonischer Staatsbürger geworden wie sein Vater, der als königlicher Leibarzt am makedonischen Hof von Pella – der Residenz Philipps – hohes Ansehen genossen hatte. So war die Familie des Aristoteles mehr der Provinz als der griechischen Polis verbunden. Das wurde bei der Darstellung der griechischen Geschichte bisher allzu wenig beachtet.

Es ist deshalb zu begrüßen, daß Malcolm Errington 1986 mit seiner *Geschichte Makedoniens* den Blick auf Vorgeschichte und Hintergründe der Alexanderzeit und ihrer Folgen gelenkt hat.

Während in den griechischen Städten und an der kleinasiatischen Küste sowie im weiten persischen Einflußgebiet und in den west- und nordindischen Zentren zum Teil schon seit undenklichen Zeiten reiche Kulturen blühten, war das Gebiet nördlich der Peloponnes bis ins vierte vorchristliche Jahrhundert Terra incognita. Weder ein Sokrates noch ein Platon wären am makedonischen Hof denkbar gewesen. Bildung war dort bis zum Machtantritt Philipps II., des Vaters Alexanders des Großen, offenbar ein Fremdwort. Dies ist zu bedenken, wenn wir Leben, Wirken und Nachruhm von Aristoteles und Alexander richtig sehen und im geistigen Zusammenhang ihrer Zeit beurteilen wollen. Das gilt insbesondere für Alexanders religiöse Haltung und seine Stellung zu den Göttern, vor allem aber zu seinem eigenen, selbst postulierten Gottsein, das ihm offenbar seine Mutter Olympias schon als Kind suggerierte.

Makedonien, das Land seiner Herkunft, war Bauernland. Seine Geschichte verliert sich in Sagen und Legenden, die für Alexanders Hintergrund nichts hergeben außer einigen Zeugnissen früher Bemühungen seiner Vorfahren, den griechischen Ursprung des makedonischen Volkes nachzuweisen. Solcher Nachweis war nötig, um den Makedonen die Teilnahme an den Olympischen Spielen zu ermöglichen, die nur für Griechen zugänglich waren. Er gelang Alexander I., einem Vorgänger des großen Alexander, mit der Herleitung seines Geschlechts aus argivischer urgriechischer Familie.

Tatsache ist, daß die Makedonen einen stark thrakisch und illyrisch durchsetzten griechischen Dialekt sprachen. In den griechischen Städten sah man bis lange nach dem Peloponnesischen Krieg Makedonien als ein Land am Rande der Welt. Das änderte sich erst mit dem Regierungsantritt Philipps II., dem es nicht nur gelang, das bis dahin vielfältig bedrohte Land machtpolitisch zu sichern, sondern auch eine kulturelle Basis, zumindest bei Hofe, zu begründen.

Bis zu seiner Ermordung im Jahre 336 v. Chr. hatte Philipp wichtige Voraussetzungen für ein gemeinsames Vorgehen Makedoniens mit den griechischen Städten gegen die Perser geschaffen. Sein plötzlicher Tod läßt über weitere Pläne des Herrschers nur spekulieren. Gemessen an seinem Sohn Alexander war er ein eher bedächtiger, seine Taten genau erwägender König, dem es vor allem auch um eine Angleichung seines Hofes an das städtische Kulturleben im alten Griechenland ging. Er soll sogar Sokrates nach Makedonien eingeladen haben. Und als im Sohn des angesehenen Leibarztes seines Vaters Amyntas ein bedeutender Philosoph – eben Aristoteles – heranwuchs, der schon als Siebzehnjähriger Schüler in Platons berühmter Athener Akademie geworden war, wo er bis zu dessen Tod – 347 v. Chr. – studiert hatte, berief er den Vierzigjährigen als Erzieher für seinen Sohn Alexander nach Pella.

Von 342 bis 340 v. Chr. weilte Aristoteles als Lehrer am makedonischen Königshof, wo er den vierzehnjährigen Alexander zunächst – wohl gemäß dem Wunsche Philipps – mit griechischer Literatur und Dichtung vertraut machte. In dieser Zeit hat Aristoteles die *Ilias* des Homer für seinen Schüler redigiert und abgeschrieben. Sie wurde Alexanders Lieblingsbuch, das ihn in der Fassung des Aristoteles auf all seinen Feldzügen begleitete und das er unter seinem Kopfkissen verwahrte.

Entsprechend seiner Denkart hat Aristoteles das Bildungsprogramm des Alexander breit angelegt. Neben den Tragödiendichtern und Historikern sowie den Philosophen vermittelte er seinem Schüler auch die Elemente der Verskunst – besonders am Beispiel des Pindar. Der Eindruck dieser Lyrik hat bei Alexander so intensiv nachgewirkt, daß er später bei der Eroberung und Zerstörung Thebens das Haus des Pindar ausdrücklich verschonte.

Aristoteles weckte in seinem Schüler auch das Interesse für Naturwissenschaften und Medizin. Das hatte intensive Naturstudien des Feldherrn während seiner Kriegszüge, besonders in Asien, zur Folge. Doch kam er dabei oft zu anderen Überzeugungen als sein Lehrer, was sich in der späteren, zum Teil kontroversen Korrespondenz mit Aristoteles ausdrückte. Ähnliche Gegensätze ergaben sich auch im Bereich von Politik und Philosophie.

Im Mittelpunkt der philosophischen Studien stand die Vermittlung der esoterischen Lehren Platons, das Geist-Konzept des großen Philosophen, das der junge Alexander besonders bewundert zu haben scheint. Er legte Wert darauf, durch seinen Lehrer Aristoteles zum Kreis der Eingeweihten der Athener Akademie zu gehören. Doch selbst hier geriet er zu Aristoteles in Widerspruch, als der später die Esoterik Platons in seinen erkenntnistheoretischen Schriften offen und häufig kritisch erörterte. So schrieb Alexander seinem einstigen Lehrer, er könne es nicht akzeptieren, daß diese Lehren des Platon damit der Öffentlichkeit zugänglich würden.

Da fragt man sich, welche Einflüsse Alexanders Denken bestimmt haben, zumal in Richtung einer Esoterik, die in seiner politischen und militärischen Haltung kaum einen Niederschlag gefunden hat. Um eine Antwort zu finden, müssen wir zurückschauen in seine frühe Kindheit, in die Zeit vor dem Eintreffen des Aristoteles.

Bis zu diesem Zeitpunkt stand das Kind ganz unter dem Einfluß seiner Mutter Olympias, die als eine leidenschaftliche, kluge, herrschsüchtige, aber auch religiös überspannte Frau mit dämonischen Zügen geschildert wird. Man darf annehmen, daß Philipp ihren Einfluß auf den Thronfolger schwächen, ja unterbinden wollte, als er Aristoteles an seinen Hof bat. Darauf deutet auch hin, daß die Erziehung Alexanders durch Aristoteles in Miëza, einem kleinen Ort außerhalb Pellas, erfolgte.

Philipp hatte Olympias bei einem Besuch des berühmten Kabiren-Heiligtums der Insel Samothrake kennengelernt. Sie war eine Tochter des verstorbenen Königs Neoptolemos von Epeiros, dem gebirgigen, schwer zugänglichen Küstenland nordwestlich der griechischen Halbinsel und westlichen Nachbarn Makedoniens. Es war von beiden Seiten eine Liebesheirat, diese vierte Ehe Philipps. Sie entsprach aber auch seinen machtpolitischen Ambitionen. Olympias wiederum, der er beim Empfang der mystischen Weihen in einem Akt von geheimnisvoller Großartigkeit begegnet war, fühlte sich durch die Heirat aus der provinziellen Enge der kulturarmen Bergwelt ihrer Heimat an die Seite eines erfolgrei-

chen Herrschers versetzt, der gerade dabei war, seinem Land
Weltgeltung zu verschaffen. Als dann der Sohn und Thronfolger
geboren wurde, war beider Glück vollkommen.

Olympias, die schon als Mädchen an den dionysischen Orgien
ihrer stark religiös geprägten Heimat als Tänzerin und Mainade
teilgenommen hatte, entfaltete in ihrer neuen Umgebung ebenfalls
starke kultische Aktivitäten, die sie auch auf den heranwachsen-
den Alexander übertrug. Hier mögen erste Konflikte mit Philipp
aufgetreten sein, der sich seinen Sohn mehr praktisch und geistig
als religiös beeinflußt und ausgerichtet wünschte. Dafür war Aristoteles sicher der richtige Lehrer. Doch auch er konnte den starken mütterlichen Einfluß ekstatisch-mythischer Lebensart in seinem Schüler nicht unterdrücken. Und tatsächlich ist Alexanders
Einzigartigkeit als Mensch und Herrscher nur aus der Divergenz
von Vater und Mutter zu erklären.

Feldherr und Machtpolitiker, aber ebenso Geistmensch und
religiöser Ekstatiker mit der Vorstellung, göttlicher Herkunft zu
sein – das sind die Elemente, aus denen sich Alexander in facet-
tenreicher Maßlosigkeit zusammensetzt – ein leidenschaftlicher
Übermensch, dessen inneres Feuer ihn mit zweiunddreißig Jahren
verbrannt hatte.

Der Konflikt zwischen väterlichen und mütterlichen Einflüssen
verschärfte sich bereits in Alexanders früher Jugend, obwohl Philipp seinem Sohn volles Vertrauen schenkte und ihn schon als
Sechzehnjährigen zu seinem Statthalter und Stellvertreter in Makedonien machte. Politisch wie militärisch war die Zusammenarbeit zwischen Vater und Sohn äußerst erfolgreich. Ihre Krönung
erfuhr sie durch den gemeinsamen Sieg über die Griechen in der
Schlacht von Chaironeia (338 v. Chr.), die das Ende der griechischen Polis einleitete und Alexanders militärische Erfolgsserie
vorbereitete.

Doch sah sich der Kronprinz zur gleichen Zeit von schweren
Familienproblemen bedrängt. Philipp hatte 337 neben Olympias
eine Nichte seines Feldherrn Attalos – Kleopatra – zur Frau genommen. Bei der Hochzeit kam es zu einem Streit zwischen Alex-

ander und Attalos, als der Feldherr die Hoffnung auf einen Philipp ebenbürtigen, nämlich makedonischen Thronerben aussprach. Es folgten harte Auseinandersetzungen, in deren Verlauf Alexander mit seiner Mutter Olympias das Fest fluchtartig verließ. Erst ein halbes Jahr später, nachdem Philipp klare Aussagen über die zukünftige Thronfolge getroffen hatte, kehrte Alexander nach Pella zurück.

Olympias dagegen blieb in Epeiros und versuchte ihren Bruder Alexander, den König des Landes, zu einem Rachefeldzug gegen Philipp zu bewegen. Mit ihrem Sohn Alexander blieb sie insgeheim in Verbindung. Zwischen Vater und Sohn aber stellte sich die alte harmonische Beziehung nicht wieder her. Philipp begriff, daß er auf dieser Basis den geplanten Feldzug gegen die Perser, dem die mit Makedonien verbündeten Griechen nur unwillig zugestimmt hatten, nicht würde durchführen können. So entschloß er sich zu einer Geste der Versöhnung und bot Olympias' königlichem Bruder seine Tochter Kleopatra, die Schwester Alexanders, zur Gemahlin an. Da zur gleichen Zeit Philipps junge Frau ein Mädchen zur Welt brachte, schien der Familienfrieden wiederhergestellt. Doch die königliche Hochzeit von Alexanders Schwester wurde zur Tragödie. Sie endete mit Philipps Ermordung durch einen seiner Leibwächter.

Alexander war damals zwanzig Jahre alt. Wie wenig er die Vergangenheit vergessen hatte, zeigt, daß er sofort nach Übernahme der Herrschaft Attalos wegen Hochverrats ermorden ließ. Doch auch Olympias, der man eine Beteiligung am Königsmord nachsagte, wurde zur kaltblütigen Rächerin. In Abwesenheit Alexanders ließ sie zuerst Kleopatras Kind auf dem Schoß der Mutter umbringen und zwang dann die einstige Rivalin zum Selbstmord. Sie ahnte nicht, daß ihr und ihrer Familie ein gleiches Schicksal bevorstand.

Alexanders kurze Regierungszeit – sie währte zwölf Jahre – wurde zu einer Zeit erfolgreicher Feldzüge, die sich bei seinem Machtantritt wohl niemand vorstellen konnte. Obwohl sein Vater Philipp ein bis zu Alexanders Machtantritt wenig bedeutendes, aufblühendes makedonisches Reich geschaffen und in seinen Grenzen weitgehend gesichert hatte, so war es dennoch rings von feindlichen Völkern umgeben. Und das Verhältnis zur griechischen Polis war trotz makedonischer Erfolge gespannt. So durfte man der von Philipp geplanten Bestrafung des einstigen Aggressors Persien nicht allzuviel Aussicht auf Erfolg zutrauen. War doch Persien, gemessen an Makedonien, ein echtes Weltreich, das ganz Asien bis an die Grenzen Indiens umfaßte und im Süden bis nach Ägypten reichte.

Weitsicht, klare Entschlossenheit und kaltblütige Grausamkeit möglichen Feinden und Widersachern gegenüber bestimmten Alexanders Verhalten im Augenblick der Ermordung seines Vaters. Ein hartes Blutgericht traf die männlichen Angehörigen der Familie, die als mögliche Rivalen hätten auftreten können. Dabei zeigte Alexander die all seinen Erfolgen zugrundeliegenden Haupteigenschaften seines Lebens: scharfes, durchschauendes Denken und blitzschnelles Handeln.

In weniger als zwei Jahren festigte er die makedonische Vorherrschaft auf dem Balkan sowie im nördlichen Griechenland und erneuerte den einst von seinem Vater in Korinth geschlossenen Bund mit den griechischen Städten, nachdem er das aufständische Theben 335 v. Chr. zerstört hatte.

Von nun an kannte Alexander nur noch ein Ziel: die Eroberung Persiens. Sie begann mit einem Befreiungsfeldzug für die in Kleinasien unter persischer Herrschaft lebenden Ostgriechen. Das gab dem Unternehmen einen positiven Sinn, der von vielen Griechen begrüßt wurde.

Für Alexander freilich war das nur eine angenehme, seinen Plänen förderliche Begleiterscheinung. Denn er war nicht wirklich als Befreier angetreten, wenn er auch überall als solcher gefeiert wurde. Seine Ziele waren weiter gesteckt, hatten jetzt schon etwas von einem Weltmachtstraum. Dabei hieß Welt für ihn, entsprechend damaligen Dimensionen: Asien.

Ein zeitgenössischer Autor begann seine leider verlorengegangenen Erinnerungen an Alexanders Asien-Zug mit den Worten:

»Als Alexander Asien erblickte, wurde er von einer unglaublichen Begeisterung ergriffen.« Bei der Überquerung des Hellespont nach Abydos brachte er uralter Tradition folgend für Poseidon ein Stieropfer und ein Trankopfer aus goldener Schale. Er begrüßte Asien mit einem Speerwurf, mit dem er seinen Besitzanspruch auf den ihn so faszinierenden Erdteil zum Ausdruck brachte. Nach geglückter Landung vollzog er weitere Opferhandlungen und ließ Altäre für Zeus, Athene und Herakles errichten. Damit gebärdete er sich als allgriechischer Herrscher.

Sein erster Besuch auf asiatischem Boden galt, eingedenk seiner ständigen Begleitlektüre – der *Ilias* –, den historischen Stätten von Troja, wo er das Grab des Achilles schmückte und im Tempel der Athene seine Rüstung als Weihgeschenk niederlegte. Auch bestimmte er, daß ihm Waffen und ein heiliger Schild, die angeblich aus dem Trojanischen Krieg stammten, bei seinen künftigen Schlachten vorangetragen werden sollten.

Ilion war die erste Stadt auf asiatischem Boden, die Alexander für frei von persischer Herrschaft und Tributpflicht erklärte. Das war mehr als ein symbolischer Akt, es war vielmehr der Auftakt eines nun für Alexander typisch bleibenden Verhaltens, das äußerste Härte im praktischen Handeln mit magisch-mystischem Brauchtum vereinte: den Vormarsch und die Besinnung, den Krieg und die Götter, dazwischen er – der Weltenherr –, der wohl schon früh daran glaubte, selbst göttlichen Ursprungs zu sein.

Die militärischen Erfolge der nächsten Jahre mußten ihn davon vollends überzeugen, zumal er in der ersten Schlacht gegen die Perser am Granikos selbst in äußerste Bedrängnis geriet und schließlich dennoch einen großartigen Sieg errang. In größter Lebensgefahr war er sich da wohl der göttlichen Fügung bewußt geworden, die seinen Lebensweg bestimmte – eine Erfahrung, die sich nun oft wiederholen sollte.

Es war offensichtlich nicht der alte, konventionelle Götterglaube, der in Griechenland längst keine tiefgehende Bedeutung mehr hatte, dem Alexander huldigte, sondern eine sich selbst als göttlichen Weltenherrscher einbeziehende Neubelebung des alten

Pantheons. Eine Selbstverwirklichung als Mythos wurde hier von
Alexander begründet und Schritt für Schritt weiter vollzogen.
Dazu gehörte auch der schnelle, seine Umgebung wohl immer
wieder überraschende Wechsel zwischen härtestem Vorgehen mit
brutaler Gewalt und feinfühligem Eingehen auf magisch-mythi-
sche Zusammenhänge, die Alexander offenbar nie ohne eigene
Einfügung ins mythologische Geschehen begriffen hat.

Das beste Beispiel dafür bietet nach der Unterwerfung Klein-
asiens und der siegreichen Schlacht am Golf von Issos im Jahre 333
v. Chr., die ihn zum erstenmal mit dem persischen König Dareios
III. in Berührung gebracht hatte, sein unerwarteter Zug nach Ägypten. Obwohl ihm bei Issos die königliche Familie und der reiche
persische Kriegsschatz in die Hände gefallen waren, hatte er sein
Hauptziel, des Dareios habhaft zu werden, noch nicht erreicht. Auf
zwei Angebote des Perserkönigs, einen Freundschaftsvertrag ab-
zuschließen und endlich sogar ihm, Alexander, den westlichen
Teil seines Reiches zu überlassen, ging der stolze Makedone nicht
ein. Er sah sich auf dem Wege des verdienten, gerechten Erfolges.
So forderte er von Dareios die Anerkennung als »König von
Asien«, wandte sich aber im gleichen Augenblick, für die Perser
unbegreiflich, nach Süden.

Es war eine von Alexanders Überraschungsentscheidungen,
die nicht nur militärische, sondern – wie sich bald herausstellen
sollte – auch und wohl vor allem religiöse, mythische Gründe
hatte. Hier war der Feldherr und der vielleicht bis zu diesem Augenblick noch zweifelnde Gott unterwegs, der beim berühmten
Ammon-Orakel in der Oase Siwah das ihm wahrscheinlich von
der Mutter Olympias als Kind anvertraute Geheimnis seines wahren Ursprungs endgültig klären wollte.

Alexander ließ sich in Ägypten als Pharao empfangen und
gründete im Nil-Delta die wichtigste Stadt seines Namens: Alexandria. So dachte er an sein Fortleben und setzte ein Erinnerungs-
mal, das noch heute seinen Namen trägt.

Doch dann wandte er sich, gemäß seiner Zwiefalt, wieder dem
Überirdischen, dem Göttlichen zu. Er zog mit wenigen Auserwähl-

ten in die Libysche Wüste. Beim Heiligtum des Zeus-Ammon wurde Alexander vom Orakelpriester als neuer Pharao feierlich begrüßt. Die Orakelbefragung im Inneren des Tempels und die Antwort blieben Geheimnis. Alexander teilte sie nur seiner Mutter in einem verschollenen Brief mit, dessen Inhalt wir nicht kennen. Gleichzeitig verfügte er, nach seinem Tode in der Oase Siwah beigesetzt zu werden. Ob es je zu einer Erfüllung dieses verständlichen Alexander-Wunsches kam, verschweigen die Annalen. Aber auch das Grab der historisch verbürgten Beisetzung im ägyptischen Alexandria wurde nie gefunden. So kann es nicht verwundern, daß bis in die neunziger Jahre unseres Jahrhunderts immer wieder nach der Alexander-Gruft in Siwah gegraben worden ist.

Als Alexander im Frühjahr 331 v. Chr. von Ägypten wieder nach Norden aufbrach, um erneut Dareios zu jagen, dachte er wohl längst nicht mehr an seinen Beisetzungswunsch. Nichts mochte ihm da ferner liegen als der Todesgedanke. Vielleicht aber war er sich nun sicher, ein Sohn des Zeus zu sein.

Er zog durch Syrien nach Osten und stieß bei Gaugamela am Tigris auf das gewaltige Hauptheer des Dareios, das er trotz dessen zahlenmäßiger Überlegenheit am 1. Oktober 331 v. Chr. vernichtend schlug.

Wieder entkam der Perserkönig. Aber Mesopotamien war nun in Alexanders Hand, und er hielt als Sieger Einzug in Babylon, der Stadt, die ihm schon bald zum frühen Schicksal werden sollte. Nach seiner Ankunft in der uralten Königsstadt opferte er dem höchsten Gott des alten Babylonischen Reiches – Marduk – und knüpfte so an die Tradition des babylonischen Weltherrschertums an.

Inzwischen hatte eine makedonische Vorausabteilung auch die persische Hauptstadt Susa ohne Widerstand eingenommen und sich der reichen persischen Königsschätze versichert. Alexander selbst verweilte dann nur kurz in Susa, wollte sich so schnell wie möglich des ganzen persischen Hochlands bemächtigen, ohne dabei sein Hauptziel, die Verfolgung des Dareios, aus den Augen zu verlieren.

Zunächst aber wandte er sich nach Persepolis, das er unter schweren Kämpfen erreichte. Die Stadt der persischen Könige selbst leistete keinen Widerstand mehr. Alexander zog als Sieger ein. Das Ziel seiner Wünsche, die Palaststadt der persischen Herrscher, war erreicht. Doch er nahm es nicht großmütig als Beute, sondern gab die prachtvolle Metropole seinen Soldaten zur Plünderung frei, ja mehr noch: Bei der Siegesfeier befahl er, Brandfakkeln in die Paläste zu werfen. So sank eines der Wunderwerke früher Baukunst in Schutt und Asche. Damit nahm Alexander Rache für die Griechen, hatte doch Xerxes beim persischen Feldzug zur Peloponnes die heiligen Bauten der Akropolis von Athen gleichfalls niedergebrannt.

Alexander hat seine kulturvernichtende Tat später bereut. Auf die mutwillige Zerstörung von Persepolis folgte bald die Nachricht von der Ermordung des Dareios durch seine eigenen Leute. Alexander nannte dieses Geschehen einen feigen Mord, eilte zur Stätte der blutigen Tat und bedeckte den Leichnam des Gegners, dem er lebend nicht persönlich begegnet war, mit seinem Königsmantel.

Die Hoffnung der meisten Makedonen, nun sei der lange Feldzug zu Ende, erfüllte sich allerdings nicht. Alexander wollte nicht nur Nachfolger der Achaimeniden, sondern König von ganz Asien werden. Immer weiter nach Osten drängte sein Sinn. Von Persien hatte er schon viel gewußt. Nun wollte er Indien kennenlernen, das der große Herodot als Wunderland beschrieben hatte. Der Zugang wurde Alexander und seinen Truppen nicht leicht gemacht.

Aber auch zwischen ihm, der persische Königsmanieren annahm, in altpersischer Tracht mit dem Herrscherstirnband auftrat, und seinen Truppen gab es Probleme. Besonders, als er den in Persien üblichen Fußfall vor dem König, die Proskynese, einführen wollte, erfuhr er Widerstand von seinen sonst so getreuen Makedonen. Alexanders Antwort waren Zuckerbrot und Peitsche. Einerseits versuchte er, seine Truppen durch Geschenke und Legalisierung ihrer Konkubinate zu besänftigen, andererseits ließ er an der Führungsspitze alle erbarmungslos ermorden, die ihm hätten gefährlich werden können.

So erreichte er bei der Masse seiner Soldaten noch einmal die Bereitschaft, mit ihm weiter nach Osten zu ziehen. Es waren harte Jahre mit den schwersten Kämpfen, die das Alexander-Heer je zu bestehen hatte, bis auch die Sogdiana und Gandhara – Territorien des heutigen Afghanistan und Nordpakistan – besiegt und der Zutritt ins indische Einflußgebiet erzwungen waren.

Alexander hatte durch seine Vermählung mit der baktrischen Fürstentochter Roxane den Versuch unternommen, hier, in den von wilden Stämmen beherrschten Gebieten zwischen Persien und Indien, Sympathien unter den Einheimischen zu gewinnen, sich als einen der ihren zu geben. Um so härter aber verfuhr er nach wie vor gegen die eigenen Leute, vor allem nachdem er einem Komplott junger, adliger Makedonen, die ihn umbringen wollten – angeblich durch die Warnung einer Wahrsagerin –, entgangen war. Er ließ die Verschwörer steinigen. Das war kein guter Auftakt für den Feldzug nach Indien, der mit schweren Kämpfen im Hindukusch begann.

Aber es tat sich für Alexander auch ein neues Erfahrungsfeld auf. Ähnlich wie in Griechenland, wenngleich mit anderen Tendenzen, beobachtete er die Anwendung härtester Gewalt der Asiaten untereinander, neben der feingeistigen, meditativen Haltung einer religiösen Führungsschicht aus Brahmanen, Priestern, Einsiedlern und Mönchen, zu denen Alexander zuweilen in direkte Beziehung trat. Hier mag er zum erstenmal Anhängern des Buddhismus begegnet sein, der damals im Norden und Nordwesten Indiens eine wachsende Rolle spielte.

Eine Stadt, die, an der Grenze zu Indien gelegen, noch heute deutliche Spuren Alexanders zeigt, aber auch von – allerdings späteren – buddhistischen Zeugnissen geprägt wurde, ist Taxila jenseits des Indus. Es ist eine Stadt, deren König Taxiles Alexander nach der Überschreitung des Indus im Frühjahr 326 v. Chr. entgegenzog und ihm Waffenhilfe gegen Poros, den indischen Großkönig, anbot.

Alexander lernte in Taxila erstmals eine, verglichen mit Persien, ganz andere Stadtarchitektur und Lebensordnung kennen, die, deutlich religiös geprägt, ein Bild von überraschender Vielfalt und Farbigkeit der Daseinsäußerungen bot. Tempel und Klöster waren von puliserendem Leben erfüllt. Doch auch am Rande der Stadt entfaltete sich ein buntes Treiben, wie wir es schon aus den früheren Beschreibungen Buddhas kennen. Nackte Bettelmönche, den Kynikern des Westens vergleichbar, Prediger, Zauberer, Fakire weckten Alexanders Interesse und brachten ihn in vielfältige Verbindung zu dieser fremden Welt, deren Herr zu werden er sich mit der Vorbereitung der Schlacht gegen Poros anschickte.

Er, der Aktivste, war eingebrochen in eine wohl pulsierende, doch seinem abendländisch-drängenden Wesen so völlig entgegengesetzte Welt des Kontemplativen, der Nachdenklichkeit und Bedürfnislosigkeit, die ihn schon in Kleinasien bei der Begegnung mit dem Kyniker Diogenes als Gegenbild des eigenen Wesens stark beeindruckt hatte.

Von seinem Tatendrang wurde Alexander durch solche Beispiele nicht erlöst. Dieser trieb ihn bis an die Grenzen der Welt, die er hier in Indien an den Küsten des, wie ihm gelehrt worden war, den Osten umspülenden Ozeans erwartete.

Zu einem der heiligen Männer Indiens, der als Einsiedler außerhalb Taxilas lebte, dem Gymnosophisten Kalanos, trat Alexander in persönliche Beziehung. Er zog ihn an seine Tafel und diskutierte mit ihm die ewigen Fragen, die ihn in stillen Stunden, jenseits des Schlachtenlärms, dabei wohl besonders des Lehrers Aristoteles gedenkend, beschäftigten. Es war die Begegnung, die Alexander kurz vor der von seinen Truppen erzwungenen Umkehr die andere Seite seines impulsiven Seins vergegenwärtigte: das Leben als anspruchsloses, aber geistig erfülltes Kontinuum.

Doch Indien hatte, wie Alexander bald erleben mußte, auch andere Seiten. Taxiles' Unterwerfung war aus taktischen Gründen erfolgt. Er lebte mit seinen Nachbarn, vor allem mit Poros, seit langem in Feindschaft. Machtgier und Despotismus standen offenbar höher im Kurs als die Lehren Buddhas. So kam es, daß Alexander nach der gefahrvollen Überquerung des Grenzflusses Hydaspes im Juni 326 v. Chr. nur mit größter Anstrengung und kluger Disposition auch gegen Poros siegreich bleiben konnte. Doch er war, das erkannten nun selbst die Inder, der Unüberwindliche.

Poros geriet schwer verwundet in Alexanders Gefangenschaft, wurde aber nach seiner Genesung als Satrap über sein Königreich eingesetzt. Wieder einmal zeigte sich Alexander einem Feind gegenüber großzügiger als zu den eigenen Leuten, die er ständig mit Mißtrauen beobachtete. Das war auch der Grund, weshalb er viele Einheimische mit hohen Verwaltungsposten in den eroberten Gebieten betraute. Im Umgang mit seinen makedonischen Veteranen aber spürte er immer wieder, daß er sie überforderte und deshalb sein Unternehmen bald zum Abschluß bringen müsse.

Nach dem Sieg über Poros war er auf Grund der ihm vorliegenden Nachrichten von den östlichen Gebieten Asiens der sicheren Meinung, Indien nun fest im Griff zu haben. Der östliche Ozean, die Grenze seines Weltbildes und das Ziel seiner Wünsche, schien ihm zum Greifen nah.

Aber Indien war, wie er erfahren mußte, nicht nur ein schwer zugängliches und in seinen Lebensformen kaum begreifbares Land. Es bedrohte und überwältigte den Fremden auch durch seine Natur. Gefährliche Tiere des nur schwer zu durchdringenden Dschungels und ein bei Alexanders Eintreffen gewaltig einsetzender Monsunregen wurden für die Makedonen zu zusätzlichen schweren Belastungen, denen sie nicht militärisch begegnen konnten.

Besonders erschreckend jedoch war die unerwartete, unendliche Weite, die sich dem Heer Alexanders wie ein Sog entgegenstellte. Es wurde immer schwieriger, das eroberte Land und den Nachschub dahin sowie die Stationen des Rückmarsches zu sichern. Denn mit der Bezwingung des Poros, der sich nun als ein brauchbarer Feldherr Alexanders erwies, war Indien, wie die Makedonen erkennen mußten, noch längst nicht unterworfen. Obgleich viele Städte ihre Tore den hereindrängenden Heermassen aus dem Westen öffneten, gab es andererseits auch immer neuen Widerstand.

Als Alexander den Hyphasis im Osten des Pandschab erreicht

hatte und man ihm bedeutete, zum Ganges seien es weitere zwölf Tagesmärsche durch die Wüste, begann er an den Auskünften der Ansässigen zu zweifeln. Doch als ihm Poros die gewaltige Ausdehnung des Landes nach Osten bestätigte und vom Ozean im Süden sprach, begriff Alexander, daß er einer Fiktion nachjagte.

Diese Welt hatte im Osten offenbar kein in absehbarer Zeit erreichbares Ende. Und die Soldaten ließen sich für ein weiteres Vorgehen nicht motivieren. Als schließlich auch die Deutung eines Tieropfers Unheil verkündete, entschloß sich Alexander zur Rückkehr. Er wollte nun über den Hydaspes und den Indus nach Süden vorstoßen, um dort das Meer zu erreichen, auf dem er zu Schiff nach Mesopotamien und damit nach Babylon zu gelangen hoffte. Die Begegnung mit dem Ozean wollte er keinesfalls missen. So konnte er doch noch, wenn auch auf andere als die ursprünglich geplante Weise, bis ans Ende der Welt vordringen.

Das Nichteingeständnis des letztlichen Scheiterns einer – wie Alexander es wohl verstand – göttlichen Mission bedurfte zum Ausgleich einer außerordentlichen Demonstration der Macht. Alexander ließ am Hyphasis – mehr als fünftausend Kilometer von seiner Heimat entfernt – große Feldlager errichten, die, von Altartürmen der griechischen Götter überragt, seinen Anspruch auf das gesamte Indien – auch das von ihm noch nicht betretene Gebiet – dokumentieren sollten.

Die Wendung Alexanders nach Westen ist nicht mit der eines Napoleon vor Moskau zu vergleichen. Eine ungeschlagene, eine siegreiche Armee bewegte sich durch den Pandschab zum Hydaspes, wo inzwischen reicher Nachschub aus Makedonien eingetroffen war. Das makedonische Heer bezog Lager, und es wurde mit dem Bau von Transportschiffen begonnen, die das schon bestehende Flottengeschwader auf mehr als tausend Einheiten vergrößern sollten. Der Weg nach Süden, bei dem die Schiffe an beiden Ufern des Hydaspes von reitenden und marschierenden Truppen eskortiert wurden, war allerdings von neuen, zum Teil schweren Kämpfen mit verschiedenen rebellierenden Stämmen begleitet.

Im Sommer 325 v. Chr. erreichte Alexander mit den Truppen, die nach Makedonien heimkehren wollten, die Mündung des Indus in den Ozean. Er hatte damit sein Ziel, wenn auch an anderer Stelle als vorgesehen, erreicht. Da ihm Inseln den Blick aufs freie Meer versperrten, ließ er sich dorthin bringen, wo er die offene See sehen konnte. Er opferte dem Meeresgott Poseidon und warf goldene Schalen ins Meer. Doch auch der Rückmarsch nach Persien verlief nicht ohne schwere Kämpfe. Er forderte noch einmal viele Blutopfer und brachte viele tausend Verwundete.

Wir wissen nicht, wie Alexander diese Wechselfälle des Schicksals, die ihm trotz aller Erfolge nicht erspart blieben, beurteilt hat. Er nahm sie offenbar klaglos hin, suchte aber doch immer wieder die Götter durch Opfer freundlich zu stimmen. Dabei achtete er die Gottheiten der eroberten Länder nicht geringer als die griechischen, die ja ebenfalls nicht seine Hausgötter waren. Ob er an seine überirdische göttliche Macht wirklich glaubte oder sie nicht anders begriff als jene, die ihm als Feldherr, als Weltenherrscher gegeben war, vermögen wir nicht zu sagen. Auch wie die Begegnung mit der Lehre Buddhas auf ihn gewirkt hat, ob sie sein Temperament gezügelt, sein tyrannisches Wesen gemildert hat, ist uns ebensowenig bekannt. Doch mag das Zusammenleben mit dem indischen Gymnosophisten Kalanos im Feldlager nicht ohne Einfluß auf ihn geblieben sein. Auf alle Fälle scheint ihn Alexander sehr geschätzt und in seiner Eigenart voll akzeptiert zu haben. Das Wohlleben im makedonischen Lager konnte Kalanos allerdings nicht von seiner asketischen Lebensweise abbringen. Er blieb ein Beispiel, vielleicht zeitweise sogar für den ganz anders gearteten König.

Als Kalanos im Lager erkrankte, überraschte er Alexander mit der Absicht, sein Leben freiwillig zu beenden. Sosehr sich Alexander auch bemühte, den Inder von seiner Entscheidung abzubringen – es gelang ihm nicht. Deshalb ließ er für Kalanos, dessen Wunsch entsprechend, einen Scheiterhaufen errichten. Nachdem der heilige Mann alle im Laufe der Zeit angesammelten Geschenke – Gold, Silber, prächtige Gewänder und Teppiche – unter den Soldaten verteilt hatte, bestieg er mit großer Gelassenheit den Scheiterhaufen, nahm im Meditationssitz Platz und gab die Anweisung zur eigenen Verbrennung. Ohne die geringste Rührung – so berichten Augenzeugen – saß Kalanos in den ihn allmählich verzehrenden Flammen, während Trompetengeschmetter und Kampfrufe der Truppen seinen stillen Tod auf kontrastreiche Weise begleiteten.

Wir wissen zwar nicht, was die letzten Beweggründe für den Freitod des Inders gewesen sind. Aber wir müssen diese Verbrennung doch als eine frühe Demonstration asiatischen Geistes – als ein Beispiel für Gelassenheit, Lebensverachtung und innere Größe – nehmen, die den Gegensatz zwischen europäischer und asiatischer Haltung in dieser ersten Stunde der Begegnung beider Welten deutlich macht. Die letzten Worte des Kalanos zu Alexander, die überliefert sind, waren wie eine eigenartige Prophezeiung: »Wir werden uns in Babylon wiedersehen.« Tatsächlich hat Alexander den seltsamen Heiligen nur um wenige Wochen überlebt.

Zwischen dem Feuertod des Inders und Alexanders letzter Stunde in Babylon stand allerdings noch einmal ein Stück irdischer Selbstverwirklichung, das in Susa stattfand. Es war der festliche Akt einer ersten euro-asiatischen Symbiose, der konkret vollzog, was Alexanders Idee seit seinem Aufbruch nach Osten gewesen war. Daß er sie in Susa verwirklichte, war natürlich auch ein Stück Siegerpose. Doch ich denke, Alexander als Gesamtpersönlichkeit – als Weltenherrscher und Gottessohn, als Feldherr und Politgenie, als harter Realist und esoterischer Träumer – ging es um wesentlich mehr. Er glaubte wohl an die Möglichkeit einer Überwindung der Gegensätze, der Feindschaften, der Kämpfe – an ein Weltreich unter seiner Herrschaft, in dem alle Konflikte ausgeschaltet, alle menschliche Gegnerschaft zu Freundschaft werden könnte. Dazu nahm er die Ausdrucksformen des Menschlichen und des Göttlichen in hymnischer Einheit zusammen.

Er feierte ein die Dynastien und Satrapien verbindendes, fünftägiges Hochzeitsfest, bei dem er Stateira, die älteste Tochter des

Dareios, und Parysatis, die jüngste Tochter von Artaxerxes III. Ochos, dem Vorgänger des Dareios, zu Frauen nahm. Damit sollte die Verbindung von Makedonien und Persien, von Alexanders Dynastie mit den Achaimeniden für alle Zeiten rechtsgültig vollzogen werden.

In Alexanders Vorstellung war das die Vermählung von Abendland und Morgenland. Dabei übernahm er viele orientalische Sitten in sein Ordnungssystem, so vor allem die Polygamie. Denn neben seinen Ehen mit den beiden persischen Prinzessinnen blieb auch die mit Roxane weiter bestehen.

Doch das Fest von Susa besiegelte nicht nur eine dynastische Verbindung. Alexander verheiratete am gleichen Tag seine treuen makedonischen Gefährten mit Frauen des persischen Hochadels und legalisierte alle Konkubinate seiner Soldaten mit asiatischen Frauen als gültige Ehen. So war es eine mehrtausendfache Hochzeit, die nach persischem Ritus in Susa gefeiert wurde. Ein Traum Alexanders war damit in Erfüllung gegangen: die Weltverschwisterung.

Aber die Wirklichkeit forderte schon bald nach den euphorischen Tagen der euro-asiatischen Hochzeit gebieterisch ihr Recht und zwang Alexander, die Konflikte zur Kenntnis zu nehmen, die nach der Massenvermählung nur um so deutlicher als Ausdruck der Gegensätzlichkeit zwischen Abendland und Asien aufbrachen. Alexander scheint wie zum Ausgleich immer mehr persische Lebensgewohnheiten angenommen zu haben und seinen persischen Verbänden sehr verbunden gewesen zu sein. Das erzeugte Neid und Eifersucht unter den makedonischen Veteranen, die sich als Männer der ersten Stunde des Aufbruchs nach Asien nun zurückgesetzt fühlten.

So stand Alexander zwischen zwei Fronten. Und zwischen den Fronten, vielleicht ein Opfer seiner Hybris, vielleicht aber auch ein Opfer des Giftbechers, starb er plötzlich – 323 v. Chr. – nach seiner Rückkehr ins babylonische Quartier. Er verlosch wie eine Flamme, die zu heftig gebrannt hatte und an der eigenen Glut erstickt war.

Sein mythisches Bewußtsein hatte den Tatenüberschwang nicht zu bremsen vermocht. So blieb die von ihm angestrebte und mit der babylonischen Hochzeit symbolisierte Vermählung von Abendland und Morgenland eine Illusion, die nur partiell durch seine Nachfolger, seine Satrapen, auf Zeit zur Erscheinung kam, als Weltverbrüderungsidee aber bis heute auf ihre Verwirklichung wartet.

Die Fragen des
Königs Menandros

Zu den unbegreiflichen Fakten der weltgeschichtlichen Überlieferung gehört die Tatsache, daß uns in keinem der altindischen Texte auch nur eine Erwähnung, geschweige denn eine Darstellung Alexanders des Großen begegnet. Nur einen einzigen Herrscher kennen wir aus Alexanders späterer Nachfolge im indo-asiatischen Raum, der in der indischen Literatur Gestalt gewonnen hat, und auch das nicht als König, sondern als Suchender und Gesprächspartner des großen buddhistischen Lehrers Nagasena.

Es ist der aus griechischer Familie stammende König Menandros, der um die Mitte des zweiten vorchristlichen Jahrhunderts über ein indo-griechisches Reich im Nordwesten von Indien herrschte. Er steht im Mittelpunkt des in der Palisprache überlieferten *Milindapanha*, dem einzigen erhaltenen und uns bekannten Text, der die Brücke schlägt zwischen dem Buddhismus der frühen Zeit und einem Griechen. Zweimal wurde er ins Deutsche übersetzt: 1905 auszugsweise von dem Indologen F. Otto Schrader unter dem Titel *Die Fragen des Königs Menandros* und ab 1913 von dem deutschstämmigen ceylonesischen Mönch Nyanatiloka unter dem indisierten Titel *Die Fragen des Königs Milinda*.

Wir haben es hier mit einem einmaligen Zeugnis westöstlicher Begegnung – mit einer literarischen Konfrontation von Vita contemplativa und Vita activa zu tun. Formale griechische Einflüsse – etwa in der Dialogform – sind klar zu erkennen. Doch im Geistigen ist das Werk ganz von der Lehre Buddhas und seiner unmittelbaren Nachfolger bestimmt – ein Dokument jener Lebenshaltung, die, zumindest durch Kalanos, den wir allerdings nicht als Buddhisten verstehen dürfen, schon Alexander vertraut war, über deren Breitenwirkung seit seinem Indien-Zug und in der Zeit danach wir aber leider so gut wie gar nichts wissen. Die abendländischen Religionsgeschichtler haben sich allerdings auch nicht sonderlich um Aufklärung bemüht.

So ist es ein Glück, daß wir zu den *Fragen des Königs Menandros* von F. Otto Schrader einen erhellenden Kommentar besitzen, dessen Richtigkeit und Bedeutung noch heute anerkannt wird, obwohl es von historischer Seite auch Zweifel an der Authentizität des *Milindapanha* gibt.

Zwischen Alexanders Tod und der Herrschaft des Menandros über ein weites Gebiet einstiger makedonischer Eroberungen lagen fast zweihundert bewegte Jahre politischer, geistiger und religiöser Turbulenzen in den Erblanden des großen Alexander, die von griechischen Diadochen, aber zeitweise auch von mächtigen indischen Königen beherrscht wurden.

In Indien hatte zunächst Poros die ihm von Alexander großzügig wiedergegebene Macht weiter ausgedehnt. Aber er konnte sich seiner Erfolge nicht lange freuen. Er wurde schon bald das Opfer eines von dem Griechen Endemos geplanten Meuchelmordes. Doch die damit bei den Mördern verbundene Hoffnung, Indien endgültig in griechische Hände zu bekommen, erfüllte sich nicht. Ein junger Inder namens Tschandragupta, nicht weniger selbstbewußt und entschlossen als Alexander, ergriff die Macht und eroberte in wenigen Jahren das ganze Indus-Gebiet sowie die Ganges-Ebene. Weit im Nordosten, in Pataliputra, dem heutigen Patna, errichtete er seine Hauptstadt und begründete dort die mächtige Dynastie der Mauryas. Sein westlicher Nachbar Seleukos Nikator – ein Grieche – versuchte dann noch einmal den Traum Alexanders zu verwirklichen und stieß ins indische Kernland vor – ohne nachhaltigen Erfolg.

Tschandragupta blieb Sieger. Aber aus Feinden wurden Freunde und Verbündete, die den Pakt durch Verschwägerung besiegelten. Das Bündnis hielt bis in die Zeit des Tschandragupta-Enkels Ashoka, des ersten wirklichen Großkönigs Indiens nach dem Alexander-Zug. Er hatte als erbarmungsloser Eroberer weiter Gebiete des indischen Subkontinents begonnen. Seine größten Erfolge, vor allem auch im Westen – in Kaschmir und im griechisch dominierten Baktrien – feierte er jedoch als Missionar.

Ein griechischer Gesandter, der an seinem Hof in Pataliputra weilte, erteilte die Genehmigung zur Entsendung buddhistischer Lehrer und Mönche ins griechische Verwaltungsgebiet. Damit begann die Ausbreitung des Buddhismus – zum Teil über die alte Seidenstraße – nach Westen. So wurde ein neues Kapitel buddhistischer Einflußnahme eröffnet, das in seiner Auswirkung bis in den Osten Persiens, ja, bis nach Ägypten reichte.

Diese auf den Alexander-Zug folgende erste ost-westliche Gegenbewegung war also keine gewalttätige, sondern eine spirituelle, eine religiöse Aktion. Das muß man bedenken, wenn man abendländische und indische Aktivitäten im asiatischen Raum miteinander vergleicht. In diesem Zusammenhang ist auch das *Milindapanha* zu sehen. F. Otto Schrader macht das in der Einleitung zu seiner Übersetzung von 1905 auf noch heute gültige Weise klar, wenn er schreibt:

»In Indien hat von jeher ein einziges, glühendes Interesse alle Bestrebungen in Wissenschaft und Kunst beherrscht: das religiöse Interesse. Das ist der Grund dafür, daß in diesem Lande, das größer und stärker bevölkert ist als das ganze Europa, trotz der zahllosen politischen Stürme, die darüber hingebraust sind, und trotz der hohen und vielseitigen Kultur, die es hervorgebracht hat, eine Geschichtsschreibung bis heute so gut wie unbekannt geblieben ist. Denn eine Religion, die, wie das kirchliche Christentum, auf Geschichte sich gründet oder mit der Geschichte Kompromisse eingeht, wird in Indien als eine irrige Vermengung des Ewigen mit dem Vergänglichen empfunden. Hier reichen sich die äußerlich verschiedensten Religionen die Hand in der unablässigen Forderung, alles Irdische als das Vergängliche zu verachten und fest auf das Unvergängliche den Blick gerichtet zu halten, mag dieses Brahman oder Nirvana oder anders genannt werden. Das weltliche Geschehen wird hier durchaus nur vom Standpunkte der Seelenwanderung oder Wiederverkörperung aus betrachtet: Es geschieht nichts wesentlich Neues; in immer anderen und doch

niemals neuen Masken treten dieselben Personen immer wieder
auf, bis endlich eine nach der anderen im Laufe ihrer unzähligen
Wanderungen die Erkenntnis gewinnt, daß alles eitel ist, und dem
Welttreiben ein für alle Male den Rücken kehrt. Sein Herz an das
Wohl oder Wehe eines einzelnen Volkes zu hängen, ist ›Unwissenheit‹. Denn wie für alles Entstandene, so kommt auch für jedes
Volk notwendig einmal die Zeit des Verfalles und Unterganges,
und überdies besteht ja das Volk als ein besonderes Wesen überhaupt nicht, sondern nur etwa in dem Sinne, wie eine Versamm-
lung besteht. Es macht die zufällige Summe der Individualitäten
aus, die sich gerade hier für dieses eine Leben verkörpert haben.
Im nächsten Leben, wenn andere an ihrer Stelle stehen, sind sie in
alle Winde zerstreut: der eine als Mönch in Magadha, der andere
als Kaufmann in Pandya, ein dritter als Indra im Himmel der Drei-
unddreißig, und so fort, wie es das Karma eines jeden verlangt.

Bei einem Volke wie dem indischen, das diese Auffassung mit
solcher Überzeugung vertritt, daß ihm die historische Betrachtungsweise des Abendländers ein vollkommenes Rätsel ist, bei
einem solchen Volke, und nur bei einem solchen, ist es verständlich, daß die Literatur aus dem Laufe der Ereignisse immer nur das
hervorhebt, was ihr eine mehr als historische, eine unvergängliche
Bedeutung zu haben scheint; daß sie die gewaltigen Kriegstaten
eines Alexander und seiner indischen Nachfolger mit fast völligem
Schweigen überging und nur dem Menander ein Denkmal setzte,
und bezeichnenderweise nicht den bedeutenden politischen Werken dieses Fürsten, sondern seinem Interesse für die Religion des
Landes. Dieses Denkmal ist der *Milinda-Panha, Die Fragen des
Menandros*.«

Schrader legt hier in wenigen Sätzen den entscheidenden Unterschied zwischen Indien und dem Abendland dar, wie er seither
selten so überzeugend ausgedrückt worden ist.

Die Fragen des Königs Menandros sind das älteste überlieferte
Werk buddhistischer Weisheit nach den Reden des Buddha. Und
es blieb uns in der gleichen Sprache – dem Pali – erhalten wie
diese Reden. Das mag uns zeigen, welche Bedeutung man diesem

Text beigemessen hat. Er besteht, wenn wir ihn heute kritisch analysieren, aus verschiedenen Schichten und ist wohl auch zu unterschiedlichen Zeiten entstanden. Eine Rahmenerzählung, die uns entsprechend den Buddha-Jatakas von den früheren Geburten des Menandros wie des Nagasena berichtet, ist sicher spätere Zutat, während wir den Dialog zwischen König und Mönch wohl als ein zumindest dem Anlaß nach historisches Zeugnis nehmen dürfen. Denn was uns hier vorliegt, ist eine Begegnung zwischen dem suchenden Geist des Abendlandes, wie er sich im griechischen Denken niedergeschlagen hat, und der Weisheitslehre des Buddha, die Nagasena in unnachahmlicher Weise vertritt.

Als Ort des Geschehens wird uns in bunten Farben die einst von Alexander eroberte baktrische Handelsstadt Sagala beschrieben, die jetzt, im zweiten vorchristlichen Jahrhundert, Residenz des Königs Menandros ist. Der König wird dargestellt als ein mächtiger und wißbegieriger Herrscher, der – ähnlich wie einst Alexander – das Gespräch mit weisen Männern, mit Mönchen und Heiligen sucht. Doch keiner der Gesprächspartner überzeugt ihn, keiner weiß die rechten Antworten auf seine tiefgründigen, bohrenden Fragen. So kommt er enttäuscht zu dem vernichtenden Urteil: »Wahrlich, nichtig ist doch dieses Indien! Einer leeren Hülse gleicht es. Denn nicht einen einzigen gibt es hier unter den Asketen und Priestern, der imstande wäre, mit mir zu diskutieren und meine Zweifel zu lösen.«

Das ist der Augenblick, in dem ihn seine griechische Umgebung auf einen soeben in Sagala eingetroffenen Mönch hinweist, mit dem er es doch noch einmal versuchen solle: Nagasena. Als der König den Mönch erblickt, befallen ihn, wie der Text berichtet, zum erstenmal in einer Begegnung mit einem indischen Weisen Angst und Schrecken. Er ahnt wohl, daß er hier seinen Meister gefunden hat. Es kommt zu einem Disput um die Grundpositionen abendländischen und buddhistischen Denkens, in dessen Verlauf Menandros von der Richtigkeit der Lehre des Buddha in einer durch Nagasena weitergeführten Weise völlig überzeugt wird.

Zum erstenmal wird in diesem Text die von Buddha ständig

gewahrte Grenze der Problemerörterung überschritten. Es geht
hier nicht mehr allein um Lebensfragen und um die Vier Edlen
Wahrheiten, sondern um die philosophischen Hintergründe der
Lehre, die Buddha nie diskutiert, geschweige denn durch Antworten zu erhellen versucht hat. Man darf deshalb mit Sicherheit
annehmen, daß der Vorstoß der Griechen nach Asien auch griechisches Denken bis ins ferne Indien gebracht hat, und daß es
Auseinandersetzungen über die verschiedenen Positionen gab, die
allerdings die Entwicklung der buddhistischen Lehre offenbar
nicht beeinflußt haben.

Was für Buddha eine Frage der Vergänglichkeit war, wird bei
Nagasena zur Frage des Bestehens, ja, des Beständigen überhaupt.
Er bestreitet die Existenz alles Beständigen, und er bestreitet ferner das Vorhandensein einer Seele und damit auch der Seelenwanderung. An ihre Stelle setzt er wie Buddha, ja, wie Indien überhaupt, die Wiedergeburt. Hieran wird deutlich, daß es sich um
eine Auseinandersetzung zwischen indischem und abendländischem Geist handelt, wenn das auch an keiner Stelle gesagt wird.

Das Gespräch des Menandros mit Nagasena geht in des Wortes
genauester Bedeutung um Sein oder Nichtsein. Die Frage lautet:
Ist der Mensch oder ist er nicht – gibt es etwas Beständiges auf dieser Welt, oder ist alles nur Schein und Fluktuation? In den Antworten des Nagasena auf die Fragen des Königs vollzieht sich nicht
nur eine Demontage von Herrschaft, Macht und Reichtum, sondern von menschlichem Selbstbewußtsein überhaupt. Dabei beginnt das Gespräch, dessen Anfang wir hier seiner Originalität und
Eindringlichkeit wegen in der Übersetzung des Nyanatiloka folgen
lassen, ganz konventionell:

»Der König ging auf den ehrwürdigen Nagasena zu, begrüßte
ihn freundlich und setzte sich zur Seite nieder. Der ehrwürdige
Nagasena erwiderte den Gruß, wodurch er des Königs Herz zufrieden stimmte. Darauf wandte sich der König Milinda an den
ehrwürdigen Nagasena und sprach:

›Wie heißt du, Ehrwürdiger? Welchen Namen trägst du?‹

›Ich bin als Nagasena bekannt, o König, und mit Nagasena

reden mich meine Ordensbrüder an. Ob nun aber die Eltern einem den Namen Nagasena geben oder Surasena oder Virasena oder Sihasena, immerhin ist dies nur ein Name, eine Bezeichnung, ein Begriff, eine landläufige Ausdrucksweise, ja weiter nichts als ein bloßes Wort, denn eine Person ist da nicht vorzufinden.‹

Der König aber sprach: ›Hört mich an, ihr fünfhundert Griechen und zahlreichen Mönche! Dieser Nagasena behauptet, eine Person gebe es nicht. Wie kann man dem beipflichten?‹

Und der König sprach zu dem ehrwürdigen Nagasena: ›Wenn es, ehrwürdiger Nagasena, keine Person gibt, wer ist es denn, der euch da die Bedarfsgegenstände, wie Gewand, Almosenspeise, Lagerstatt, Heilmittel und Arzneien, spendet? Wer ist es, der davon Gebrauch macht? Wer ist es, der die Sittenregeln erfüllt, die Geistespflege übt, Pfad, Ziel und Erlösung verwirklicht? Wer ist es, der tötet, stiehlt, ehebricht, lügt, trinkt und die unmittelbar nach dem Tode zur Hölle führenden Verbrechen begeht! So gäbe es also weder etwas Heilsames oder etwas Unheilsames noch einen Täter oder Verursacher guter und schlechter Taten, noch eine Frucht oder ein Ergebnis guter und schlechter Taten, und selbst derjenige, der dich töten würde, beginge keinen Mord. Und auch du, Nagasena, hättest weder einen Lehrer noch Berater, noch überhaupt die Mönchsweihe. Nun behauptest du aber andererseits, daß deine Ordensbrüder dich mit Nagasena anreden. Wer ist denn dieser Nagasena? Sind da etwa die Kopfhaare dieser Nagasena, oder sind es Körperhaare, Nägel, Zähne, Haut, Fleisch, Sehnen, Knochen, Knochenmark, Niere, Herz, Leber, Zwerchfell, Milz, Lunge, Eingeweide, Gekröse, Mageninhalt, Kot, Galle, Schleim, Eiter, Blut, Schweiß, Fett, Tränen, Lymphe, Speichel, Rotz, Gelenköl, Urin oder das im Schädel befindliche Gehirn?‹

›Nicht doch, o König!‹

›Oder sind etwa der Körper oder das Gefühl, oder die Wahrnehmung, oder die Geistesformationen, oder das Bewußtsein dieser Nagasena?‹

›Nicht doch, o König!‹

›Dann sollen wohl vielleicht Körper, Gefühl, Wahrnehmung,

Geistesformationen und Bewußtsein (zusammen genommen) dieser Nagasena sein?‹

›Nicht doch, o König!‹

›Oder soll dieser Nagasena gar außerhalb von Körper, Gefühl, Wahrnehmung, Geistesformationen und Bewußtsein existieren?‹

›Nicht doch, o König!‹

›Ich mag dich fragen, wie ich will, Verehrter: Den Nagasena aber kann ich nicht entdecken. Soll etwa das bloße Wort ‚Nagasena‘ schon der Nagasena selber sein?‹

›Nicht doch, o König!‹

›Nun, wer ist denn dieser Nagasena? Eine Unwahrheit sprichst du, o Herr, eine Lüge, denn der Nagasena existiert ja gar nicht!‹

Und der ehrwürdige Nagasena wandte sich zum Könige und sprach: ›Du bist, o König, fürstlichen Luxus und äußerste Bequemlichkeit gewöhnt. Wenn du daher zur Mittagsstunde im heißen Sande zu Fuße gehst und mit den Füßen auf den harten, steinigen Kiessand trittst, bekommst du wehe Füße, dein Körper ermattet, dein Geist wird verstimmt, und körperliche Schmerzgefühle machen sich geltend. Bist du denn zu Fuße gekommen oder mit einem Gefährt?‹

›Nein, o Herr, ich bin nicht zu Fuße gekommen, sondern mit dem Wagen.‹

›Nun, wenn du mit dem Wagen gekommen bist, o König, so erkläre mir denn, was ein Wagen ist! Ist wohl vielleicht die Deichsel der Wagen?‹

›Nicht doch, o Herr!‹

›Oder die Achse?‹

›Nicht doch, o Herr!‹

›Oder sind die Räder oder der Wagenkasten, oder der Fahnenstock, oder das Joch, oder die Speichen, oder der Treibstock der Wagen?‹

›Nicht doch, o Herr!‹

›Dann sollen wohl diese Dinge, alle zusammen genommen, der Wagen sein?‹

›Nicht doch, o Herr!‹

›Oder soll etwa gar der Wagen außerhalb dieser Dinge existieren?‹

›Nicht doch, o Herr!‹

›Ich mag dich fragen, wie ich will, o König: Den Wagen aber kann ich nicht entdecken. Soll etwa das bloße Wort ‚Wagen‘ schon der Wagen selber sein?‹

›Nicht doch, o Herr!‹

›Nun, was ist denn dieser Wagen? Eine Unwahrheit sprichst du, o König, eine Lüge, denn der Wagen existiert ja gar nicht. Du bist doch, o König, der oberste Herr über ganz Indien. Aus Furcht vor wem lügst du denn da? Hört mich an, ihr fünfhundert Griechen und zahlreichen Mönche! Dieser König Milinda behauptet, mit einem Wagen gekommen zu sein, doch auf meine Bitte hin, mir zu erklären, was ein Wagen ist, kann er mir einen solchen nicht nachweisen. Kann man so etwas wohl billigen?‹

Auf diese Worte spendeten die fünfhundert Griechen dem ehrwürdigen Nagasena ihren Beifall und sprachen zum König Milinda: ›Nun antworte, o König, wenn es dir möglich ist!‹

Und der König sprach zum ehrwürdigen Nagasena:

›Ich spreche durchaus keine Lüge, ehrwürdiger Nagasena. Denn in Abhängigkeit von Deichsel, Achsel, Rädern usw. entsteht die Benennung, die Bezeichnung, der Begriff, die landläufige Ausdrucksweise, das bloße Wort ‚Wagen‘.‹

›Ganz richtig, o König, hast du erkannt, was ein Wagen ist. Gerade so aber auch, o König, entsteht in Abhängigkeit von Kopfhaaren, Körperhaaren, Zähnen, Nägeln usw. die Benennung, die Bezeichnung, der Begriff, die landläufige Ausdrucksweise, das bloße Wort ‚Nagasena‘. Im höchsten Sinne aber ist da eine Persönlichkeit nicht vorzufinden. Auch die Nonne Vajira, o König, hat in Gegenwart des Erhabenen gesagt: ‚Gerade wie man infolge des Zusammentreffens einzelner Bestandteile das Wort Wagen gebraucht, ebenso auch gebraucht man, wenn die fünf Daseinsgruppen (Körper, Gefühl, Wahrnehmung, Geistesformationen und Bewußtsein) da sind, die konventionelle Bezeichnung Wesen.‘‹

›Wunderbar ist es, ehrwürdiger Nagasena; außerordentlich ist es, ehrwürdiger Nagasena, wie du so ausgezeichnet meine Fragen beantwortet hast. Ja, wenn der Erleuchtete noch am Leben wäre, möchte er dir ebenfalls seinen Beifall geben. Gut, gut, Nagasena! Ganz vorzüglich hast du meine Fragen beantwortet!«

Für Menandros wird Nagasena auf Grund dieses ersten, ihn befriedigenden Gespräches zu einem Dialogpartner, mit dem er alle ihm wichtigen Existenzfragen erörtert. Sie sprechen über die Seelenfrage, das Ziel der Weltentsagung, die Wiedergeburt, die Aufmerksamkeit und Weisheit, Sittlichkeit, Vertrauen, Willenskraft, Achtsamkeit, Sammlung, Schmerzen, die Verbindung von Körper und Geist, die Uranfangslosigkeit des Daseins, die bedingte Entstehung, Erkenntnis, Einsicht und schließlich über den Zweck aller guten Eigenschaften.

Der Text ist ein dialogisiertes Kompendium der weiterentwikkelten Lehre des Buddha zur Zeit der Entstehung neuer, den Bestand des Buddhismus sichernder Impulse, deren wichtigster und nachhaltigster die Entstehung und Ausbildung des Bodhisattva-Ideals ist.

BODHISATTVA-IDEAL
UND MESSIAS-IDEE

Es gibt kaum einen Begriff in der buddhistischen Terminologie, der bis heute so verschiedenartig ausgelegt und angewandt wird wie das Wort Bodhisattva. Und das, obwohl über seine sprachliche Bedeutung kaum Zweifel bestehen. In jedem Lexikon und Fachwörterbuch wird es aus dem Sanskrit übersetzt als »Erleuchtungswesen«. Doch schon bei der genaueren Definition zeigen sich Deutungsunterschiede, die in verschiedenartigen Betrachtungsweisen des buddhistischen Lebens begründet sind.

Sattva heißt Wesen, *bodhi* ist die Erleuchtung. Daraus entstehen folgende Erklärungen. Im Brockhaus: »Ein Wesen, dessen Ziel die Erleuchtung ist.« In Nyanatilokas *Buddhistischem Wörterbuch*: »Ein zur Buddhaschaft bestimmtes Wesen, ein zukünftiger Buddha.« Im *Wörterbuch der Mythologie*: »Bezeichnung für den Menschen, der kurz vor der Erleuchtung steht.« Das sechsbändige Handwörterbuch für Theologie und Religionswissenschaft, *Die Religion in Geschichte und Gegenwart*, kennt kein Stichwort Bodhisattva. Das *Lexikon der östlichen Weisheitslehren* spricht – allerdings für den späteren Buddhismus – von einem Wesen, »das durch die systematische Ausübung der Tugendvollkommenheiten die Buddhaschaft anstrebt, jedoch so lange auf das Eingehen ins vollständige Nirvana verzichtet, bis alle Wesen erlöst sind«. Diese unterschiedlichen Auslegungen machen deutlich, wie schwer es ist, sich ein Bild von einer der Haupterscheinungsformen buddhistischer Seinsverwirklichung zu machen.

Zwei grundsätzlich verschiedene Ausgangspositionen sind erkennbar: der Bodhisattva als ein »zur Buddhaschaft bestimmtes Wesen« und der Bodhisattva als ein nach Erleuchtung Strebender. Es geht also einmal um Vorbestimmung, um Prädestination, zum anderen um Anstrengung, um Willensakte. Dabei kommt das zur Buddhaschaft bestimmte Wesen der Gnadenvorstellung des Christentums nahe, während der ständig sich Bemühende etwas vom Erlösung Suchenden hat, dem in der christlichen Kirche Jesus als ewiges Leben verheißender Heiland erscheint.

Im historischen Beispiel begegnet uns Gautamo Buddha als der zur Erleuchtung Bestimmte. Das wird schon in der ersten Erzählung des ersten Buches der *Jatakas* – der »Erzählungen aus früheren Existenzen Buddhas« klar. Dort nennt der Übersetzer Julius Dutoit den späteren historischen Buddha vor der Erleuchtung einen, »der die Erkenntnis dem Wesen nach schon besitzt, aber sich ihrer noch nicht bewußt ist«.

In der ersten *Jataka*-Erzählung erscheint der künftige Buddha als ein Kaufmannssohn aus Benares am Ganges, der bereits einige Grundzüge seines späteren Wesens erkennen läßt: Klugheit, Bedachtsamkeit, überzeugende Rede und Edelmut. Doch ist noch nichts von der Sehnsucht zu spüren, die Buddhas letzte Erdengeburt und seine Wege als Erleuchtung Suchender und endlich Erlösung Findender bestimmt.

Die in 22 Büchern gesammelten 547 Erzählungen des *Jatakam* sind zu einem großen Teil der alten indischen Volksliteratur entnommen und mit moralischen Nutzanwendungen versehen worden. Dabei entstand wohl als verbindende Vorstellung der zahlreichen wechselhaften Wiedergeburten der Begriff des Bodhisattva, von dem Klaus Milius in seiner Textsammlung des »ursprünglichen Buddhismus« sagt, er sei »ein Wesen, das bestimmt ist, nach einer mehr oder minder großen Zahl von Existenzen die Buddhaschaft zu erlangen. Die letzte Wiedergeburt vor diesem Ziel erfolgt als Mensch.«

Tatsächlich gibt es viele Jatakas, in denen der künftige Buddha als Tier zur Welt kommt. Wir begegnen ihm als Affen, als Schakal, als Rieseneidechse, als Ratte und in manch anderer Tiergestalt, auch als Vogel, so zum Beispiel mehrfach als Wachtel. Daß er selbst als Tier besondere Fähigkeiten aufweist und auch einsetzt, zeigt die »Erzählung von der Eintracht«, in der wir den Bodhisattva als Wachtel antreffen, die ihre oft streitenden Mitvögel durch klugen Rat zu gemeinsamem Handeln vor dem Netz des Wacheljägers zu bewahren weiß. Mit der Nutzanwendung auf das tägliche Leben, daß »Streit die Wurzel des Verderbens« sei, tritt hier wie in allen Jatakas ein Stück vorbuddhistischer Weisheit als Lebensklugheit ans Licht. Daran erkennt man, daß der Bodhisattva in all seinen Wiedergeburten ein Reifender ist, der endlich Erleuchtung erlangt.

Bodhisattva war also ursprünglich ein Durchgangsbegriff, die Beschreibung eines Wandelbaren, der aber mit einer Bestimmung versehen ist: der Bestimmung, Buddha zu werden. Darauf deutet auch Buddhas Hinweis auf die Wiederkunft eines Buddha nach fünftausend Jahren hin – des Maitreya –, der jetzt schon als Bodhisattva in einem der buddhistischen Himmel – dem Tushita-Himmel – weile. Das heißt nichts anderes, als daß es in endlosen Abläufen immer von neuem zum Buddha bestimmte Wesen gibt, die das Ziel der Erleuchtung voller Bemühen, doch in Gewißheit allein auf Grund ihrer Bestimmung, erlangen. Das aber ist, wie wir an Buddha selbst sehen, die Ausnahme. Sie geschieht als Gnadenakt für die Menschheit, um immer wieder Buddhas als Lehrer, als Wegbegleiter zur Erleuchtung auf dieser Erde erscheinen zu lassen.

Aber die Lehre der Buddhas bringt auch die Bodhisattvas hervor, sowohl auf Erden wie im Bereich des Unsichtbaren, der für einen Buddhisten genauso real ist wie die Erscheinungswelt, die uns umgibt. Hier begegnen wir den Bodhisattva-Formen des Strebenden, des Bemühten wie des Hilfreichen. Sie sind als Menschen, aber auch als reine Fiktion vorhanden: Geborene und Ungeborene, Vorübergehende und Ewige. Doch sie haben einen gemeinsamen Weg: den Weg zur hilfreichen Unterstützung und schließlich zur Erlösung.

Es sind Bodhisattva-Formen, die sich nach Buddhas endgültigem Nirvana ausgebildet haben und das Pantheon des späteren Buddhismus – wenn man es denn so nennen darf – vielfältig und vielgestaltig bevölkern: Bodhisattvas, die im Mahayana-Buddhis-

mus der Zeitenwende auftauchen und neben den ersten Buddha-
Darstellungen in Stein und Bronze auch bildhaft, ikonographisch
auftreten. Sie sind Idealgestalten eines hilfreichen Daseins, Steuer-
männer des rechten Weges gewissermaßen. Denn das Mahayana,
das Große Fahrzeug, ist ja im Gegensatz zum Kleinen Fahrzeug
der buddhistischen Lehre – dem Hinayana – der Weg der Gemein-
samkeit zur Erleuchtung und damit zur Erlösung. Buddha dagegen hatte den Weg des einzelnen gelehrt, der sein Boot allein steuern muß, während das Mahayana kraftvolle Helfer anbietet, eben
die Bodhisattvas.

Da steht vornan Padmapani, der Lotosträger, wie ihn S. v. Ol-
denburg genannt hat. Sein Sanskritname ist Avalokiteshvara, »der
Herr, der gnädig auf uns herabschaut«, der Hilfreiche, der sich mit
elf Köpfen und tausend Armen bemüht, Not zu lindern und dem
Suchenden zu helfen, den Pfad zu finden und zu gehen, den
Buddha gelehrt hat. Neben ihm erhebt Manjusri, der Bodhisattva
der göttlichen Weisheit, das Schwert, mit dem er die Stricke der
Unwissenheit, die uns an diese Welt fesseln, durchtrennen will,
hinweisend auf das Buch, das er auf einem Lotos neben der Schul-
ter trägt. Es ist das Buch der Göttlichen Weisheit, das sich selbst
noch einmal in einem Bodhisattva verkörpert, einem weiblichen
diesmal: Prajnaparamita – der zur Göttin gewordenen Weisheit,
die zur Erleuchtung führt.

Hoffnung auf Erleuchtung und Erlösung sind hier dasselbe:
Ausdruck der Sehnsucht, die in diesen unruhigen und zugleich
von soviel Erwartung erfüllten Jahrhunderten unendlich viele
Menschen zwischen Indien und dem Vorderen Orient bewegt hat.
So gesehen berührt sich das damals wohl im Westen Indiens entstandene Bodhisattva-Ideal, das nicht nur esoterische Idee war,
sondern sich auch in lebenden Erscheinungen, die der Lehre an-
hingen – in Mönchen und Einsiedlern – verkörperte, mit der Messias-Idee, die zur gleichen Zeit im Westen Verkünder und Anhänger fand.

So wie der Bodhisattva-Begriff ist auch das Wort Messias, das
seine Wurzeln im Hebräischen – *hamma-schiach*, der Gesalbte –

und von dort im Aramäischen – *meschicha* – hat, vieldeutig. Es ist ähnlich wie Bodhisattva ein Sehnsuchtswort. Ob wir es politisch im Sinne von künftigem Weltenherrscher oder religiös im Sinne von Erlöser verstehen, immer ist es Ausdruck einer sich nach besseren Verhältnissen sehnenden, unterdrückten, gequälten Menschheit, die mit den Nöten ihres Alltags nicht fertig wird. Das gilt in bezug auf die Messias-Erwartung vor allem für das unter der römischen Besatzung leidende Volk Israel, das nach alter Prophetie auf einen Messias aus dem Hause des Königs David hofft. Hier begegnen sich politische und eschatologische Erwartungen, die ein goldenes Zeitalter auf Erden oder im Jenseits suggerieren, das Friede, Wohlergehen, Glück und Freiheit bringen soll.

Im Gegensatz zum Bodhisattva-Ideal, das nach der Lehre des späteren Buddhismus jeder anstreben kann, bleibt die Messias-Idee eine Illusion, eine Hoffnung, die sich auf den Einen richtet, der sich Messias nennt oder als Messias verkündet ist. Dabei war Jesus nur eine Möglichkeit, wenn auch die uns heute bekannteste, obwohl gerade er sich wahrscheinlich nie für den Messias gehalten hat. Das Etikett wurde ihm von Freunden, vor allem aber von Feinden angeheftet, die ihn damit diffamieren und – als falschen Messias – zu Fall bringen wollten.

Vielleicht haben wir eine der Wurzeln beider Erlösungsideen, der messianischen wie der des Bodhisattva, in Persien zu suchen, wo man im König Kyros einen Messias hatte sehen wollen. Denn ohne Zweifel ist Persien, wo Feuerpriester, Magier und Zauberer große Macht ausübten, eines der von Magie und Mythos am stärksten beeinflußten und geprägten Länder gewesen, das nicht zufällig auch den so stark religiös empfänglichen Alexander angezogen und fasziniert hat.

Es mag sein, daß sich Alexander selbst als Messias, als Befreier und Erlöser, verstanden hat in einer Welt, die zu seiner Zeit schon soviel von ihrer göttermächtigen Vergangenheit, ihrer mythisch-magischen Prächtigkeit, verloren hatte. Wir wissen zu wenig von dieser Seite seines Wesens, um hier antworten zu können. Doch wahrscheinlich bleiben die Messias-Idee und ihre Auswirkungen in der Zeitgeschichte sowieso ein ewiges Rätsel. Denn weder die Historiker noch die Religionswissenschaftler werden es mit ihrem bisherigen Wissen und ihren fachbegrenzten Mitteln lösen können.

Es besteht eine gewaltige Kluft zwischen dem, was wir historisch nachweisen können, und dem, was als messianische Hoffnung damals in der Luft lag. Wenn wir jedoch – und die Etymologie läßt das möglich erscheinen – davon ausgehen, daß auch in Maitreya – dem Buddha der Zukunft – sprachlich das Wort Messias steckt, so bewegen wir uns dabei auf einem auch geographisch weiten Feld. Zum erstenmal, so scheint es, spannt sich hier ein menschlicher Erwartungshorizont vom Mittelmeer bis Indien, vielleicht bis China, der allerdings, das dürfen wir nicht vergessen, durch menschliche Begegnungen über die Seidenstraße geographisch längst nachvollzogen war. Geistige, religiöse Kontakte sind also hier nicht Illusion; sie haben vielmehr ein großes Maß an Wahrscheinlichkeit gerade in den menschheitsbewegenden Fragen – und das waren damals Bodhisattva-Ideal und Messias-Idee, so wie heute Datenautobahn und weltverbindendes Netzwerk.

DIOGENES, EPIKUR
UND DIE STOA

Religiöse und philosophische Tendenzen driften seit dem Alexander-Zug nach Indien und der damit verbundenen Begegnung von sehr unterschiedlichen Menschen, Ideen und Verhaltensweisen immer weiter auseinander. Aus dem von Alexander geforderten und betriebenen Synkretismus zwischen Abendland und Asien entwickelten sich magisch-esoterische, mythische, ethische, hedonistische und pragmatische Strukturen, die sich zum Teil durchdrungen haben, sich aber auch konfliktreich auseinandersetzten.

Da griechischer Götterglaube trotz Alexanders demonstrativer Verehrung der Olympier nicht mehr viel galt im makedonisch-hellenistischen Raum, trat eine ständig zunehmende Zahl von Mysterienkulturen, magisch-mythisch geprägten Sekten, sowie von Philosophenschulen und neuen geistigen Strömungen hervor. Das waren in Griechenland und im hellenistischen Orient die Sophisten, die Epikureer, Stoiker und Kyniker, im indischen Bereich hinduistische und jainistische Gruppierungen, vor allem aber der unter Ashoka erstarkte und weitverbreitete Buddhismus in seinen verschiedenen Lehrrichtungen, die sich nach Buddhas Nirvana auszubilden begannen.

Betrachtet man Bestrebungen und Ziele dieser vielfältigen Bewegungen genauer, so stellt man fest, daß vieles, was sie kritisierten, verkündeten und forderten, Reaktionen auf die Erscheinungen der Zeit nach Alexander waren, einer Epoche, in der auf das Elend des Krieges und der Vernichtung Freude am Wohlleben, an Überfluß und Lust am oberflächlichen Genießen folgten, aber auch das Gegenteil zu beobachten ist.

Es waren Erscheinungen, die denen nach dem Zweiten Weltkrieg bei uns sehr ähnlich sind. Lebenshunger, Genußsucht, Besitzgier waren genauso verbreitet wie heute. Verantwortungsloses Leben wurde und wird von vielen als Glück empfunden. Andere wieder suchen nach Erfüllung im Geistigen, im Religiösen, im Spirituellen. Sekten und Selbstverwirklichungsgruppen entstanden damals. Was den einen das hemmungslose Sich-Ausleben, ist den anderen die Askese, die wirkliche, oft aber auch nur die gespielte, die zur Schau gestellte Innerlichkeit und Verzichthaltung. Wir beobachten sie bei Priestern, bei Gurus, in unserer wie in der damaligen Zeit. Der Grund: Die Gesellschaft ist aus den Fugen geraten. Der Krieg hat die ethischen Fundamente zerstört, vor allem aber die Familien auseinandergerissen und menschliche Bindungen zerschlagen. Unterschiedliche Lebensformen begegnen und beeinflussen sich – öfter zum Schlechten als zum Guten. Die Lüge geht um in der Politik, in der Gesellschaft wie in den Religionen. Es gibt nichts, was nicht verfälscht, mißdeutet, mißbraucht wird.

Vor diesem Hintergrund müssen wir gegen Ende der Alexander-Zeit und danach Persönlichkeiten wie Epikur, Zenon von Kition, Diogenes von Sinope und Nagasena sehen. Sie haben, so unterschiedlich sie uns erscheinen mögen, etwas Gemeinsames. Sie stehen gegen den Massengeschmack und das Massenverhalten der Zeit, vergleichbar den so verschiedenartig argumentierenden Gesellschaftskritikern der Gegenwart.

Der große Historiker Johann Gustav Droysen hat diese Epoche, die auf Alexanders Tod folgte, Hellenismus genannt. Der Begriff ist geblieben. An der Beurteilung der Zeit hat sich seit Droysen manches geändert. Doch nur wenige Wissenschaftler haben die Epoche wie Franz Altheim oder Fritz Schachermeyr – auch in ihrer ganzen räumlichen Ausdehnung zwischen Hellas und Indien – erfaßt.

Weder in der Philosophiegeschichte noch in der Religionsgeschichte sind die Repräsentanten der Zeit in den Umweltverbund eingebettet, ohne den sie kaum verständlich oder – wie Diogenes – nur als obskure Außenseiter zu verstehen sind. Wir wollen versuchen, sie aus ihren oft fragmentarisch erhaltenen Texten als Zeitzeugen zu begreifen und ihre Rolle im west-östlichen Kräftespiel zu erkennen.

Diogenes, der Kyniker, ist – glauben wir den Berichten – Alexander noch persönlich begegnet. Es war das Treffen eines Aussteigers mit dem höchsten Repräsentanten der Zeit. Doch hatte die Lebensweise des Diogenes, wie wir sehen, mehr Zukunft als die des Weltenherrschers.

Militärische Gewalt und politische Macht waren im Schwinden. Der Individualismus setzte sich durch. Das Lebensgefühl der Masse war der Eudämonismus – das Lustgefühl. Wir würden heute sagen: die Selbstverwirklichung. In subtiler, verfeinerter Form prägte er auch die philosophischen Schulen, vor allem die Stoa und den Epikureismus. Das heißt, Volk und Elite waren sich näher als zuvor und jemals danach. Der Unterschied lag nur im Verständnis dessen, was man als Glück, als Lust empfand. Das wird am deutlichsten bei Epikur und der Art, wie man ihn bis in die Gegenwart fehlinterpretiert hat.

Falsches Sehen und falsches Verstehen waren jedoch ein Charakteristikum der Zeit nach Alexander. Es war eine Spekulantenzeit, eine Zeit der Glücksritter, aber auch der großen Verlierer. Das Stichwort Seidenstraße macht diese Verhältnisse verständlich. Sie sind von den heutigen wirklich nicht sehr weit entfernt. Nur haben Philosophen, kritische Geister, gute Köpfe heute längst nicht die Bedeutung und den Einfluß wie damals. Das ist unser Unglück.

Doch wir dürfen auch die Rolle der Epikureer, der Stoiker und vor allem der Kyniker nicht überschätzen, obwohl gerade die Stoiker den Fragen des Alltags mit ihrem Primat der »praktischen Vernunft«, der Wirklichkeitsnähe, sehr verständnisvoll und wegweisend begegneten. Die Kyniker dagegen, und vor allem ihr berühmter Wortführer Diogenes, gefielen sich im gelebten Protest, im Außenseitertum, das sie schon in ihrem Äußeren, in Lebensform und Kleidung, zur Schau trugen. Auch darin haben sie heute ihre, wenn auch nicht entsprechend geistvollen und eloquenten, Nachahmer.

Diogenes und seine Schüler waren die Propheten des einfachen Lebens, beispielhaft in ihrer Bedürfnislosigkeit und freiwilligen Armut. Sie sahen ihren Lebenssinn im Verzicht auf alles

Überflüssige. So erlangten sie die ihnen von Diogenes, ja, im Grunde geistig schon von Sokrates vorgelebte Freiheit. Nur unterschieden sie sich von dem großen Weisen durch ihre Zügellosigkeit, durch ihren Hang zur Anarchie. Sie waren Gegner der bürgerlichen Ordnung, die Sokrates als höchstes Prinzip galt. Im Kyniker spiegelt sich der Wandel, der sich mit Alexander und der durch ihn heraufbeschworenen kriegerischen Ära vollzogen hat. An die Stelle des herrschenden Gesetzes der Polis waren als Lebensmaxime bei vielen Maßlosigkeit und Willkür getreten. Dagegen vertritt Diogenes ein ethisches Prinzip: das der Anspruchslosigkeit.

Diogenes bewies es bereits in jener legendären Begegnung mit Alexander dem Großen, der ihn angeblich in Korinth vor dem Faß besuchte, das dort die Behausung des Kynikers war. Als der König vor ihm stehend den Philosophen fragte, was er sich von ihm wünsche, bekam er zur Antwort: »Geh mir aus der Sonne.«

So unwahrscheinlich diese oft zitierte Begebenheit in ihrem Verlauf auch sein mag, trifft sie doch die Denkungsart des Diogenes genau und zeugt von seinen schlagfertigen Reaktionen. Das heißt, wenn sie nicht stattgefunden hat, so ist sie doch gut erfunden.

Verbürgt dagegen ist der bekenntnishafte Ausspruch des Diogenes: »Dem Schicksal stelle ich den Mut, dem Gesetz die Natur und der Leidenschaft die Vernunft entgegen.« In diesem Satz steckt seine Lebensphilosophie. Wir wissen nicht, wie weit sie den Verhältnissen entsprungen ist, in denen er aufwuchs. Der antike griechische Philosophiehistoriker Diogenes Laertius berichtet in seinem bedeutenden Quellenwerk *Leben und Meinungen berühmter Philosophen*, daß der in Sinope am Schwarzen Meer als Sohn des Geldwechslers Hikesias geborene Diogenes mit seinem der Falschmünzerei verdächtigten Vater fliehen mußte. An anderer Stelle heißt es, er habe nach eigenem Bekenntnis selbst Münzen gefälscht. Vielleicht ist das aber auch nur sinnbildlich zu verstehen. Denn in seinem Buch *Der Panther* lesen wir: »Ich will die geltende Münze umprägen.« Das heißt, es ging ihm um die Umkehrung bestehender Lebensnormen. Er sagte den Menschen, die er am Tage mit der Laterne suchte: »Ihr müßt euer Leben ändern.«

Als ihm sein einziger Sklave Manes davonlief, soll er ausgerufen haben: »Wenn Manes ohne Diogenes leben kann, warum soll dann Diogenes nicht ohne Manes leben können?« Aus solcher Einstellung erwuchs die Grundhaltung des Diogenes dem menschlichen Leben gegenüber, die uns Dion von Prusa, ein kynisch-stoischer Redner und Popularphilosoph überliefert hat:

»Die Menschen leben wegen ihrer Weichlichkeit unglücklicher als die Tiere. Diese gebrauchen das Wasser als Trank, die Pflanzen als Nahrung, die meisten von ihnen sind das ganze Jahr hindurch nackend und gehen niemals in ein Haus, sie gebrauchen kein Feuer und leben so lange Zeit, wie es die Natur den einzelnen bestimmt hat, wenn sie nicht jemand tötet; alle sind sie stets gleichermaßen stark und gesund und bedürfen keiner Ärzte oder Arzneien. Die Menschen dagegen, die doch so sehr das Leben lieben, die so viele Mittel ersinnen, um den Tod hinauszuzögern, erreichen zum großen Teil nicht einmal das hohe Alter, leben dahin, belastet von Krankheiten, die nicht einmal zu nennen leicht sind; daß die Erde ihnen Heilmittel darreicht, genügt ihnen nicht, sie bedürfen auch noch des Eisens und Feuers. In Städten haben sie sich vereint, um sich vor Unrecht durch Fremde zu schützen, und dabei betreiben sie das Allerschlimmste, um sich gegenseitig Unrecht zu tun, gerade als ob sie sich zu diesem Zweck vereint hätten. Nur durch ihre Lebensweise sind die Menschen so zart und empfindlich geworden – sie fliehen vor der Sonne wie vor der Kälte –, die Natur hätte es mit ihnen anders gemeint. Überhaupt entsteht kein Lebewesen an einer Stelle, wo es nicht auch gedeihen kann. Oder wie sollten denn sonst die ersten Menschen sich nach ihrer Entstehung haben erhalten können, ohne Feuer, ohne Wohnung, ohne Kleider und ohne eine andere Nahrung als die natürliche? Aber ihre Regsamkeit, ihre vielen Erfindungen und künstlichen Einrichtungen haben den späteren Geschlechtern wahrlich keinen Nutzen gebracht; denn die Menschen verwenden ihre Klugheit nicht zu Mannhaftigkeit und Gerechtigkeit, sondern zur Lust.«

Mit dieser Lebensauffassung stand Diogenes außerhalb der Gesellschaft, fand aber trotzdem Anhänger, die allerdings, im Gegensatz zu den Epikureern und Stoikern, keine Schule bildeten. Es waren nur einzelne, die Diogenes folgten, das aber mit um so größerer Entschiedenheit. Der Anlaß zum Aussteigen aus der bürgerlichen Gesellschaft war für die Diogenes-Jünger das konventionelle Leben der Bürger, ihre Habgier und verbreitete Oberflächlichkeit.

So hören wir von Krates aus Theben, einem reichen, vornehmen, aber körperlich stark behinderten Mann, daß er sein stattliches Vermögen unter die Armen verteilte, den Bettlermantel anzog und auf Wanderschaft »in die Freiheit« ging. Er muß ein Mann von starker Geisteskraft und bedeutender spiritueller Ausstrahlung gewesen sein, der viele Bewunderer fand. Einer seiner Anhänger, der wohlhabende Thrakier Metrokles, hatte eine Schwester, Hipparchia, die gleichfalls aus der Gesellschaft ausbrach und die Frau des Krates wurde. Diogenes Laertius hat ihr als einziger Frau einen Beitrag in seinem Werk über berühmte Philosophen gewidmet. Von Hipparchia schreibt er:

»Sie schwärmte für des Krates Lehren und Lebensweise, völlig unzugänglich für die Bewerbungen ihrer Freier und völlig gleichgültig gegen ihren Reichtum, ihre hohe Geburt, ihre Schönheit. Mit Leib und Seele gehörte sie nur dem Krates. Sie drohte sogar ihren Eltern, selbst Hand an sich zu legen, wenn man sie ihm nicht gäbe. Krates, von den Eltern aufgefordert, das Mädchen von ihrem Vorhaben abzubringen, gab sich die erdenklichste Mühe. Schließlich, als es ihm nicht gelang, sie zu überreden, erhob er sich, legte alles, was er bei sich trug, vor ihren Füßen nieder und sagte: ›Hier steht dein Bräutigam, dies ist seine Habe, danach fasse denn deinen Entschluß‹, denn er würde nicht mit ihr in Gemeinschaft treten, wenn sie nicht seine Lebensweise völlig mit ihm teile. Das Mädchen entschied sich alsbald, legte die gleiche Kleidung an wie er, zog mit ihm herum, wohnte ihm im Freien bei und ging mit ihm zu den Mahlzeiten.«

Solche Berichte erinnern an ähnliche Entscheidungen, wie sie im Indien der Buddha-Zeit von Armen und Reichen zugunsten unabhängigen Lebens in der Nachfolge eines bedeutenden Lehrers getroffen wurden. Es war die Abwendung von einem äußerlichen, nur auf Erfolg und Genuß eingestellten Dasein, das die inneren Bedürfnisse des Menschen nicht befriedigen konnte.

Besonders in den Städten, die einst auch Plätze bedeutender religiöser, künstlerischer und philosophischer Aktivitäten waren, hatte sich das Leben veroberflächlicht. Selbst die großen Feste von einst, wie die in Athen alle vier Jahre zu Ehren der Pallas Athene gefeierten Panathenaen, waren zu Massenvergnügungen verkommen, deren tieferer Sinn längst vergessen war. So müssen wir die, neben den in Athen weiterbestehenden traditionellen Schulen wie der platonischen Akademie und dem aus ihr hervorgegangenen Peripathos des Aristoteles, entstandenen Gruppierungen zugleich als Reaktion auf Veroberflächlichung und geistige Verflachung werten. Dabei sind die Kyniker als totale Verächter herkömmlicher Lebensform die Ausnahme.

Epikur und Zenon, die Begründer neuer Schulen aus hellenistischem Geist, forderten keine Änderung des äußeren Lebensstils. Ihnen ging es um geistige Wandlung, um eine Neuformulierung ethischer Wertmaßstäbe. Wir dürfen Epikur als den meistgelobten, zugleich aber auch als den meistgescholtenen griechischen Philosophen bezeichnen. Er mußte sich Plagiator nennen lassen, galt aber Nietzsche als der »ewige Epikur«, von dem er schrieb: »Epikur hat zu allen Zeiten gelebt und lebt noch, unbekannt denen, welche sich Epikureer nannten und nennen, und ohne Ruf bei den Philosophen. Auch hat er selber den eigenen Namen vergessen: Es war das schwerste Gepäck, welches er je abgeworfen hat.«

Dagegen lesen wir bei Max Pohlenz, dem großen Kenner der Stoa: »Man kann sich schwer vorstellen, welchen Gang das griechische Geistesleben genommen haben würde, wenn Epikurs egoistische Nützlichkeitslehre, die jede Verpflichtung gegen die Gemeinschaft ablehnte, zur Herrschaft gelangt wäre. Wenn das nicht geschehen ist, gebührt das Verdienst ausschließlich der Stoa, die dem Hellenismus den religiösen und sittlichen Halt wiedergab und gerade von ihrem individualistischen Ausgangspunkt aus lehrte, daß der Einzelmensch seine Bestimmung nur innerhalb der großen Gemeinschaft der Vernunftwesen erfüllen und nur darin seine Glückseligkeit verwirklichen könne.«

Mit dieser Polemik befinden wir uns mitten im Meinungsstreit um Epikur und die Stoa. Es ist ein Streit um Ideen und ihre Herkunft, von deren Ursprung wir wenig wissen. Denn sie stammen nur zum Teil aus abendländischer Tradition. Nicht zufällig entstanden sie nach der Begegnung des Westens mit der asiatischen Geisteswelt, die schon lange vor Alexanders Indien-Zug eingesetzt hatte.

Zu denen, die früh nach Asien aufbrachen, gehört Demokrit, auf den wir bereits als Vater des Atomismus bei unserer Spurensuche stießen. Wir kennen Sätze von ihm, die auf östliche Denkanstöße hinweisen. So, wenn er schreibt:»Nichts entsteht planlos, sondern alles aus Grund und unter Notwendigkeit.« Der Satz könnte wie so vieles, das uns im frühen Hellas begegnet ist, von Buddha stammen. Und auch die Behauptung»unendlicher Welten aus unendlichen Mengen von Atomen«, die der Atomlehre Demokrits und seines Lehrers Leukipp zugrunde liegt, hat Wurzeln in jenem Raum.

Epikur hat die im östlichen Denken wurzelnden Thesen Demokrits, die ihm der Demokrit-Anhänger Nausiphanos von Teos vermittelt hat, weiterentwickelt. Wir sehen ihn von der naturwissenschaftlichen Vorstellungswelt und der Atomlehre Demokrits so bewegt, daß Cicero später fragte: »Was stammt in der Naturlehre Epikurs nicht aus Demokrit?«

Tatsächlich bildet das Weltbild des Demokrit die Basis der Philosophenschule – des »Gartens« –, die Epikur 306 v. Chr. in Athen begründet und bis zu seinem Tode geleitet hat. Doch Epikur hat dieses Weltbild nicht nur vertieft. Er hat es auch im ethischen Sinne erweitert. Er hat eine Lebensphilosophie daraus gemacht. Betrachten wir sie genau, so stellt sie sich gleichfalls als eine Verbindung aus westlichem und östlichem Denken dar, wobei allerdings Widersprüche erkennbar werden. So etwa, wenn wir die von Demokrit übernommene Lehre von der Unendlichkeit, die Epikur in seinem Brief an Herodot vertritt, mit einem Text aus seiner Spruchsammlung vergleichen, in dem es heißt: »Wir sind ein einziges Mal geboren. Zweimal geboren zu werden ist nicht möglich. Die ganze Ewigkeit hindurch werden wir nicht mehr sein. Du aber bist nicht Herr des morgigen Tages und verschiebst immerzu das Erfreuende. Das Leben geht mit Aufschiebung dahin und jeder von uns stirbt, ohne Muße gefunden zu haben.«

Hier widerspricht Epikur nicht nur der indischen Wiedergeburtslehre, sondern auch der aus vorderasiatischem Glauben und pythagoreischer Esoterik entstammenden Seelenwanderung, mit denen die Vorstellung eines einmaligen Lebens ohne Wiederkehr nicht vereinbar ist. Der Satz »Die ganze Ewigkeit hindurch werden wir nicht mehr sein« ist ein Widerspruch in sich. Denn wenn wir bei einer Weltdeutung von Ewigkeit ausgehen, muß auch der Mensch ewig sein, wie immer wir diese Ewigkeit unserer Existenz begreifen wollen – ob aus dem indischen Karma oder aus der Unsterblichkeit.

Nun liegt die Größe des Epikur weder in der naturwissenschaftlichen Lehre, die er von Demokrit übernommen hat, noch in Schlüssen, die er, wie diesen von der Einmaligkeit unseres Lebens, unverständlicherweise daraus gezogen hat. Sie liegt vielmehr in dem, was wir oben seine Lebensphilosophie nannten. Doch auch dabei hat er Mißverständnisse provoziert, die vor allem aus der Zweideutigkeit seines höchsten Lebensanspruches – der Lust – hervorgegangen sind. Auf dieses Problem hat schon Cicero hingewiesen. Wenn Epikur Lust als das höchste Glück bezeichnet, so hat er ein Lebensziel im Auge, das weit von den Vorstellungen entfernt ist, die man im allgemeinen mit dem Begriff Lust verbindet. Lust ist hier höchstes Ethos, Befreiung aus allen Zufälligkeiten unseres Daseins, die uns mit Schmerz und Leid bedrohen – mit dem Gegenteil von Lust also: mit Unlust. Auch hier dürfen wir wieder auf Parallelen zur Lehre Buddhas hinweisen, wenn wir nur Epikur recht verstehen.

Allerdings ist das Ziel Epikurs ein anderes als das des Buddha. Im »Garten« zu Athen steht rechte Lebensführung als gegenwärtige, Leben erfüllende Aufgabe vor den Schülern, bei Buddha geht es um den Weg aus dem Lebenskreislauf – dem Samsara – heraus. Sein Nirvana und Epikurs Todesbegriff sind weit voneinander entfernt. Um so näher aber stehen sich beide in der Frage nach der rechten Lebensführung. Denn Epikurs Lustgefühl ist genau betrachtet von Buddhas Überwindung des Leidens kaum zu unterscheiden. Beide erfordern sie Erkenntnis des richtigen Weges und einwandfreies Verhalten – zwei Forderungen, die, wie wir vorn gesehen haben, auch Demokrit erhoben hat.

Worin also besteht Epikurs so oft mißverstandenes und mißdeutetes Lustgefühl? Wir wollen es in seinen eigenen Texten aufzuspüren versuchen. Und wir werden erkennen, wie wenig es mit des Wortes heutiger Bedeutung zu tun hat. Vielleicht wird das am deutlichsten im Absatz eines Briefes, den Epikur einem Freund geschrieben hat, der ihn um Rat in Sachen von Liebes- und Leibeslust gebeten hatte:

»Ich habe vernommen, daß bei dir die Bewegung des Fleisches nach dem Genusse der Liebe besonders heftig drängt. Wenn du nun den Gesetzen nicht zuwiderhandelst, die gute gegebene Sitte nicht verletzest, keinen von deinen Nächsten betrübst, das Fleisch nicht aufreibst und das zum Leben Notwendige nicht verbrauchst, dann folge deinem Wunsche, wie du willst. Es ist allerdings undenkbar, daß du nicht an eine der genannten Schwierigkeiten stößt. Denn die Liebesdinge haben noch niemals genützt; man muß zufrieden sein, wenn sie nicht geschadet haben.«

Wie weit ist diese Betrachtung doch von der Unterstellung des Stoikers Diotimos entfernt, der fünfzig pornographische Briefe unter dem Namen Epikurs publiziert hat, um diesen der Lüsternheit und der Schamlosigkeit zu verdächtigen. Es ließen sich noch viele Beispiele zeitgenössischer Epikur-Feindschaft und gehässiger Verleumdung zitieren. Heute wissen wir, daß Epikur besser war als sein Ruf und ehrlicher als seine Umwelt.

In Epikurs »Garten« trafen sich Gleichgesinnte, auch Frauen

und Sklaven, zu lustvollem, das heißt im Sinne der Schule zu geistbefreiendem Reden und Diskutieren. Befreiung aus den Fesseln des Staates, der vielfältigen Ängste des einzelnen, der Not, der Bedrängnis, der Feindschaft, aber auch aller persönlichen Leidenschaften war die erstrebte Erfüllung epikureischen Lustverlangens. Das Ziel hieß Ruhe, Beschaulichkeit. Denn: »Bei den meisten Menschen ist die Ruhe nichts als Erstarrung und die Bewegung nichts als Raserei«, urteilt Epikur. Davor will er seine Schüler bewahren. Sein »Garten« soll ein Garten der Stille, eine Zufluchtsstätte vor den Stürmen des Alltags sein. Leidenschaften und Affekte müssen draußen bleiben. Anhaltende Lust wird erstrebt, keine schnelle, vorübergehende Lustbarkeit. Es geht um ein Gefühl beseligender Dauer, um Beständigkeit im Glück, das jenseits aller Unruhe, aller Hast, aller Bewegung liegt. »Seliges und Unvergängliches hat selbst keine Unruhe, noch bereitet es anderen Unruhe«, sagte Epikur und beschreibt die erstrebte Erfüllung unseres Erdenlebens mit den Worten »frei von Schmerz des Körpers und von Ruhelosigkeit der Seele zu sein«.

Epikurs Denken und Streben ist hier ganz auf die persönliche Lebensgestaltung, auf Sinngebung wie auf Ausschaltung oder Überwindung negativer Einflüsse ausgerichtet. Er beschreibt den möglichen Weg eines jeden einzelnen zum Glück, unabhängig von vorgegebenen Meinungen und Abhängigkeiten im gesellschaftlichen, staatlichen, aber auch im religiösen Bereich. Epikur erweist sich damit in lehrender Funktion als der erste freie, unabhängige Geist, der für seine Erkenntnisse eintritt und sie seinen Schülern als Lebensgrundlage vermittelt.

Für ihn existiert weder ein Schöpfergott wie für die Juden, noch läßt er einen Einfluß von Göttern auf Erde und Menschheit gelten. Denn: »Die Götter üben keine Vorsehung aus über das, was auf Erden vorgeht.« Und: »Ein Gott sorgt für nichts. Er hat daher keine Macht; denn wer eine Macht hat, muß sorgen. Oder wenn er sie hat und nicht benützt, was kann dann die Ursache solcher Gleichgültigkeit sein, daß ihm, ich will nicht sagen unser Geschlecht, sondern auch die Welt geringfügig ist. Er ist deshalb

ohne Fehl und selig, weil er immer in Ruhe ist.« So hält Epikur
auch nichts von Opfern. Er sagt: »Die Götter lassen sich nicht
mit allerlei guten Dingen beschenken, noch haben sie Teil an
solchen.«

In seiner Jugend scheint Epikur von Angst vor den Göttern und
ihren Einflüssen auf das menschliche Leben geplagt worden zu
sein. Davon hat er sich mit dem klaren Bekenntnis gelöst: »Man
soll sich vor keinem Gott fürchten, sondern sich frei machen von
Wahnglauben.«

Das ist für die hellenistische Zeit eine außerordentlich moderne Einstellung. Epikur leugnet die Götter nicht, aber er spricht
ihnen jede Macht, jede Wirkung ab. Darin ist er wie in vielen anderen Vorstellungen eins mit Buddha, für den Götter nur erhöhte
Menschen sind, die auf Grund schlechten Karmas auch wieder fallen können – bis zur Tiergeburt. Und es könnte wiederum ein
Wort Buddhas sein, wenn Epikur schreibt: »Die Gottheit bedarf
unserer Verehrung nicht; uns aber ist es natürlich, sie zu verehren
durch fromme Vorstellungen und durch die jeweils überlieferte
heimische Religion.«

Hier bekennt sich Epikur als Traditionalist. So kann er auch
trotz seines Abstandes zu den Göttern sagen: »Wir wollen fromm
und recht den Göttern opfern, wie es sich geziemt, und auch sonst
alles der Sitte gemäß tun, ohne uns in unseren Überzeugungen
von den edelsten und höchsten Gütern irremachen zu lassen; ja
wir halten das sogar für recht und billig auf Grund der angeführten
Überzeugung. Denn so ist es, bei Gott, möglich, daß auch der
Sterbliche gottähnlich lebe, wie man sieht.« Durch verpflichtungs-
loses Festhalten am Hergebrachten gewinnt Epikur die Freiheit für
eigenes Vollbringen. Er fühlt sich frei von Furcht und verwirklicht
sich damit als unabhängiger Denker: als Individualist.

Neben der so erstrebten und erlangten geistigen Freiheit und
beständigen Lust eines von innen erfüllten Lebens setzte sich Epikur für zwei weitere, dazugehörige Elemente von Glücksgefühl und
Sinngebung ein: für Freundschaft und Gerechtigkeit. So schreibt er:
»Unter allem, was die Weisheit zum glücklichen Leben beiträgt,

ist nichts größer, nichts fruchtbarer, nichts freudenvoller als die Freundschaft.« Für Epikur ist sie die Basis, ja, die Voraussetzung des Bestehens seiner Schule. Sie verband ihre Mitglieder, unter denen ein enger, dauernder Zusammenhalt bestand. Nur wenige haben sich im Laufe der Jahre aus Epikurs Gemeinschaft gelöst.

Gerechtigkeit sieht Epikur als ein erstrebenswertes Lebensziel, doch nicht als eine leicht erfüllbare Lebensvoraussetzung an. Dafür ist er zu skeptisch der Welt gegenüber. Um so mehr erstrebt er Gerechtigkeit für sich, aus sich. Denn, so urteilt er: »Der Gerechtigkeit größeste Frucht: die seelische Ruhe.« Und um die vor allem ging es ihm.

Zu solcher Denk- und Lebensart gehört die Abschirmung nach außen, ein Verzicht auf das turbulente, den Menschen verlockende und bedrängende Alltagsleben. Deshalb Epikurs Empfehlung: »Lebe in stiller Verborgenheit.« Als Voraussetzung für solche Haltung bedarf es der Absage an die Forderungen und Erwartungen der Gemeinschaft, denn »Der Weise wird sich nicht am öffentlichen Leben beteiligen«, und »Die Krone der Seelenruhe ist unvergleichlich wertvoller als hohe Staatsämter«.

Hier setzt die oben zitierte Kritik von Max Pohlenz an. Es ist die Kritik der Stoa, die, von Epikurs sonstiger Grundhaltung gar nicht so weit entfernt, Gemeinsinn und Verantwortungsgefühl gegenüber der Gesellschaft von ihren Anhängern fordert. Für sie gilt Epikur als gefährlicher Egozentriker, der durch sein Denken und Lehren die staatliche Ordnung angeblich gefährdet hat.

Die Stoa, die etwa gleichzeitig mit der Schule Epikurs entstand, ist mit ihrem Begründer Zenon asiatischer Lebensart und Geistigkeit trotzdem näher als Epikur. Sie ist wahrscheinlich in ihren schwer nachzuvollziehenden Ursprüngen ein Produkt der frühen Handelsbeziehungen zwischen Asien und dem Mittelmeerraum. Vielleicht sind ihre Gedanken zuerst in den phönikischen Häfen und in den Karawansereien der Seidenstraße gedacht und von Menschen sehr verschiedener Herkunft und Bildung diskutiert worden.

Zenon stammt aus Kition, einer kleinen hellenischen Stadt auf der Insel Zypern, in der auch phönizische Siedler lebten. Er war der Sohn eines phönizischen Seefahrers und Händlers, der dem wißbegierigen Jungen schon früh von seinen Handelsfahrten sokratische Schriften aus Athen mitbrachte und so philosophische Interessen in ihm weckte. Der Heranwachsende ging dann bald selbst nach Athen, wo er sich zunächst dem Diogenes-Schüler Krates anschloß, dessen Lebensstil ihm zusagte.

Nach Jahren intensiver Studien begann Zenon in der freskengeschmückten Säulenhalle am Markt von Athen – der Stoa poikile – eigene Vorträge, vor allem zu Themen der Ethik, zu halten. So kam die damit von ihm begründete Schule, die fünfhundert Jahre lebte und vor allem in späterer Zeit viele berühmte Anhänger – wie Seneca und den römischen Kaiser Marc Aurel – hatte, zu ihrem Namen, wenn auch nicht zu der dauernden Berühmtheit, die sie wohl verdient hätte.

Max Pohlenz hat recht, wenn er in der Einführung zu seinem Buch *Stoa und Stoiker* schreibt: »Von der Stoa kennen heute auch unter denen, die sich zu den gebildeten Schichten rechnen, so manche kaum mehr als die ›stoische Ruhe‹ und sind sich dann auch noch nicht ganz sicher, ob sie darunter Seelengröße oder etwas wie Stumpfsinn zu verstehen haben.«

Der Grund mag darin zu suchen sein, daß hier eine Lehre, die sich aus der Unsicherheit der hellenistischen Zeit und der Vielfalt asiatischer Lebensvorstellungen entwickelt hat, in den Sog römischen Machtdenkens und religiöser Spekulation geriet, denen sie in ihrer einfachen Menschlichkeit nicht gewachsen war. Ein Satz Zenons, der auch von Epikur stammen könnte – »Das Glück besteht im schönen Fluß des Lebens« –, macht das sehr deutlich.

Wie stark die Stoa von Gedanken und Lebenseinschätzungen aus dem Osten – vor allem aus buddhistischem Denken – bestimmt war, geht aus einem Grundlehrsatz des Zenon hervor, in dem es heißt: »Von dem, was existiert, besteht ein Teil in Gütern, ein anderer in Übeln, ein dritter in gleichgültigen Dingen. Güter sind: Einsicht, Besonnenheit, Gerechtigkeit, Tapferkeit, kurz alles, was eine Tugend ist oder an einer solchen teilhat. Übel sind: Unverstand, Zuchtlosigkeit, Unrecht, Feigheit, kurz alles, was ein Laster ist oder an einem solchen teilhat. Gleichgültige Dinge sind: Leben und Tod, Ehre und Unehre, Lust und Schmerz, Armut und Reichtum, Gesundheit und Krankheit.«

Das sind Gedanken und Schlußfolgerungen aus den Erfahrungen einer unruhigen Zeit voll ständiger Gefahren und vielseitiger Bedrohung. Die Erinnerungen an die »gute alte Zeit« der Polis, der geordneten Verhältnisse in den Städten und der Sicherheit der Handelswege, ließ die Gegenwart nach Alexander – diese kosmopolitische Wirklichkeit beängstigender Dynamik – für die meisten um so schlimmer erscheinen, als sie sich kaum dagegen zu wehren wußten. Auch hier wieder drängt sich ein Vergleich mit der Gegenwart und dem vorangegangenen neunzehnten Jahrhundert auf.

Den Menschen einsichtig und dadurch stärker, aber zugleich besser zu machen, war eine Bestrebung der Stoa, so wie es heute eine Bemühung vieler religiöser Gruppierungen, besonders buddhistischer Kreise, ist. Auch damals hatten sich unter der durch Alexander den Großen ausgelösten Völkerdynamik und Lebenspragmatik Verhältnisse entwickelt, in denen Religion nur noch dekorative Bedeutung hatte und Ethik ein Fremdwort war. So gesehen müssen wir Epikureertum und Stoa als Kräfte gegen Obskurantismus und Sittenverfall, gegen Kriminalität, Wuchertum, Betrug und bedenkenlose Gewinnsucht begreifen, die das Leben in Hellas und entlang der asiatischen Transferwege sowie in den hellenistischen Diadochenreichen bedrohten und für viele unerträglich machten.

Sehnsucht nach einem befriedeten Leben, nach Sicherheit und Ordnung, war die Folge. Doch auch diese Sehnsucht machte so mancher zum Geschäft, betätigte sich als Wanderprediger oder Wunder versprechender Guru. Dadurch gerieten selbst die ernsthaften Lehrer und echten Philosophen in Verruf, was die allgemeine Unsicherheit und das gebotene Mißtrauen noch vergrößerte.

Angst ging um und ließ die Menschen nicht mehr zur Ruhe

kommen. Da war auch Philosophie nur noch für wenige ein Trost. Die Kluft zwischen den Lehren des Epikureismus wie der Stoa und der harten Realität des Alltags, auf die sich die Massen so oder so eingerichtet hatten, war zu groß geworden, und an die Stelle erhoffter Lebenshilfe trat ein neues Erwartungselement: der Erlösungsgedanke als machtvoller religiöser Impuls.

Die Seidenstrasse
als Weg des
Ideentransfers

Auf die Jahre des Krieges, der Eroberung, der gewalttätigen Auseinandersetzung, die von Makedonien, aber fast gleichzeitig auch
in entgegengesetzter Richtung, von China nach Westen, ausgegan-
gen waren, folgte eine Zeit vorrangig wirtschaftlicher Interessen
und Aktivitäten. So kam es zu einer Einschränkung der Gewalt
und dem Versuch friedlichen Handels. Aufs Ganze gesehen war
das eine Illusion, weil der zeitweise Frieden ja nur ein Zweckfriede
war, den viele leichtfertig brachen, um leichter und ohne Bezah-
lung an die über weite Wege transportierten Waren zu gelangen.

Beteiligt am internationalen euro-asiatischen Handel waren
Chinesen, Inder, Zentralasiaten, Perser, Juden, Hellenen und später vor allem die Römer – sie aber in erster Linie als Abnehmer, als
Kunden. Das Hauptluxusprodukt, das in Rom begehrt war wie der
Purpur, stammte aus China: die Seide. Doch bezogen auf den Ge-
samthandel stellte sie nur einen Bruchteil der Waren dar. Allerdings war sie eines der wenigen Erzeugnisse, das über die ganze
Länge der Seidenstraße, von Zentralchina bis nach Rom, transpor-
tiert werden mußte.

Obwohl der chinesische Kaiser und Reichsgründer Shi-
huang-ti erst einhundert Jahre nach Alexander zur Welt kam und
seine Vorstöße nach Westen die heutigen Grenzen Chinas im Pa-
mir kaum überschritten, bedeutet das zeitlich so dicht beieinan-
derliegende Auftreten von zwei großen Eroberern eine entscheidende Zäsur in der Geschichte und besonders im euro-asiatischen
Verhältnis. Denn ohne Alexander hätte es wahrscheinlich die
zwar politisch schlimme, aber wirtschaftlich um so fruchtbarere
Entwicklung nach seinem Tode nicht gegeben. Und ohne Shi-
huang-tis gewaltsame Vorstöße nach Westen, ins unwirtliche

Tarim-Becken, hätten sich die auf ihn folgenden, sehr viel vorsich-
tigeren Han-Kaiser kaum ermutigt gefühlt, für die kostbarste Ware
ihres Landes – die begehrte Seide – Märkte im Westen zu suchen
und auch für Jahrhunderte zu erschließen.

Das war zwar, betrachtet man die Beziehungen zwischen Asien
und dem Mittelmeerraum, der ja in seinem Osten selbst asiatisch
ist, kein Anfang, kein Neubeginn. Doch es war die konsequente
Wiederaufnahme und Weiterentwicklung einer alten Tradition,
die durch die beiden großen Eroberer zwar vorübergehend unter-
brochen worden war, in der Folge aber um so intensiver ausge-
baut wurde. Dabei liegen die ältesten Kontakte zwischen China
und Europa, trotz eindeutig früher Seidenfunde bis in den kel-
tischen Raum Mitteleuropas hinein, noch immer im Dunkel. Wir
wissen weder, wann sie begannen, noch, wie sie sich vollzogen
haben. Den zwischen Nordostasien und dem Schwarzen Meer ziehenden skythischen Nomadenstämmen kam dabei sicher eine
wesentliche Rolle zu.

Wichtiger allerdings als die ältesten chinesisch-abendlän-
dischen Kontakte waren die viel früheren zwischen Indien, Mittel-
sowie Vorderasien und dem Abendland. Wie ich in meinem Buch
*Die Mutter Europas. Ursprünge abendländischer Kultur in Alt-Ana-
tolien* nachweisen konnte, bestehen solche Verbindungen, die auf
dem Handel beruhen, seit vielen Jahrtausenden. Vielleicht exi-
stierten sogar schon Tausch- und Handelsverbindungen vor den
ersten kriegerischen Auseinandersetzungen. Zumindest erwiesen
sie sich als dauerhafter und wurden nach Kämpfen stets schnell
wieder aufgenommen und meist intensiviert.

So hatten auch vor dem Aufbruch Alexanders nach Osten vielfältige Handelsbeziehungen im Vorderen und Mittleren Orient
und zum Mittelmeerraum hin bestanden. Da Geschichtsschreibung jedoch bis in unser Jahrhundert hinein vor allem Kriegsge-
schichtsschreibung, Darstellung der Machtpolitik und ihrer Erfolge
war, sind die wirtschaftlichen Ereignisse und Zusammenhänge
der frühen Geschichte bisher kaum untersucht, geschweige denn
dargestellt worden.

Mit meinem Buch *Die Seidenstraße. Antike Weltkultur zwischen China und Rom* habe ich 1986 einen Versuch in diese Richtung unternommen und aus der Leserresonanz ersehen, wie verbreitet das Interesse für diese Fragen und die dahinterstehenden kulturellen Zusammenhänge weltweit ist. Der Grund dafür ist wohl in der Tatsache zu suchen, daß man Wirtschaftsprobleme und internationale Handelsbeziehungen nicht isoliert betrachten kann. Sie haben durch den Charakter vieler Waren, aber auch infolge der menschlichen Kontakte, die sich beim Geschäft ergeben, zugleich einen starken Einfluß auf alle anderen menschlichen Interessen und Aktivitäten, vor allem im geistigen und im kulturellen Bereich. Das beschäftigt uns natürlich im Zusammenhang mit unserem Thema auf besonders intensive Weise.

Wir müssen uns die Situation der Menschen vergegenwärtigen, die in jenen Zeiten als Händler auf unsicheren Wegen unterwegs waren und sicher nicht nur kaufmännische, sondern genauso politische Kontaktpflege betrieben haben. Ein zentrales Problem ihrer Tätigkeit war die Sicherheit von Leben und Ware und der richtige Umgang mit Menschen und Völkern, denen sie auf ihren weiten Handelsreisen begegneten und die ihnen zweifellos nicht immer freundlich oder gar hilfsbereit entgegenkamen. Deshalb spielten geschützte Orte, Städte oder Karawansereien eine große Rolle für den Händler. Und das sowohl aus Sicherheitsgründen als auch im Hinblick auf Kontakte und den Austausch von Nachrichten wie von Erlebnissen. Dabei ging es nicht nur um das tägliche Leben unterwegs und um seine oft äußerst schwierige Absicherung nach außen, sondern ebenso um geistige Problembewältigung, um Fragen der rechten Lebensführung und des Überstehens von drohenden Gefahren. Hier standen zweifellos religiöse Gedanken im Mittelpunkt bis hin zur Frage nach den richtigen, den wirksamen und hilfreichen Göttern aus eigenem oder fremdem Pantheon sowie der vielfältigen Praktiken von Weissagung und Orakelbefragung, von der Wirksamkeit des Opferns und der Bedeutung von Kulten für das eigene Dasein.

Damit sind wir mitten im Leben der Handelstreffpunkte, wo
Menschen aus aller Welt – soweit sie damals erreichbar und bewohnt war – zusammentrafen, Handel trieben und Erfahrungen,
Meinungen austauschten. Wir können uns diese Plätze wohl nicht
turbulent genug, die Gespräche kaum kontroverser vorstellen.
Denn die Händler kamen aus unterschiedlichen Kulturbereichen
mit sehr verschiedenen Sprachen – sicher einem gravierenden
Problem dieser Zeit – und stark divergierenden religiösen Überzeugungen. Das galt nicht nur für die traditionellen Götterbindun-
gen und überkommenen Lehren, sondern wohl mehr noch für
die neuen Ideen und Glaubensinhalte, die vor allem im Vorderen
Orient als sogenannte Mysterienreligionen entstanden waren und
eine starke Anziehungskraft auf die verunsicherten Menschen
ausübten. Besonders bewegte das neue Glaubensgut die ständig
gefährdeten reisenden Händler.

Denn außerhalb der Städte und Karawansereien lauerten auch
in Friedenszeiten vielfältige Gefahren. Wetterunbilden und wilde
Tiere bedrohten die ziehenden Karawanen. Aber mehr noch Räuberbanden, die sich überall dort bildeten, wo der jeweilige Staat
am schwächsten war – fern seiner Regierungsstädte und Militär-
posten. In Mittelasien gab es zudem kleine Fürstentümer, deren
Herrscher mit den Räubern gemeinsame Sache machten und
ihnen ihre Beute für ein Geringes abkauften, um sie mit hohem
Gewinn an die nächste Karawane weiterzuveräußern.

Das waren Gründe, die geheimnisvollen, Hilfe, ja, Wunder ver-
sprechenden Religionen und Kulten genauso Zulauf verschafften
wie den ethischen Lehren, die von hellenistischen Philosophen,
etwa den Stoikern, über weite Strecken in Asien verbreitet wurden, wo so viele ihrer Thesen und Gedanken einst ihren Ursprung
hatten. Denn nicht nur von Kaufleuten wurden die Handelswege
benutzt, sondern auch von Wanderpredigern, Mönchen, Magiern,
Zauberpriestern und Lehrern verschiedenster Provenienz. Fanden
sie doch auf diesen Straßen und in den Herbergen eine dankbare
und auch zahlungskräftige Zuhörerschaft.

So kam es, daß die Seidenstraßen, die China, aber auch Indien

mit dem fernen Mittelmeer verbanden, zu Wegen des Glaubens-
und des Ideentransfers wurden. Ohne diese Verbindungen und
ihre vielfältige Nutzung über das Geschäft hinaus hätte sich die
hellenistische Welt nach Alexander nicht in der geistig und religiös lebendigen Weise entwickeln können, wie sie uns noch heute
fasziniert. Und genauso hätte sich der Buddhismus wohl kaum so
weit und erfolgreich nach Westen ausgebreitet, wie das im Gefolge
der Mission des indischen Kaisers Ashoka geschehen ist.

Erwartung, Hoffnung, aber auch Angst waren die Auslöser für
den Erfolg religiöser Aktivitäten sowie der Scharlatanerie und arg-
listigen Täuschung von Gaunern und Betrügern, die unter Ängst-
lichen und Leichtgläubigen ihre Opfer fanden. Doch selbst unter
den rechtmäßigen Vertretern religiöser Gruppen und verhei-
ßungsvoller Mysterien mögen Geschäftemacher gewesen sein,
denen es nicht um geistliche Hilfeleistung und schon gar nicht
um Verbreitung von Heiligem ging, sondern nur um den eigenen
Vorteil, die reiche Kollekte. Auch darin sehen wir deutliche Ähnlichkeiten mit unserer Zeit.

Doch nicht vom Wirken offensichtlicher Betrüger und falscher
Heiliger soll als charakteristischer Erscheinung jener Epoche die
Rede sein; denn die wirtschaften unabhängig von der Zeitgeschichte überall in die eigene Tasche. Wir haben hier vielmehr
Tendenzen nachzuspüren, die zeit- und umstandsbedingt in den
letzten Jahrhunderten vor der Zeitenwende – also unmittelbar vor
dem Auftreten Jesu – religiösen Einfluß auf die Menschen ausgeübt haben. Daß dabei die Mobilität der Handeltreibenden und ihre
besonderen, durch drohende Gefahren bestimmten Bedürfnisse
eine große Rolle spielten, steht außer Zweifel.

Die durch den Handel wie durch Kriege bewirkte Völkerdynamik, die ständig wachsende Fluktuation, führte ebenfalls zur Verbreitung von Religionen und Kulten über weiteste Entfernungen,
was sich insbesondere an der Lehre des Buddha, aber auch an der
Wanderung vorderasiatischer hellenistischer Kulte und iranischer
Glaubensvorstellungen nachweisen läßt. Dadurch kamen im
Laufe der vorchristlichen Jahrhunderte entlang der Seidenstraße

die großen Religionen Griechenlands, Persiens und Indiens mit
den Volksreligionen der Anrainervölker und Nomadenstämme in
Berührung, was eine vielfältige Einflußnahme, ja Übernahme ganzer Glaubenskomplexe zur Folge hatte. Daraus resultierten teilweise heftige Konfrontationen, zumal die äußerst unterschiedlichen Göttervorstellungen und ihre oft demonstrative Darstellung
nicht selten Unwillen und Streit hervorriefen.

Auf Marktplätzen hellenistischer Städtegründungen wurden,
zum Teil noch unter Berufung auf den großen Alexander, griechische Götterstandbilder aufgestellt und verehrt, die Andersgläubige
ablehnten. Genauso fanden alte Volksgötter entlang der Seidenstraße ihre Präsentation und Verehrung. Das macht eines der religiösen Hauptprobleme im weiten Bereich der Seidenstraßen
deutlich. Neben den sich immer weiter ausbreitenden Großreligio-
nen, die sich in dieser Zeit allesamt selbst in der Krise oder, wie
etwa der Buddhismus, in der Wandlung, im Umbruch befanden,
behaupteten sich besonders bei den Volksmassen die überkommenen Stammesreligionen. Wir begegnen ihnen in Gestalt von
Fruchtbarkeitskulten, aber auch als uralte Glaubensrelikte, die um
die Große Mutter kreisen. Beide Vorstellungswelten sind zweifellos miteinander verwandt, wohl in früher Zeit sogar auseinander
hervorgegangen.

Da die Verehrung von Göttinnen, insbesondere von dominie-
renden Muttergottheiten, unter den mächtigen Staatsvölkern der
Zeit unterdrückt wurde, ergab sich hier ein Reibungsfeld zwischen dem Volk und den offiziellen Vertretern der Großreligio-
nen. Diese Konflikte zeigten ihre Wirkung besonders an Plätzen,
wo die verschiedenen Glaubensrichtungen und Kultpraktiken
unmittelbar aufeinanderstießen. Das aber geschah in den großen
Basarstädten mit internationaler Bevölkerung und in den Karawansereien mit ihrem bunt gemischten, ständig wechselnden
Publikum. Dort kam es zu Konfrontationen mit vielfältigen Folgen. Gab es doch Stämme und Bevölkerungsgruppen, die auf
weiten Wanderungen, auch im Zuge von Vertreibungen und
Kriegszügen, ihren angestammten Glauben offensiv in ihre neue

Umgebung mitbrachten und da, zuweilen unter starker Bedrohung, behaupteten. Wir kennen Fälle, wo sich fremde Kulte und Verehrungsformen in der neuen Umgebung durchsetzten und sogar von der ansässigen Bevölkerung angenommen, zumindest aber toleriert wurden. So wissen wir von ägyptischen Kaufleuten, die nach Athen kamen und sich dort niederließen, daß sie in der Stadt ein Isis-Heiligtum gründeten, dem auch Griechen ihre Verehrung erwiesen.

Hier zeigt sich ein Beispiel jenes Synkretismus, für den Alexander der Große als wichtiges völkerverbindendes Element eingetreten war. Dieser Synkretismus mag eine der Hauptvoraussetzungen für den Transfer von religiösen Verehrungsformen und Kulten entlang der Seidenstraße gewesen sein. Das zeigt sich an der Verbreitung fremder religiöser Ideen über weite Wege und an der Wirkungsmacht von Glaubensvorstellungen, die bis dahin nur in begrenzten Gebieten eine vergleichsweise isolierte Rolle gespielt hatten und kaum an andere Völker vermittelt worden waren. Das gilt vor allem für messianische und eschatologische Erwartungshaltungen, die sich damals aus persischen und jüdischen Quellen verbreiteten und zu einem neuen Hoffnungspotential wurden, das zu Gemeinschaftsgründungen führte, deren Mitglieder voller Erlösungssehnsucht und Gottvertrauen in die Zukunft blickten.

Doch gab es nicht nur religiöse Erlösungshoffnungen. So wie viele ihr Glück im reinen Lebensgenuß suchten, strebten andere nach Erfüllung im selbstgeschaffenen beglückenden Traum, den sie sich von Drogen erhofften. Rauschmittel, ein wichtiger Bestandteil des Warenangebotes der Karawanen, wurden in reichem Maße schon unterwegs konsumiert. Sie gehörten oft zum Programm der religiösen Kulte, vermittelten dort die Stimmung, aus der sich vorübergehendes Glücksgefühl und das Bewußtsein beseligenden Rausches ergaben. Das war jedoch nur die eine Seite des Drogen- und Rauschmittelkonsums. Dem kurzen Glück, dem Eintritt in eine verwandelte, sich weit öffnende Trancewelt, folgte nur zu bald die Ernüchterung, die unterwegs, wo es keine äußere Geborgenheit, kein Zuhause gab, besonders hart und grausam war.

Als Mittel zur religiösen Ekstase waren insbesondere Rausch-
tränke, wie der indische Soma-Trank, in Persien und Zentralasien
vor allem unter Nomaden verbreitet. Dagegen hatte sich schon
Zarathustra in seinen Gathas gewandt, wenn er schrieb, daß der
Rauschtrank von schlechten Priestern und Herrschern angewandt
werde. Hier ist wahrscheinlich nicht der im Gemeinschaftskult
verwendete Trank, sondern sein Mißbrauch, der immer häufi-
ger wurde, gemeint. Denn die daraus entstehende Abhängigkeit
machte es Priestern und überlegenen Händlern immer leichter,
aus der Droge nicht nur Gewinn, sondern auch dauernde Überlegenheit zu erlangen. Das war im Endeffekt eine der das Leben an
den Seidenstraßen am meisten belastenden und auf Dauer zum
Alp anwachsenden Bedrückungen, die immer mehr Menschen
in Abhängigkeit, Unglück und wirtschaftlichen Ruin stürzte.

Kein Wunder, daß unter so erdrückenden Voraussetzungen
schließlich Vorstellungen und Erwartungen stetig mehr Macht
über die Menschen gewannen, die Befreiung aus solch innerer Not
und den Fesseln des Erdenlebens versprachen. Man entdeckte
solche Hoffnungszeichen in den Lehren Zarathustras und in der
Verkündung der israelitischen Propheten. Diese uralten Gedanken fielen besonders bei Menschen, die, von Angst und Sorge beherrscht, ein gefahrvolles Leben führten, auf fruchtbaren Boden.
Denn es waren gerade die eschatologischen Vorstellungen, die
Endzeiterwartungen, die auf Grund damit verbundener Prophetien Erlösungshoffnungen und den Traum vom Paradies, wie es
das Alte Testament beschreibt, im Menschen weckten oder erneut
lebendig machten. Es war ein Hoffnungsschimmer, der schnell zur
Flamme wurde und viele Menschen enthusiastisch an eine Erlösung im Jenseits glauben ließ, was immer man sich auch zunächst
darunter vorstellen mochte.

Jenseitsglaube und Paradieshoffnung, wie sie aus dem jüdischen Messianismus ins frühe Christentum hinüberwirkten, spielten dann nach der Zeitenwende an den Seidenstraßen eine wichtige
Rolle. Waren es doch neben hellenistischen Religionen, Zoroastrismus und Buddhismus eben dieses junge Christentum und der

in Persien entstandene expansive Manichäismus, die nun, miteinander konkurrierend und wohl in den Karawansereien heiß diskutiert, das geistige Leben an den Seidenstraßen beherrschten.

Im religiösen Denken verunsicherter Menschen öffnete sich mit dieser Glaubensinitiative ins Jenseits ein neuer, hoffnungsvoller Aspekt, der in vielen Suchenden Begeisterung auslöste, aber auch eine tiefe, bis heute noch nicht geschlossene Kluft zwischen gesellschaftlicher sowie politischer Wirklichkeit und der religiösen Bindung von Menschen entstehen ließ. Das Bekenntnis wurde damals und mit der Entstehung des Christentums in zunehmendem Maße zu einer lebensbestimmenden Frage jenseits aller Toleranz, wie sie der Synkretismus in so überzeugender Weise gelehrt und praktiziert hatte.

VOM GLAUBEN AN ENDZEIT
UND JENSEITS

Wir wissen weder, wann der Gedanke vom unendlichen Kosmos, von Anfang- und Endelosigkeit der Welt, noch wann der einer Schöpfung und eines Weltendes, ja eines Weltuntergangs, zum erstenmal gedacht worden ist. Aber aus beiden entgegengesetzten Vorstellungskreisen wurden wahrscheinlich in Jahrtausenden religiöse Grundhaltungen, die ganze Religionssysteme bestimmten und vor allem auch für den Unterschied zwischen buddhistischer Lehre und Christentum maßgebend sind. Steht doch der Lehre Buddhas von der endlosen Folge sich erneuernder Weltzeitalter die christliche Offenbarung der Apokalypse, des Weltuntergangs und des Jüngsten Gerichts mit der Verheißung eines ewigen Lebens für die Gerechten gegenüber, die im Alten Testament, beim Propheten Jesaja und den Mitautoren seiner Schriften ihren jüdischen Ursprung hat.

Jesaja gehört ins achte vorchristliche Jahrhundert. Er und seine Anhänger zählten in der Zeit des mächtigen assyrischen Reiches zu einer völkischen Minderheit des östlichen Mittelmeergebietes – der Israeliten – und galten dort wiederum als Außenseiter der Gesellschaft, die sich als Strafprediger und Verkünder eines bevorstehenden göttlichen Gerichts bei ihrem Volk unbeliebt machten. So wenig wir auch historisch über diese frühe Zeit Israels und über das Wirken seiner Propheten wissen, so klar wird doch aus ihren im Alten Testament gesammelten Texten die Bedeutung, die ihnen bei der Begründung eines Endzeitdenkens – der Eschatologie – zukam.

Ähnlich wie den unbeliebten Mahnern des Volkes Israel mag es hundert Jahre später in Persien Zarathustra ergangen sein. Auch sein historisches Bild bleibt für uns trotz intensiver Forschung noch immer verschwommen. Und die geringe Schar seiner heute noch in Persien und Indien existierenden Anhänger vermittelt in ihrer Praxis keinen Eindruck von seiner ursprünglichen Lehre. Sie zeigen allerdings deutliche Anklänge an den mosaischen Monotheismus.

Zarathustra verwirft die alten Götter Persiens zugunsten eines einzigen Gottes, als dessen Prophet er sich sieht. Doch nicht nur der Monotheismus stellt ihn in die Nähe der biblischen Propheten, sondern ebenso die klare Vorstellung von Schuld und Sünde und ihre Sühnung am Ende der Tage. Auch der Glaube an einen Erlöser, einen künftigen Messias, ist bei aller Unterschiedlichkeit der Voraussetzungen und Erwartungen beiden gemeinsam. Solches Denken erreicht, vom jüdischen Prophetentum und späteren Zoroastrismus – wie man die Lehre Zarathustras griechisch nennt – ausgehend, nach Dareios und Alexander einen erweiterten Lebens- und Bewußtseinskreis, und zwar auf dem Weg über die Seidenstraßen.

Juden und Perser spielten als Händler, aber wohl auch als Lehrer und Weisheitsvermittler in diesem weiten Raum kaufmännischer, geistiger und religiöser Aktivitäten eine große Rolle. Dabei haben sich die beiden monotheistischen Lehren, die wir in ihrer Ursprungszeit als elitär ansehen müssen, später mit überkommenen Vorstellungen von Volksreligion und Kult angereichert. Besonders im iranischen Raum ließ sich Zarathustras schroffe Ablehnung des alten Pantheons nicht halten.

Was wirkungsmächtig blieb und die Gläubigen stark beeindruckte, aber auch ängstigte, war das angedrohte Strafgericht für Sünder und Ungläubige. Die Vorstellung ewiger Verdammnis schreckte die Menschen in gleicher Weise wie der Glaube an strafende Götter und Dämonen in alter Zeit. Die Verlegung des Jüngsten Tages mit allen nur denkbaren Schrecken in eine nahe Zukunft schien da fast noch bedrohlicher. Denkt man die täglichen Gefahren hinzu, denen die Händler auf den Seidenstraßen ausgesetzt waren, so kann man sich die allgemeine Geistes- und Seelenverfassung kaum düster genug vorstellen, zumal auch die

staatliche und gesellschaftliche Ordnung nirgendwo Sicherheit ge-
währleistete. Der Mensch war daheim, vor allem aber unterwegs,
einer weitgehenden Willkür ausgesetzt und fand sich zudem mit
ständig neuen Verkündigungen und Drohungen konfrontiert, irdischen wie religiösen, die ihn zunehmend verunsicherten. Die Verheißungen der wandernden Lehrer und Prediger bildeten da keine
Ausnahme. Im Gegenteil. Sie wußten Prophetenwort und Jenseits-
idee eindrucksvoll zu reglementierenden Forderungen zu verbinden – sei es aus tiefer Gläubigkeit, sei es, und das wohl noch häu-
figer, aus eigenem Erfolgs- und Gewinnstreben. Je schrecklicher
einer prognostizierte, um so höher stieg sein Ansehen im Kreis der
Zuhörer.

Vorbilder für die drohende Gebärde, für das Not und Schrekken ankündigende Wort gab es genug. Vergegenwärtigen wir uns
in diesem Zusammenhang nur das Ende der Jesaja-Prophethie,
die zwar nicht von dem Propheten selbst, aber von einem seiner
eifrigsten Nachfolger – dem Trito-Jesaja – stammt, der wohl im
fünften Jahrhundert v. Chr. gelebt hat. Drohung und Verheißung
sind hier vereint. Der Mensch hat die Wahl, aber auch die Pflicht,
nach Gottes Gebot zu leben. Die Juden kannten sie und hatten
doch, lesen wir im Alten Testament, so oft dagegen verstoßen. Wie
viel mehr mußten solche altüberkommenen Worte diejenigen
ängstigen und schockieren, die sie zum erstenmal hörten, so etwa
aus dem letzten, dem 66. Kapitel des Buches Jesaja:

»Denn siehe der Herr wird kommen mit Feuer und sein Wagen wie ein Wetter, daß er vergelte im Grimm seines Zorns und
mit Schelten in Feuerflammen. Denn der Herr wird durch Feuer
die ganze Erde richten und durch sein Schwert alles Fleisch, und
der vom Herrn Getöteten werden viele sein. Die sich heiligen
und reinigen für das Opfer in den Gärten dem einen nach, der in
der Mitte ist, und Schweinefleisch essen, greuliches Getier und
Mäuse, die sollen miteinander weggerafft werden, spricht der
Herr.

Ich kenne ihre Werke und ihre Gedanken und komme, um alle
Völker und Zungen zu versammeln, daß sie kommen und meine

Herrlichkeit sehen. Und ich will ein Zeichen unter ihnen aufrichten und einige von ihnen, die errettet sind, zu den Völkern senden, nach Tarsis, nach Put und Lud, nach Meschech und Rosch, nach Tubal und Jawan und zu den fernen Inseln, wo man nichts von mir gehört hat und die meine Herrlichkeit nicht gesehen haben; und sie sollen meine Herrlichkeit unter den Völkern verkündigen. Und sie werden alle eure Brüder aus allen Völkern herbringen dem Herrn zum Weihgeschenk auf Rossen und Wagen, in Sänften, auf Maultieren und Dromedaren nach Jerusalem zu meinem heiligen Berge, spricht der Herr, gleichwie Israel die Opfergaben in reinem Gefäße zum Hause des Herrn bringt. Und ich will auch aus ihnen Priester und Leviten nehmen, spricht der Herr. Denn wie der neue Himmel und die neue Erde, die ich mache, vor mir Bestand haben, spricht der Herr, so soll auch euer Geschlecht und Name Bestand haben. Und alles Fleisch wird einen Neumond nach dem andern und einen Sabbat nach dem andern kommen, um vor mir anzubeten, spricht der Herr. Und sie werden hinausgehen und schauen die Leichname derer, die von mir abtrünnig waren; denn ihr Wurm wird nicht sterben, und ihr Feuer wird nicht verlöschen, und sie werden allem Fleisch ein Greuel sein.«

Gewiß führten die biblischen Propheten die härteste Sprache, drohten die schrecklichsten Strafen an, ließen aber auch Hoffnung durchblicken für den, der sich dem Willen Gottes unterwarf. Um rechtes Leben also ging es, um das Ablassen von Sünde, von Gewalt, um den Gott wohlgefälligen Wandel. Den hatte auch Zarathustra von seinen Anhängern gefordert. In seiner Lehre geht es um den Kampf zwischen Gut und Böse, um die Entscheidung für jeden einzelnen zwischen diesen beiden Mächten. Dabei findet eine bedenkenswerte Annäherung an die indische Karmavorstellung statt, die wir in der Buddha-Lehre fortwirken sehen. Könnte man hier nicht an eine gemeinsame indo-iranische Geisteswurzel ethischer Gesinnung denken, die da wie dort zur Blüte gelangt war?

Zarathustra spricht von Schatzhäusern, in denen alle guten und bösen Taten, Worte und Gedanken der Menschen gesammelt, bewahrt und einst gegeneinander aufgerechnet werden, in der Stunde des Gerichts.

Geheimnisvoll und schwer verständlich, dunkler noch als die alttestamentarischen Prophezeihungen, sind die Texte Zarathustras, die uns in sechzehn erhaltenen Gathas – geistlichen Gedichten – überliefert sind. Das macht uns den unmittelbaren Zugang zu seiner Lehre zum Problem, zumal wir in der Folgezeit von vielen, oft nicht nachvollziehbaren Fremdeinflüssen, vor allem aber von den großen gesellschaftlichen Unterschieden und daraus sich ergebenden Spannungen im Persien der Zarathustra-Zeit und den darauffolgenden Jahrhunderten ausgehen müssen. Das hat die Aufnahme und die Auseinandersetzung mit seiner Lehre nicht vereinfacht. Das einfache Volk jedenfalls fand kaum einen Zugang zu Zarathustras Wort, zumal dort eine schwerwiegende Scheidung zwischen den Ackerbauern als den Guten und den Nomaden als den Bösen, den Gefährdeten getroffen wird. Wie sollten sich da die reisenden Händler einordnen, die sich ja ihrer Lebensform nach selbst als Nomaden fühlen mußten.

Die Vielzahl der Lehren und Bekenntnisse, unter denen sich die jüdische und die zoroastrische als endzeitlich, aber auch messianisch gestimmt von den anderen grundsätzlich unterschieden, erleichterten den von Mobilität und Kosmopolitismus geprägten Menschen der letzten Jahrhunderte vor der Zeitenwende ihr Leben und Wirken nicht. Sie blieben verunsichert, trotz der von vielen Seiten bei rechtem Glauben versprochenen Sicherheit.

Eine wichtige Frage der Lebensführung war die Entscheidung zwischen Hedonismus und Askese. Der Wunsch nach Lebensfreude, nach Traumerfüllung und Genuß beherrschte besonders die Menschen, die täglich ihr Leben gefährdet und bedroht sahen. Kein Wunder, daß sie bereit waren, in den alle Freuden und leiblichen Genüsse bietenden Karawansereien und Handelsstädten hohe Summen für ihr Vergnügen auszugeben, wußten sie doch nicht, ob der nächste Tag in der Wüste nicht auch ihr letzter sein würde. So lesen wir von Kaufleuten, die für eine Liebesnacht ganze Kamelladungen an die vorübergehende Dame ihres Herzens opferten.

Doch gab es auch andere, die beim Fackelschein in die glühenden Augen fanatischer Bußprediger schauten, die Askese als den einzigen Weg zur Selbstfindung, als sicheren Pfad zur Erleuchtung oder ins Jenseits priesen.

Die ganze Breite eines Lebensangebots sehen wir hier vor uns – von der reinen Sinnenlust und Genußbesessenheit bis hin zur Aufopferung an einen Glauben, an eine Idee, von der man Erlösung, zumindest aber Sinnerfüllung erhoffte. Dabei zeigen sich verschiedene Formen der Lebensbetrachtung, aber auch der von Herkunft, Erziehung und Umwelt geprägten Mentalität.

Die Juden mochten in dieser konfliktreichen Umwelt zwei Dinge trösten bei aller religiösen Strenge, der ihre Propheten sie drohend unterwarfen: die biblische Gewißheit, das auserwählte Volk zu sein, und die Hoffnung auf das Gelobte Land, die sich schon einmal, unter Mose, erfüllt hatte und die sich für die Altgläubigen mit der Entstehung des Staates Israel, wenn auch unter schweren Wehen, ein weiteres Mal erfüllte.

Doch wo sollten die anderen Stämme und Völker ihre Hoffnung, ihren Glauben an die Zukunft hernehmen? Das war die Frage, die entlang der weiten, vielbegangenen Wege zwischen China, Indien und dem Mittelmeer immer wieder gestellt und je nach religiöser Herkunft und Bindung unterschiedlich beantwortet wurde. Im Hintergrund stand bei den meisten Überlegungen und Entscheidungen die politische Konstellation, die sich in diesem Raum seit Alexander ständig änderte und neue Reiche im Vakuum der nachalexandrinischen Zeit entstehen ließ. Das waren nach den Diadochen vor allem die der Kushan in Zentralasien, der Sassaniden und der Parther in Persien und im Vorderen Orient.

Gleichzeitig aber traten im Westen als politische Nachfolger der Griechen die Römer auf den Plan. Mit ihnen wird rationale Weltbeherrschung Programm. Keiner ihrer politischen Führer – weder Cäsar noch Augustus – hatte die Größe und das Charisma eines Alexander. Was an ihm messiasähnlich war, dichtete man in spätrömischer Zeit einem anderen an – Jesus, der zum Widersacher der Römer wie seines eigenen Volkes, der Juden, wurde, weil er die Unerträglichkeit der Lebensverhältnisse seiner Epoche empfand und auf eine unerwartete Art dagegen anging.

Die Römer in Asien

Spät und doch bald weltbeherrschend treten die Römer in unser Blickfeld. Sie sind die geistigen Erben der Griechen und gleichzeitig ihre Gegner, obwohl sie ohne hellenistische Züge, vor allem in ihrer spät entwickelten Kultur, überhaupt nicht denkbar wären.

Rom war jahrhundertelang Stadt und Weltreich zugleich, doch niemals Land im Sinne einer geographischen oder völkischen Einheit. Als Römer begriffen sich zunächst die Bewohner der Stadt Rom, später die Beherrscher des westlichen Teiles der damals bekannten Erde – eines Reiches, für das es stets nur dieselbe Bezeichnung gab wie für seine Hauptstadt: Roma.

Und doch schrieb der erste Historiker Roms – Fabius Pictor – sein gegen Ende des Zweiten Punischen Krieges – um 200 v. Chr. – entstandenes Geschichtswerk in griechischer Sprache. Das mag allerdings propagandistische Gründe gehabt haben. Ging es doch darum, den Kriegsgegner Hannibal und damit das mächtige Karthago in der hellenistischen Welt zu isolieren und zu desavouieren. Das erscheint angesichts der damals seit fünfzig Jahren andauernden schweren kriegerischen Auseinandersetzungen Roms mit Karthago nur zu verständlich. War es doch 215 v. Chr. zu einem Bündnis zwischen Hannibal und Philipp V. von Makedonien gekommen, das Rom von Süden und Osten her bedrohte.

Nun war Roma, der einst etruskischen Stadt, der Aufstieg zur Weltmacht ohnehin nicht an der Wiege gesungen worden. Und ihre legendäre Gründung durch den Troja-Flüchtling Aeneas erwies sich bald als spätere griechische Erfindung.

Weder gegen die Kelten, die Rom 387 v. Chr. einnahmen, noch gegen die Karthager, die sich Spaniens wie Maltas und Siziliens

bemächtigt hatten, war Rom anfangs erfolgreich. Daß es unter größten Anstrengungen Hannibal schließlich doch schlagen konnte, erscheint auch aus heutiger Sicht noch als ein nicht vorhersehbares
weltgeschichtliches Wunder. Doch selbst damit war nur eine gewaltige militärische Bedrohung abgewendet. Weltmachtträume,
wie sie einst Alexander aus dem fernen Makedonien nach Indien
getrieben hatten, haben in Rom zu jener Zeit wahrscheinlich nie-
manden bewegt, zumal auch kein so überragender Römer da war,
der sie hätte verwirklichen können. Selbst Scipio, dem man nach
seinem Sieg über Hannibal bei Zama in Nordafrika den Ehren-
namen Africanus gab, war eben nur ein äußerst erfolgreicher Feldherr, der die römischen Truppen auch auf griechischem Boden –
190 v. Chr. bei Magnesia am Sipylos – noch einmal zum Siege
führte. Doch stand er damals schon im Schatten seines Bruders,
der zu diesem Zeitpunkt das römische Ostheer befehligte.

Scipio zeigte sich wohl den Feinden Roms, nicht aber den Intriganten im eigenen Lager gewachsen. Besonders im älteren Cato
erstand ihm ein bösartiger Gegner. So zog sich Scipio 184 v. Chr.
von der Politik zurück, verließ Rom und starb ein Jahr später auf
seinem Gut in Kampanien. Er aber hatte als erster römischer Feldherr den Blick auf Asien gerichtet.

Sein Gegner Cato nahm noch ein zweites Mal unheilvollen Einfluß auf die Entwicklung der römischen Politik durch sein zum
klassischen Zitat gewordenes »Ceterum censeo Carthaginem esse
delendam«, mit dem er nach jeder Senatssitzung stereotyp zur
Vernichtung des ohnehin durch römische Verträge entmachteten
Karthago aufforderte, die dann 146 v. Chr. nach verzweifelter Ge-
genwehr der Karthager auch erfolgte.

Es war ein schändlicher Akt vor Roms Antritt jener machtpolitischen Rolle, die ihm eine krisengeschüttelte, keineswegs stabile
Weltherrschaft bescherte. Ob sie dem Sinn eines Ehrenmannes
wie Scipio entsprochen hätte, ist mehr als zweifelhaft. Er aber
hatte durch sein Feldherrentalent nicht nur Karthago in die nöti-
gen Schranken gewiesen, sondern Rom auch den Weg nach Osten
freigemacht.

Nach Alexander waren es nun die Römer, die Griechenland, diesmal Makedonien eingeschlossen, unterwarfen. 146 v. Chr., im Jahre der Vernichtung Karthagos, zerstörten sie auch Korinth. Doch nichts an Roms taktischem Vorgehen, dem 133 v. Chr. durch fragwürdige Manipulation selbst das stolze Pergamon zum Opfer fiel, hat die Größe und Entschiedenheit des einstigen Vorstoßes Alexanders nach Asien erreicht.

Zwischen Zögern und Auftrumpfen, freilich nicht ohne geschicktes diplomatisches Taktieren, vollzieht sich die römische Asien-Politik, die vor allem auch die Sicherung der östlichen Handelswege im Auge hat. Schließlich ging es um die Steigerung des Lebensstandards der römischen Gesellschaft, um die Befriedigung ihrer ständig wachsenden Luxusbedürfnisse, die mehr und mehr von asiatischen Importen abhängig waren, die wiederum große Teile des Volksvermögens verschlangen. So hat man die heißbegehrte chinesische Seide in Gold aufgewogen. Auch die Einfuhr von Delikatessen, asiatischen Gewürzen und Parfums stieg von Jahr zu Jahr. Um diesen Handel über weite Strecken zu sichern, bedurfte es der Präsenz römischer Heeresverbände entlang der Handelsstraßen.

Es entspricht der durch Alexanders Indien-Zug ausgelösten Völkerdynamik im vorder- und mittelasiatischen Raum, daß hier alle Macht nur noch kurzlebig war und – wie wir sehen werden – auch die Römer Bedrohungen und Rückschläge hinnehmen mußten.

Zunächst aber war Rom Nutznießer der Konflikte zwischen den Ländern Vorderasiens und ihren oft verfeindeten Herrscherfamilien. Obwohl die Römer ohne erkennbare Entschlossenheit an die Festigung und Verwaltung der neu erworbenen Gebiete gingen, zeigte sich die hellenistische Staatenwelt von der römischen Präsenz stark verunsichert und teilweise zur Selbstaufgabe geneigt. So war König Prusias II. von Bithynien einer römischen Abordnung im Gewand eines römischen Freigelassenen mit geschorenem Haar entgegengezogen und hatte die Römer mit den Worten »Ich bin euer Freigelassener« begrüßt.

Infolge solch würdeloser Unterwürfigkeit kam es schließlich zu kampflosen totalen Unterwerfungen und der testamentarischen Einsetzung Roms als Erbe ganzer Länder. So bestimmte der letzte Attalide, Attalos III., Rom wegen innenpolitischer Schwierigkeiten in seinem Herrschaftsgebiet zum Erben. Nach seinem Tod – 133 v. Chr. – trat Rom das Erbe an und entledigte sich des Thronprätendenten Aristonikos mit Gewalt. Diese fragwürdige Erbschaft führte zur Gründung der Provinz Asia, so wie man vorher das nordafrikanische Territorium des zerstörten Karthago zur Provinz Africa erklärt hatte.

In dieser Zeit reichte die römische Herrschaftssphäre von Spanien über Italien, die mediterrane Inselwelt und die adriatische Küste, den südlichen Balkan, Griechenland und Teilen Nordafrikas bis weit nach Kleinasien. Dabei entwickelte sich der östliche Herrschaftsbereich mehr durch Selbstaufgabe der hellenistischen Länder als durch machtvolles Auftreten Roms. Den Römern fiel zu, was sie zunächst gar nicht erwartet hatten und was sie mangels einer kontinuierlichen Zentralgewalt in Rom auch nur schwer verkraften konnten. Sie gelangten zur Herrschaft, ohne schon wirklich – wie später – Herren, geschweige denn Heroen zu sein. Das hatte vielerlei Ursachen.

Ein entscheidender Grund war die Abseitslage Roms und der italienischen Halbinsel in damaliger Zeit. Aus griechischer und asiatischer Sicht war es Barbarenland. Auch als es zum Zentrum politischer Macht wurde, blieb es geistig und kulturell ein Vakuum, das erst durch die Begegnung mit Griechenland und dem Hellenismus allmählich angefüllt wurde und so, wenn auch fremde Statur bekam. Auf der Apennin-Halbinsel wurde vom Anfang bis zur Mitte des ersten vorchristlichen Jahrtausends deutlich, daß es im Mittelmeerraum ein unübersehbares kulturelles Ost-West-Gefälle gab, so wie wir es heute als Nord-Süd-Gefälle zwischen Europa und Afrika kennen.

Als die Griechen aus ihrer frühen Geschichte große Literatur machten – Homer seine *Ilias* und *Odyssee* dichtete, Hesiod über Göttergenerationen reflektierte und Aischylos die ersten Tragödien schuf –, war Italien eine von sehr unterschiedlichen Volksgruppen bevölkerte, in Sprachenvielfalt zersplitterte Halbinsel, die noch nicht aus der Enge ihrer zahlreichen frühen Stammeskulturen herausgefunden hatte. Im Süden wurde es ab 750 v. Chr. Kolonialland griechischer Ansiedler, die Sizilien und den Stiefelfuß mit prächtigen Pflanzstädten – ähnlich denen in Kleinasien – besetzten. So entstanden 709 v. Chr. Sybaris, vorher noch Kroton, zwei prachtvolle Griechenstädte, die später selbst zu Erzfeinden wurden, bis Kroton 510 v. Chr. die Rivalin Sybaris zerstörte.

Doch das war Südgeschichte – war Magna Graeca – und geschah zu einer Zeit, als die Hügel von Rom, noch von bäuerlichen Latinern und Sabinern bewohnt, die Etrusker anzogen, die der späteren Stadt auch ihren Namen – Roma – gaben. Aber so wie die Gründung Roms liegt auch die Herkunft der Etrusker trotz intensiver Forschungen noch immer im dunkeln. Sie entwickelten sich jedoch, das ist sicher, durch ihre frühen Beziehungen zu den Griechen zum ersten und vor der Entfaltung Roms einzigen Kulturvolk auf mittelitalienischem Boden, das allerdings die Größe Roms nicht überlebte.

Wir müssen uns diese eigenartige, schwer zu durchschauende Ausgangssituation vergegenwärtigen, wenn wir die weitere Entwicklung mit all ihren Komplikationen verstehen wollen.

Weltgeschichtlich gesehen vollzog sich in diesen letzten vorchristlichen Jahrhunderten von Rom aus die Entstehung dessen, was wir heute politisch Europa nennen, obwohl der Ursprung europäischen Geistes nicht nur weiter zurück, sondern auch weiter östlich, zum Teil – wie wir gesehen haben – auf asiatischem Boden zu suchen ist. Von dort gelangte er nach Westen, nach Rom, wo sich anfangs weder Ansätze einer eigenen Kultur noch lebensfähige religiöse Elemente zeigten. Alles, was in dieser Hinsicht auftauchte und sich dann entwickelte, war hellenistischer Import: ein einmaliger Vorgang der Überwindung von kultureller Armut und Einfallslosigkeit durch fremden Reichtum, den man übernahm und vielfältig kopierte. So entstand Europa und das, was wir, aus Rom hervorgehend, abendländische Kultur nennen.

Dieses Kopierverhalten gilt für Roms Kunst, für seine Literatur, seine Philosophie, seine Religion – ja schließlich auch für das Christentum. Sie alle sind Ableger von weiter östlich entstandenen Originalen, die lange brauchten, bis sie in Rom zu Eigenständigkeit und Größe gelangten.

Betrachten wir die Anfänge. Das ist allerdings nicht einfach. Denn sowohl der zur Zeit von Kaiser Augustus schreibende Historiker Dionysios von Halikarnassos wie auch sein Zeitgenosse Livius, der Autor einer 142 Bücher umfassenden *Römischen Geschichte*, von der uns 35 Bände erhalten sind, haben Rom als Mythos erstehen lassen, mit griechischen Begründern und legendären Königen des Anfangs, auf die als erster etruskischer Herrscher der historische Tarquinius Priscus folgte. Hier ging es unter Kaiser Augustus um den Erweis römischer Größe und Einmaligkeit. Diese betont Livius in der erhaltenen Einleitung zu seinem gewaltigen Geschichtswerk, das allerdings bereits 9 v. Chr. mit dem Unfalltod des Drusus, eines Stiefsohnes des Augustus aus zweiter Ehe, in Germanien endet.

Livius sieht sein Werk als »Überlieferung der Taten des ersten Volkes der Erde«. So weit hatte sich römisches Selbstbewußtsein in zweihundert Jahren gesteigert. Livius weiß auch den Grund dafür. Denn er schreibt: »Der Kriegsruhm des römischen Volkes ist so groß, daß die Völker der Erde es ebenso gelassen hinnehmen, wenn es als seines und seines Gründers Vater den Kriegsgott Mars nennt, wie sie die römische Herrschaft ertragen.«

Obwohl Livius zweifellos ein bedeutender Kopf und großartiger Stilist war, erleben wir ihn hier wie einen Gladiator, der die Muskeln in Drohgebärde spielen läßt. Etwas von dieser Haltung prägt die ganze römische Geschichte und hat dazu geführt, daß viele der besten Geister des Weltreiches ins Abseits gedrängt oder ins Exil geschickt wurden.

Ohne den Hellenismus und seinen schließlich Rom weitgehend beherrschenden Einfluß wäre das Reich wahrscheinlich zu einer nur gewalttätigen, geistfeindlichen Macht geworden, die alle kulturellen Impulse zerstört und damit die Entstehung der westlichen Zivilisation unmöglich gemacht hätte.

Wir wollen jetzt im einzelnen versuchen, der Frage nachzugehen, warum es dann doch nicht dazu gekommen ist, obwohl die hellenistische Kultur in Rom nicht nur Freunde hatte. Männern wie dem martialischen älteren Cato war sie verhaßt. Für viele andere aber stellte sie die einzige Möglichkeit dar, mit dem allein durch machtpolitisches Denken nicht auszufüllenden geistigen Vakuum, das man im ältesten Rom auf Schritt und Tritt gespürt haben muß, fertig zu werden. Alfred Heuß schreibt in seiner *Römischen Geschichte* deshalb völlig zu Recht, »daß der griechische Geist bei den Römern meistens auf einen Hohlraum stieß«. Die vielen, die das leidvoll verspürten, wandten sich dem Hellenismus zu und schufen ihm vom vierten/dritten vorchristlichen Jahrhundert an in ständig wachsendem Maße Zugang nach Rom.

Diese das frühe Rom vor geistiger Armut und Isolierung bewahrenden Aktivitäten fanden ihren ersten und stärksten Ausdruck in der Romanisierung des griechischen Pantheons. Das war der Beginn der kulturellen Infiltration hellenistischer Lebensart und Glaubensweise in den bis dahin nahezu inspirationslosen Machtstaat Rom. Die Art der Übernahme zeigt allerdings typisch römische Züge: Pragmatismus, Triumph über fremdes Volkstum, vor allem über die Etrusker und ihre Götter, sowie wohlkalkulierte Inbesitznahme der griechischen Götter und Einverleibung ins eigene Repräsentationssystem.

Der Konflikt zwischen Mächtigen und Gläubigen war damit vorprogrammiert. Das ist an der Auswahl der zunächst übernommenen Götter und der Plätze für die vorgesehenen Heiligtümer klar zu erkennen. So hat Fulvius Flaccus, Sieger über die Etrusker bei Volsinii, an der Stelle eines alten etruskischen Heiligtums nach der endgültigen Unterwerfung Etruriens und seiner Eingliederung in den römischen Staat 264 v. Chr. einen Siegestempel errichten lassen, in dem er erbeutete etruskische Bronzestatuen als Siegestrophäen aufstellte.

In Kriegszeiten wuchs der Bedarf an Tempeln, durch deren Errichtung man die Hilfe der Götter erreichen wollte. Dabei kam es zu Rivalitäten zwischen verschiedenen politischen Machtgruppen als Anhängern unterschiedlicher Gottheiten. Das zeigt schon früh den Unterschied zwischen griechischer und römischer Götteranschauung und Götterverehrung. Im Mittelpunkt standen für die Römer nicht der Glaube oder das mythologische Geheimnis, sondern der Zweck, das angestrebte Ziel.

Auch Angst, Sorge oder Not konnten unmittelbarer Anlaß für die Übernahme, ja für die Einholung griechischer Gottheiten aus ihrem Mutterland sein. Als im Jahre 293 v. Chr. in Rom eine schwere, schnell um sich greifende Seuche ausbrach, beschloß man – wohl auf Grund einer Orakelbefragung –, den heilenden Gott Asklepios aus seinem Heiligtum in Epidauros nach Rom zu holen. 291 v. Chr. wurde dann auf der Tiber-Insel ein Tempel für den Gott geweiht, dort, wo bereits eine Isolierstation für ansteckende Kranke bestand.

Von all diesen Tempeln der ältesten Zeit haben sich keine Überreste erhalten. Wir sind auf Berichte und den möglichen Wahrheitsgehalt von Legenden angewiesen. Diese allerdings lassen ein lebhaftes religiöses Leben in Zusammenhang mit zentralen Bedürfnissen der Bevölkerung, vor allem aber auch der Herrschenden, vermuten. Die enge Verbindung von Religion und Macht wird hier deutlich.

Doch es gab auch andere Tendenzen, die sich vielleicht eher mit der volkstümlichen Forderung »panem et circenses« und ihrer Erfüllung durch die Machthaber verbinden lassen oder doch auf sie vorausweisen. Es entstanden volksnahe Kulte. Die Verehrung exotischer Gottheiten wurde modern und zog die heilssehnsüchtigen Massen an, die außer religiösen Erlebnissen nichts besaßen. Aber auch Aufrührer – wir würden sie heute Terroristen nennen – bedienten sich zur Popularisierung ihrer revolutionären Bestrebungen oft geheimer Kulte und magischer Praktiken.

Sekten, wie die landesweit verbreiteten Dionysos-Anhänger, wurden gleichfalls zur politischen Gefahr für die wenig gesicherte Ordnung im Lande. Sterndeuter und Wahrsager erlangten in der gesellschaftlich gespaltenen Stadt gewinnträchtige Positionen. Immer neue, teilweise obskure Kulte breiteten sich aus und fanden zahlreiche Anhänger in der pulsierenden, sich ständig stärker international entwickelnden Metropole, die allerdings auch eine Stadt voller Unzufriedener war. Viele Menschen suchten Lebenssinn und Erfüllung im Vergangenen oder im Exotischen. Selbst die Machthaber waren von solchen Vorstellungen nicht frei. Das führte zur Wiederbelebung alter asiatischer Kulte, die in Rom plötzlich ungeahnte Aktualität gewannen. Dazu gehört vor allem die Verehrung der kleinasiatischen Spätform der Großen Mutter, der geheimnisvollen Göttin Kybele, deren Symbol, einen schwarzen Meteoriten, man 204 v. Chr., als der Entscheidungskampf gegen Karthago bevorstand, aus Pessinus im Innern Anatoliens nach Rom holte. Hier standen offenbar militärische Erfolgserwartung und Massenhysterie als Auslöser der Aktivität nebeneinander.

Es ist nicht das einzige Beispiel für zwiespältige Voraussetzungen religiöser Entscheidungen. Doch zeigt gerade der Kult der Magna mater – der orientalischen Muttergöttin –, der in Rom eine späte, dann aber große Entfaltung erfuhr, wie stark das Verlangen nach religiöser Bindung, nach eindrucksvollen Kulthandlungen mit exotischem Hintergrund in Rom geworden war. Die Nüchternheit harter Lebensrealität war der Sehnsucht nach mythischem Erleben und geheimnisvollen Erscheinungen gewichen. Die Hintergründe solcher Hoffnungen und Erwartungen waren vielfältig. Was hier seine Wurzeln in hellenistischen Mysterienreligionen und ihren meist orgiastischen Kulten hatte, war jedoch nur eine und sicher nicht die bedeutendste Seite östlichen Einflusses.

Das kulturbeflissene Bürgertum Roms, vor allem seine schöpferischen Kräfte, griff gierig nach griechischen Ausdrucksformen in Kunst und Literatur, die neben Übersetzungen schon bald zu beachtlichen Eigenleistungen führten. Die Hellenisierung griff um sich und machte Rom rasch zu einem bedeutenden Zentrum der eingeführten Kultur, die es meisterlich umsetzte. Dichtung und Geschichtsschreibung begannen zu blühen. Übersetzungen griechischer Stücke kamen auf die schnell entstehenden römischen Bühnen. Malerei und Skulptur verbreiteten sich, durch griechische Künstler vermittelt, in der Stadt und wurden zum Teil meisterhaft kopiert.

So erleben wir in Rom eine deutliche Änderung der geistig-religiösen Atmosphäre, einen Wandel hin zu Kult und Kunst, einen Aufbruch des Schöpferischen, der von vielen als beglückend empfunden worden sein muß. Doch war das nur die eine Seite römischer Entwicklung vor der Zeitenwende.

Politisch sah es anders aus, besonders wenn man den Blick nach Asien richtet. Dort zeigten sich die Römer in ihrer alten, gewalttätigen Manier. Von der Kultur der von ihnen eroberten hellenistischen Länder hatten die Militärs sich kaum etwas angeeignet. Auch der Kampf um die Macht in Rom zur Zeit von Sulla über Pompeius und Cäsar bis zu Augustus ist in Wirklichkeit ein trauriges Kapitel römischer Geschichte, so sehr es auch von einigen Historikern heroisiert worden ist.

Doch spiegelt dieses letzte Jahrhundert Roms vor der Zeitenwende lediglich den Geist seines Ursprungs und die doch letztendlich nur oberflächliche Hellenisierung, an der Roms Machthaber wenig Anteil hatten – sowohl von der Persönlichkeit wie durch ihr Tun. Hermann Bengtson hat das in seinem sehr sachlichen *Grundriß der römischen Geschichte* an den Fakten festgemacht. Grausamkeit, Ungerechtigkeit und oft unberechenbare Gewalt gegen Unschuldige kennzeichnen das Vorgehen der Römer im hellenistischen Asien, wo, so Bengtson wörtlich, »die Kriege immer mehr den Charakter von organisierten Raubzügen anzunehmen begannen«.

Man muß sich fragen, wie ein Staat, der vor allem durch seine bis heute lebendige Justizform – das römische Recht – berühmt geworden ist, solche Auswüchse dulden konnte. Ich glaube, es waren Folgen eines bei der Gründung der Römischen Republik entstandenen und verbreiteten Familienegoismus der großen Geschlechter, die seither das Sagen im Lande wie im Senat hatten.

Mit dem Ende der Königsherrschaft durch die Niederwerfung Etruriens war eine Situation entstanden, die von den führenden Adelsgeschlechtern zur eigenen Machtstärkung ausgenutzt wurde. Seitdem waren im römischen Senat nicht die besten, sondern die mächtigsten Männer Wortführer. Auf dem Weg zur Weltmacht wurde dieser Kreis der politisch bestimmenden, dabei selten einigen Senatsvertreter stetig stärker, aber auch immer skrupelloser. Das zeigte sich vor allem in den zahlreichen Kriegen, bis hin zur ungerechtfertigten Zerstörung Karthagos, und auf den asiatischen Schlachtfeldern. Man war siegesgewohnt und im Einsatz der Mittel ohne jede Bedenken. Das Recht, das die Republikaner einmal geschaffen hatten, galt allenfalls in Rom und auch dort nur für die Mächtigen. Sklaven und fremde Völker waren rechtlos, wurden unterdrückt und ausgebeutet.

Das war die Situation, die Bengtson mit seinem harten, aber wahren Urteil charakterisiert. Maßstab für das Verhalten wurde mehr und mehr der eigene Vorteil, der Gewinn, den man aus einer Sache ziehen konnte. Geldgier beherrschte die Menschen, vor allem die Reichen. Man manövrierte beim Geschäft wie in der Politik hart am Rande der Legalität, betrog, wo es nur irgend möglich war, und suchte seinen Vorteil vor allem beim Umgang mit Schwächeren. Das galt natürlich auch und besonders überall dort, wo man Eroberer, wo man Herr war.

Diese Praktiken bestimmten ebenso in ständig wachsendem Maße den Umgang der Römer untereinander. Das führte zu Rechtsunsicherheit und Rechtsbeugung, die oft auch den Rechtsvertreter ins Unrecht setzten, wie wir am Beispiel des großen Cicero sehen können, den sein Eintreten für das Recht ins Exil führte. Die dadurch entstandenen untragbaren Verhältnisse hatten zur Folge, daß Rom, nach außen ein mächtiges Weltreich, im Inneren morsch und von vielen Gefahren bedroht war. So stolperte es im letzten Jahrhundert vor der Zeitenwende trotz militärischer Erfolge von Krise zu Krise, bis schließlich die Republik selbst am Ende war.

Diese Entwicklung erscheint uns um so tragischer, als sie sich trotz einiger der besten Köpfe vollzog, die Rom je hervorgebracht hat: Cicero, Sallust, Lukrez, Catull, Horaz, Vergil, aber auch Cäsar und Augustus.

Nur einem von ihnen – Augustus – gelang es schließlich durch die Begründung der Monarchie, Rom für kurze Zeit aus seinem selbstverschuldeten Elend herauszuführen. Doch bis dahin war es noch ein weiter Weg. Seine Geschichte liest sich schon in ihrem ersten Teil – bis zum berühmten Marsch Sullas auf Rom – wie eine Räuberpistole. Was folgte, war aber noch schlimmer: Gewalt, Totschlag, Zerstörung, Elend, überall dort, wo Sulla mit seinen Truppen hinkam, in Griechenland, in Asien und nach seiner Rückkehr selbst in Rom, wo er für kurze Zeit Diktator wurde.

Es ist erstaunlich, daß all diese Schrecken, die Rom heimsuchten, seine Weltmachtstellung kaum erschüttert haben. Seine erfolgreichsten Männer in dieser Zeit waren Feldherren und Politiker zugleich. Was sie in Rom nicht oder doch nur gegen vielfältigen Widerstand erreichten, fiel ihnen als Repräsentanten des Weltreiches an dessen Grenzen und in neu eroberten Gebieten zu.

Diesen neuen Typ des mächtigen Römers verkörperten Pompeius und Cäsar. Sie standen an der Schwelle zu einer neuen Staatsform, aber auch zu einer weiteren Ausdehnung römischer Macht.

Pompeius hatte sich seinen ersten Feldherrenruhm in Spanien geholt. Dann ging er erfolgreich gegen die immer zahlreicher und frecher werdenden Seeräuber im Mittelmeer vor. Die Piraterie hatte nach der Vernichtung der berühmten Flotte Karthagos kaum vorstellbare Ausmaße angenommen. Geflohene Matrosen, arbeitslose Seeleute, flüchtige Häftlinge sowie entflohene Sklaven und Verbannte bildeten die wild zusammengewürfelten Mannschaften der Piratenschiffe. Sie lebten von Raub, Menschenhandel und Schmuggel. Wenn sie gefaßt wurden, erwartete sie die für Seeräuberei drohende Strafe: der Tod am Kreuz. Pompeius betrieb die Seeräuberjagd programmatisch als Vernichtungsfeldzug. Vierhundert Schiffe fielen in seine Hände. Er machte zwanzigtausend Gefangene, die er allerdings – ein seltenes Zeugnis von Menschlichkeit unter Römern – nicht hinrichten ließ, sondern in entlegenen Gegenden ansiedelte. Mehr als zehntausend Piraten aber fanden den Tod in den Wellen.

Das nächste Ziel des Pompeius war Asien. Dort hatte Lucullus sieben Jahre lang gegen den pontischen König Mithridates VI.

Eupator gekämpft, nachdem schon Sulla versucht hatte, diesen größten Widersacher Roms seit Hannibal niederzuringen. So wie einst Hannibal hat auch Mithradates die Römer jahrelang in Atem gehalten, was allerdings zum großen Teil eine Folge der von Intrigen belasteten römischen Asien-Politik war, der dann auch der erfolgreiche Lucullus zum Opfer fiel. Sein Nachfolger Pompeius erst errang den Lorbeer.

Ihm waren nach seinem Sieg über die Seeräuber vom römischen Senat Rechte zugestanden worden wie keinem Feldherrn vorher. Er durfte sich in Asien als ungekrönter Herr Roms fühlen, und so verhielt er sich auch.

In der Hauptstadt Rom aber zeigte der Senat große Schwächen, die schließlich von einem, der sich bei der politischen Machtverteilung zu kurz gekommen fühlte, ausgenutzt wurden. Es kam zu einer Rebellion, der Verschwörung des Catilina. Da reagierte Cicero geschickt mit der Durchsetzung des Staatsnotstandes. Die Verschwörer wurden mit Ausnahme ihres flüchtigen Anführers hingerichtet. Catilina selbst fiel kurze Zeit später im Kampf. So konnte sich Cicero als Retter der Nation sehen, und so präsentierte er diese Tat auch in seinen Schriften. Doch es war nur ein Augenblickserfolg in einem Rom, das politisch und gesellschaftlich einem Sumpf glich, obwohl sich eine Reihe beherzter Männer, wie der jüngere Cato, um eine Stabilisierung der inneren Verhältnisse bemühte. Doch die Hoffnung der meisten richtete sich auf Pompeius, von dem aus Asien wahre Wunderdinge berichtet wurden.

In der ersten Phase seiner Asien-Politik war es Pompeius gelungen, durch Verhandlungen mit dem Parther-König Phraates III. zu einem Bündnisvertrag mit den Parthern zu kommen, der ihm freie Hand gegenüber dem pontischen König Mithridates VI. ließ. Dadurch konnte Pompeius entscheidende militärische Erfolge gegen den mächtigen Mithridates erringen, dessen Heer schließlich bei Nikopolis, nahe dem Euphrat, von den Römern vernichtend geschlagen wurde. Mithridates floh nach Kolchis. Der König von Armenien und dessen Sohn wurden Herrscher von Pompeius'

Gnaden. Syrien, Galatien und Kappadokien aber blieben ab 66 v. Chr. römisch besetzt.

Pompeius stieß, unersättlich wie er war, in den Kaukasus vor und gelangte bis in die Nähe des Kaspischen Meeres. Hier soll er bei übergelaufenen Einheimischen genaue Informationen über den Weg nach Indien eingeholt haben. Das Gefühl, auf Grund seiner Siege die Nachfolge Alexanders antreten zu können, beherrschte ihn in dieser Stunde wohl mehr als der Gedanke an Rom.

Als der Parther-König entgegen den vertraglichen Vereinbarungen neue Vorstöße auf römisch besetztes Gebiet wagte, wurde ihm das kurzfristig eroberte Gordyene von Afranius, dem Legaten des Pompeius, wieder abgenommen. Auch die verworrenen Verhältnisse in Syrien ließ der römische Feldherr endgültig ordnen und erklärte ganz Syrien 64 v. Chr. zur römischen Provinz.

Es war die Zeit, in der die Stadt Rom durch Catilinas Verschwörung in äußerste Bedrängnis geriet. Nun darf man sich freilich auch die römische Position in Asien – trotz aller Erfolge des Pompeius – nicht als ein für alle Mal gesichert vorstellen. Die vielen Kleinfürsten zwischen der Mittelmeerküste und dem mächtigen Reich der Parther waren wankelmütig und untereinander verfeindet, so daß Pompeius immer wieder mit harter Hand eingreifen mußte. Auf Unterstützung aus Rom konnte er dabei angesichts der gespannten innenpolitischen Lage nicht rechnen. So hat er auch seine Entscheidungen oft ohne die Anwesenheit der nach dem Gesetz zuständigen Senatskommissionen getroffen. Er handelte und entschied wie ein selbständiger Herrscher.

Andererseits darf man nicht vergessen, daß die im ganzen Herrschaftsgebiet bekannten inneren Spannungen Roms sich auch in den östlichen Teilen des Reiches – in Griechenland und Makedonien – auswirkten. Pompeius hat dabei immer ausgleichend gewirkt und seine Sympathien für die Kernlande der hellenistischen Welt deutlich erkennen lassen. So auch, als er 63 v. Chr. in den Streit um Judäa und die Heilige Stadt Jerusalem eingreifen mußte, der zwischen zwei Hasmonäer-Fürsten – den Brüdern Hyrkanos II.

und Aristobul II., Söhnen des Priesterkönigs Alexander Jannaios –
ausgebrochen war.

Die Hasmonäer, eine makkabäische, jüdische Dynastie, die
nach dem Makkabäer-Aufstand von 166 v. Chr. für Judäa eine weit-
gehende Unabhängigkeit von den als Nachfolger Alexanders herrschenden Seleukiden erreicht hatte, stellten seit Judas Makkabäus
nicht nur die Regenten, sondern auch die Hohenpriester in Jerusalem. Diese Stellung als eine Art Priesterkönig war unter den
Juden nicht unangefochten, obwohl sie den Hasmonäern ihre
politische und religiöse Unabhängigkeit in einer Welt der hellenistischen kulturellen Dominanz sowie der politischen Ranküne
und militärischen Bedrohung verdankten.

In die Auseinandersetzung um die Macht in Jerusalem misch-
ten sich die im Süden sitzenden Nabatäer und die zwischen Rotem
Meer und Totem Meer siedelnden aramäischen Edomiter unter ihrem König Antipatros, dem Vater des späteren Königs Herodes,
ein. Damit war der politisch-religiöse Konflikt vorprogrammiert,
der die folgenden Jahrzehnte in Palästina bestimmen sollte.

Die Ereignisse um die feindlichen Brüder, ihre Nachbarn im
Osten und im Süden, sowie ihre umstrittene Stellung im jüdischen
Volk, schließlich auch die Art und Aufnahme des Eingreifens von
Pompeius sind typisch für die Zeitverhältnisse und die vorherr-
schende Stimmung im Volk wie unter den Mächtigen. Die einen
hatten genug von der Unterdrückung, die anderen strebten nach
immer mehr Macht, soweit sie sich in der Abhängigkeit erringen
ließ. Daß man durch solche Bestrebungen in neue, oft schlimmere
Abhängigkeit geraten konnte, lehrt dieses Beispiel der Juden in
der Zeit des Pompeius.

Ihr Schicksal bis zur Zerstörung Jerusalems durch die Römer
im Jahre 70 n. Chr. war zum großen Teil selbst verschuldet. Das
zeigt schon der Anfang des Konflikts zwischen den beiden feindlichen Makkabäer-Brüdern, die vor Pompeius ein jämmerliches
Bild der gegenseitigen Anklage, Falschheit, Bestechung und ver-
räterischen Intrige geboten haben müssen, als sie ihn um Vermittlung in ihrem Streit angingen.

Umfangreiche, wenn auch historisch nicht völlig gesicherte Angaben darüber sowie über die gesamte Geschichte Palästinas, der Juden und ihrer Nachbarn, verdanken wir einem jüdischen Schriftsteller aus hasmonäischem Hause namens Josephus. Obwohl er erst hundert Jahre nach den Ereignissen geboren wurde, von denen hier die Rede ist, hat er in seinen beiden Hauptwerken *Geschichte des Jüdischen Krieges*, den er miterlebt hat, und *Jüdische Altertümer*, die bis in die Anfänge der jüdischen Geschichte zurückreichen, viel Mühe auf Genauigkeit und Gerechtigkeit der Darstellung verwandt. Dabei tritt auch die spezifisch jüdische Betrachtungsweise der damaligen Ereignisse hervor, obwohl aus dem Juden Josephus unter dem Einfluß des turbulenten Zeitgeschehens der Römer Flavius Josephus geworden war, der seine Bücher allerdings in Griechisch geschrieben hat. Bei ihm können wir die wechselvolle Geschichte der Israeliten und Palästinas seit den biblischen Anfängen in lebendiger, spannender Darstellung nachlesen.

Ausführlich berichtet Josephus vom 11. Buch seiner *Jüdischen Altertümer* an über die Heimkehr der Juden aus der Babylonischen Gefangenschaft, dem Wiederaufbau des Tempels in Jerusalem, den Streitereien und blutigen Auseinandersetzungen untereinander und mit fremden Stämmen. Wir lesen, wie die Juden dann unter Artaxerxes, dem Nachfolger des persischen Königs Xerxes, wegen Aufsässigkeit fast der völligen Ausrottung verfallen wären und wie später Alexander der Große bei der Einnahme Jerusalems den Juden das Recht zugestand, nach ihren religiösen Gesetzen zu leben.

Die Darstellung der jüdischen Geschichte von der legendären Begegnung Alexanders mit dem Hohenpriester Israels bis zur Eroberung Jerusalems durch Pompeius liest sich wie ein spannender Kriminalroman. Doch er zeigt auch das Elend der Zeit.

Bei allen Bemühungen des Pompeius, zwischen Hyrkanos und Aristobul zu vermitteln, trieb Aristobul ein doppeltes Spiel und versuchte nicht nur seinen Bruder, sondern auch das jüdische Volk und die Römer zu hintergehen. So entschloß sich Pompeius zum Zug gegen Jerusalem. Unterwegs erreichte ihn die Nachricht von der Ermordung des Mithridates durch dessen eigenen Sohn Pharnakes.

Nach einem nochmaligen Täuschungsversuch des Aristobul ließ Pompeius diesen festnehmen und drang mit seinen Truppen in die Stadt ein, wo man ihm auch den Königspalast öffnete. Nur den Tempelberg hatte man in Verteidigungszustand versetzt und die Brücke zerstört, die ihn mit der Stadt verband. Pompeius ließ den Tempel belagern und alles zu seiner Erstürmung vorbereiten. Diese gelang nach drei Monaten. Und so beschreibt sie Flavius Josephus in seinen *Jüdischen Altertümern*:

»Nachdem der größte der Türme gefallen war und so eine Bresche sich gebildet hatte, drangen die Römer in den Tempelbezirk ein. Zuerst erstieg Cornelius Faustus, Sohn des Sulla, mit seiner Kriegerschar die Mauer, dann an einer anderen Stelle der Hauptmann Furius mit den Seinigen, und zwischen beiden der Hauptmann Fabius mit einer starken Abteilung seiner Soldaten. Das Blutbad wurde darauf ein allgemeines. Die Juden wurden teils von den Römern, teils von ihren eigenen Landsleuten niedergehauen, teils stürzten sie sich in die Schluchten oder verbrannten sich in ihren Häusern, weil sie das, was kommen mußte, nicht ertragen wollten. So fielen gegen zwölftausend Juden, von den Römern dagegen nur sehr wenige. Absalom, Aristobulus' Oheim und Schwiegervater, geriet in Gefangenschaft. Der Tempel aber, dessen Inneres sonst unzugänglich und keinem Auge sichtbar war, wurde schwer geschändet. Denn Pompeius drang mit einer Anzahl seiner Begleiter in das Innere ein und sah, was kein Sterblicher außer dem Hohenpriester erblicken durfte. Obwohl ihm aber der goldene Tisch, der heilige Leuchter, die Opferschalen, eine Menge Räucherwerk und außerdem im Tempelschatz gegen zweitausend Talente Geld zu Gesicht kamen, rührte er aus Frömmigkeit nichts davon an, sondern benahm sich, wie man von seiner Tugend erwarten konnte.«

Zwischen dem schrecklichen Blutbad, das die Tempelerstürmung auslöste, und dem rücksichtsvollen Verhalten des Pompeius in dem Heiligtum ist kaum eine Verbindung, die zum Verstehen führen könnte, herzustellen. Doch während das Gemetzel, wohl auch aus eigenem Schuldgefühl, in Jerusalem allmählich vergessen wurde, haben die Juden dem Pompeius die Schändung ihres Tempels und sein Vordringen ins Allerheiligste nie verziehen. Und als er 48 v. Chr. ermordet wurde, war der Jubel in Jerusalem am größten.

Noch aber stand Pompeius auf dem Gipfel seiner Macht. In Rom hatte er zwar mächtige Feinde; aber die Mehrheit der Römer wollte ihn bei seiner Rückkehr zum Konsul machen und mit dem bevorstehenden Neubau des Jupiter-Tempels, des höchsten Staatsheiligtums, betrauen. Es war der Augenblick, in dem Pompeius die Macht über Rom hätte an sich reißen können. In Asien jedenfalls besaß er sie. Doch es kam ganz anders. Der ruhmreiche Feldherr landete Ende des Jahres 62 v. Chr. mit seinem Heer in Brundisium und entließ seine Truppen. Diese friedfertige Heimkehr dankte ihm indessen keiner in Rom. Seine Parteigänger waren enttäuscht, und seine Gegner bereiteten ihm Schwierigkeiten, wo sie nur konnten.

Dem römischen Senat ging es nach der so unerwarteten Selbstentmachtung des Pompeius einfach darum, keine bedeutenden Männer mehr groß werden zu lassen. Das mußte auch der nur wenige Jahre jüngere Cäsar spüren, der zwar im Jahre 60 v. Chr. zum Konsul gewählt worden war, dem man aber keine militärische Macht übertragen wollte.

Cäsar erkannte, daß sich Pompeius in einer ähnlich eingeschränkten Lage befand wie er selbst, und gewann ihn für eine Zusammenarbeit, zu der er einen Dritten – den reichen Crassus – hinzuzog. So entstand das sogenannte erste Triumvirat. Es war ein Dreierbund für politische Aktivitäten, die man gemeinsam betreiben wollte. Crassus war von den dreien der mächtigste, aber zugleich der unfähigste. Bengtson sagt von ihm: »Crassus war ein Kapitalist und Ausbeuter reinsten Wassers, eine brutale Wolfsfigur und insofern ein echter Repräsentant dieser an Idealen so armen, an Machtgier so reichen Epoche der späten Republik.«

Auch Crassus überkam in Asien, ausgestattet mit der Macht-

fülle eines römischen Statthalters, wie vorher Pompeius, der Alex-
ander-Traum von der Eroberung Indiens. Doch während Cäsar als
Realist und wirklich großer Feldherr im Norden für Rom bedeu-
tende Siege errang und Gallien in neun schwierigen Jahren eroberte, erwies sich Crassus als maßloser Träumer, als Politiker
ohne Augenmaß und als Heerführer ohne Fortune. Seine größten
Fehler waren Selbstüberschätzung und Unmenschlichkeit. Hier
liegt auch einer der Gründe für das Scheitern des Triumvirats. Der
zweite war Pompeius, der sich in den engen verworrenen politischen Verhältnissen Roms nach seiner Rückkehr aus der großen
Freiheit Asiens nicht zurechtfand. Seinen Eintritt ins Triumvirat
hatte er halbherzig vollzogen und dabei viele alte Freunde verloren, in Crassus aber keineswegs einen neuen gewonnen.

Aber auch Crassus hatte in Rom kaum Freunde. Als er zur
Amtsübernahme in die asiatische Provinz Syria aufbrechen wollte,
versuchten ihn einige Volkstribune daran zu hindern. Da das nicht
gelang, schickte ihm einer der Volkstribune einen Fluch nach, der
schon bald schrecklich in Erfüllung gehen sollte. Das früheste
Zeugnis von der Ankunft des Crassus in Asien gibt Flavius Josephus in seinen *Jüdischen Altertümern*. Er beschreibt das Eintreffen
des Römers in Jerusalem im Jahre 54 v. Chr.:

»Als Crassus auf einem Feldzuge gegen die Parther sich befand,
kam er nach Judäa, raubte alles im Tempel befindliche Geld, welches Pompeius nicht angerührt hatte, im ganzen zweitausend Talente, und vermaß sich sogar, alles Gold im Werte von ungefähr
achttausend Talenten daraus zu entfernen.«

Klarer könnte der Unterschied zwischen Pompeius, dem Edel-
mann, und Crassus, dem Räuber, nicht ausgedrückt werden. Aber
auch der ständig wachsende moralische Verfall Roms zeigt sich in
diesem Ereignis.

Im Frühling des Jahres 53 v. Chr. beschloß Crassus, der sich
endlich als Feldherr erweisen wollte, den Überfall auf das Parthi-
sche Reich. Mit einem Heer von zweiundvierzigtausend Kriegern,
von denen nur viertausend beritten waren, erreichte er am 6. Mai
das Ufer des Flusses Balissos unterhalb der Stadt Carrhae.

Über die Schlacht zwischen Römern und Parthern, die in den folgenden Tagen ausbrach und zu den verhängnisvollsten der römischen Geschichte zählt, besitzen wir zwei antike Zeugnisse. Sie stammen aus Plutarchs berühmtem Biographienwerk *Große Griechen und Römer* und aus dem zweiten Band der *Römischen Geschichte* von Cassius Dio. Plutarch berichtet über vielfältige böse Anzeichen, die den Aufbruch des Crassus gegen die Parther begleiteten. Doch Crassus nahm sie nicht ernst. Und als ihm eine Opfergabe aus der Hand fiel, sagte er lachend: »Das ist das Alter. Aber die Waffe wird mir nicht aus der Hand fallen.«

Am Morgen der Schlacht hatte Crassus versehentlich statt des üblichen roten Feldherrenmantels einen schwarzen Mantel angelegt. Seine Umgebung sah das voller Entsetzen. Doch Crassus wechselte den Mantel, ohne sich betroffen zu zeigen, so siegessicher fühlte er sich vor seiner ersten großen Schlacht, zumal ihm sein Sohn Verstärkung, vor allem an Reitern aus Gallien, gebracht hatte.

Wahrscheinlich beruht die Darstellung, die Plutarch von der Schlacht bei Carrhae gibt, auf Augenzeugenberichten. Sein Text gilt als einer der besten Schlachtenberichte der Antike, ja, der ganzen Weltliteratur. Er ist zugleich ein Zeugnis römischer Demütigung nach siegessicherem Überlegenheitsgefühl, das als eine der hervorstechenden Eigenschaften römischen Selbstbewußtseins die Römer selbst dann noch beherrschte, als sie den Abgrund vor sich sahen, so wie Crassus am ersten Abend der Schlacht von Carrhae. Doch selbst ein Verräter, unterlag er vielfachem Verrat.

Römer und Parther gaben sich in dieser Schlacht an Grausamkeit nichts nach. An Verschlagenheit waren die Parther den Römern überlegen. Und die letzte Überlistung des Crassus, die zu seiner Ermordung führte, war ein übles Bubenstück der Parther. In allem, was damals geschah, waltete eine unvorstellbare Naivität, ein einfältiges Selbstvertrauen, das man den Göttern zu danken meinte, zu denen man in Wirklichkeit gar keine Verbindung hatte, wie das Verhalten des Crassus immer wieder deutlich machte.

Crassus und sein Sohn wurden mit Tausenden von Römern in oder nach der Schlacht erschlagen.

Carrhae war ein Fiasko ohnegleichen. In Rom scheint man jedoch von der Niederlage des ungeliebten Crassus kaum Kenntnis genommen zu haben. Und bis heute ist Carrhae in der Geschichtsschreibung eher wie ein Unfall, nicht als Fanal einer schlimmen Wende in der römischen Asien-Politik begriffen worden.

SEHNSUCHT
NACH EINEM ANDEREN
LEBEN

Die Ereignisse des letzten Jahrhunderts vor der Zeitenwende erzeugten in Europa wie in Asien, im Römischen Reich wie in seinen Vasallenstaaten und bei seinen Nachbarn wachsende Unsicherheit und Angst. Man konnte sich nirgendwo sicher fühlen. Es gab kein Vertrauen mehr und schon gar keine Hoffnung. Die Welt erschien den Menschen, vor allem in den unterdrückten Ländern, wie ein ausgebranntes Haus, wie eine Ruine, die keinen Schutz mehr bot, aber auch nicht zum Wiederaufbau verlockte.

Die drei römischen Triumvirn, Pompeius, Crassus und Cäsar, starben binnen weniger Jahre durch Mord. Bürgerkrieg wütete in der Hauptstadt. Ein Gefühl des Preisgegebenseins beherrschte die Menschen in den Provinzen. Die Reichen fürchteten um ihren Besitz, den sie trotzdem immer weiter vermehrten. Die Armen wurden durch Ausbeutung und Zinswucher stetig ärmer. Für viele gab es nur noch eine Zuflucht: die Religion.

Dafür waren in den letzten Jahrhunderten, seit Buddha und den Begründern von Mysterienreligionen, viele neue Fundamente geschaffen worden. Denn die alten traditionellen Religionsformen, das spürte man in Palästina wie in Syrien, Persien und Indien, hielten nicht mehr. Sie waren zu Zweckeinrichtungen verkommen, die den Machthabern und den Priestern, nicht aber den Menschen dienten. Das war auch in Jerusalem mit seinen vielen Tempeldienern, den Priestern und Pharisäern, deutlich zu spüren. Denn gerade mit den wachsenden religiösen Bedürfnissen des Volkes steigerten sich zugleich die Versuche, Religion für eigene Zwecke zu mißbrauchen.

Das läßt sich in Jerusalem sehr gut beobachten. Hier ging es selbst im Tempel seit dem Raubzug des Crassus nur noch um Einfluß und Macht. Das beste Beispiel für solche, das religiöse Leben manipulierende Haltung bietet König Herodes der Große. In seiner Herrschaft über Judäa zeigt sich der Idumäer, ein Provinzfürst seiner Herkunft nach, als hybrider Machtmensch. Er war einer von jenen, die auf Grund ihrer Grausamkeit und Gewalttätigkeit im Volk jene Sehnsucht nach einem anderen Leben weckten, die immer stärker wurde.

Herodes gehört zu den bewunderten, aber vor allem zu den gefürchteten Menschen seiner Zeit. Es gab also offenbar, wie in allen Fällen totalitärer Herrschaft – und sei sie räumlich auch noch so begrenzt –, zwei Betrachtungs-, das aber meint auch zwei Verhaltensweisen gegenüber dem Mächtigen. Sie heißen: Lakai oder Unabhängiger, Untertan oder Rebell. Das Verhältnis ist dabei fast zu allen Zeiten neunundneunzig zu eins. Nur selten formiert sich der aktive Widerstand und verändert den Anteil von Knechten und Widersachern.

Im letzten Jahrhundert vor der Zeitenwende war das in weiten Teilen des Römischen Reiches, so auch in Palästina, der Fall. Dabei gab es unter den Widersachern zwei gegensätzliche Strömungen. Die eine war auf gewaltsame Veränderung der bestehenden politischen und sozialen Verhältnisse aus. Die andere strebte weg von der gegebenen oder erzwungenen Ordnung. Sie wollten den Menschen frei machen, nicht durch Gewalt, sondern durch Absonderung, wir würden heute sagen, durch das Aussteigen aus den Bindungen, aus den Zwängen der Gesellschaft.

Die Kyniker hatten das schon zu Alexanders Zeiten vorgelebt. Ihr Beispiel wirkte noch. Ihr Vorbild war nicht tot. Doch es gab auch die unauffälligen Aussteiger. Im Osten waren es die Buddhisten, die dem Bodhisattva-Ideal nachstrebten. Im Westen waren es vor allem die Anhänger der Stoa. Daneben gab es dort wie hier einzelne, die sich zurückzogen: als Einsiedler oder als Gläubige, die sich in klösterlichen Gemeinschaften zusammenfanden, um sich dem Weltgetriebe zu entziehen.

Das alles waren Reaktionen auf Macht, Gewalt und daraus entstehendem Unrecht, auf Entwürdigung des Menschen durch Bindung an aufgezwungene Pflichten oder entehrende Forderungen. Die Frage hieß: Abhängigkeit oder Freiheit? Das ist eine fundamentale Frage, die viele Menschen bis heute bewegt. Vielleicht ist sie die eigentliche Menschheitsfrage schlechthin. Jedenfalls wird sie von vielen Menschen, die dem Lebenssinn nachspüren, gestellt.

John Dominic Crossan geht in seinem 1994 erschienenen Buch *Der historische Jesus* unter der Überschrift »Armut und Freiheit« einem wichtigen Teilaspekt dieser Frage nach. Liegt doch eine wesentliche Voraussetzung für Freiheit in der Fähigkeit zum Verzicht oder – wie der Buddhist sagt – zum Loslassen. Hier tut sich ein weites Feld möglicher philosophischer oder religiöser Betrachtung und Besinnung auf.

Crossan zeigt, wie jene asketischen, bedürfnislosen Bewegungen, die zu Alexanders Zeiten und zum Teil noch früher unter dem Druck der politischen und gesellschaftlichen Verhältnisse entstanden waren, bis weit in die Zeit nach Jesus Bestand hatten und mancherorts neu aktiviert wurden. So vor allem auch im Rom der Kaiserzeit.

Viele Menschen begriffen in wachsendem Maße, daß Macht und Besitz, Reichtum und weltliches Ansehen wenig zu einem beständigen Lebensglück beitrugen. Sie sahen, wie kurzlebig Erfolg und ein Dasein im Rausch der Vergnügungen waren. Das veranlaßte viele, auch so manchen Reichen, zur Umkehr, zu einem leidenschaftslosen, vom Ehrgeiz lassenden Leben. Dabei mußten Einfachheit oder freiwillige Armut nicht unbedingt als Gegensatz zum Wohlleben die Realität des Alltags prägen. Es kam nicht, wie bei den Kynikern, darauf an, in Sack und Asche zu gehen. Armut hieß auch Gleichgültigkeit gegenüber dem Besitz, so wie sie der Stoiker Seneca, Erzieher des späteren Kaisers Nero, zeigte. Er war Millionär. Aber sein Besitz bedeutete ihm nichts. Seine Unabhängigkeit und seine geistige Freiheit waren ihm mehr wert als alle Schätze, die sich in seinem Hause häuften. Zu einem befreundeten Kyniker sagte er: »Ich habe alles, aber es ist mir gleichgültig.« Dem setzte der besitzlose Kyniker Demetrius genauso leidenschaftslos entgegen: »Ich habe nichts, aber es ist mir gleichgültig.«

So wird Armut als geistiges Bekenntnis – unabhängig von materiellem Besitz – zur Voraussetzung von Freiheit. Solches Denken, solche Lebenspraxis wären ohne östlichen Einfluß, ohne die Weisheit des Buddha, im erfolgshungrigen, besitzgierigen, fortschrittsorientierten Abendland kaum denkbar gewesen. Auf europäischem Boden und aus spezifisch europäischem, besonders römischem Geist hätte solche Gesinnung kaum entstehen, geschweige denn dauern und um sich greifen können.

Seneca macht das am Vergleich des Kynikers Diogenes mit dem Aktivisten Daidalos im Gespräch mit einem kynischen Hausgenossen deutlich. Dort sagt er:

»Wie – ich bitte dich – paßt es zusammen, daß du Diogenes bewunderst und Daidalos? Wer von ihnen scheint dir weise zu sein? Der die Säge ausgedacht hat oder jener, der, als er einen Jungen aus der hohlen Hand Wasser trinken sah, sofort seinen Becher aus seinem Ranzen holte und ihn zerbrach mit dieser Schelte seiner selbst: ›Wie lange habe ich Dummkopf überflüssiges Gepäck gehabt?‹ Der sich in einem Faß zusammenrollte und darin wohnte? ... Wenn ihn das Menschengeschlecht anhören wollte, so wird es erfahren, der Koch ist ihm so überflüssig wie der Soldat.«

Hier wird die Nähe des reichen Stoikers Seneca zu kynischer Gesinnung, zu kynischem Lebenswandel deutlich.

Weiter noch geht der berühmte Stoiker Epiktet, wenn er in geradezu bewundernden Worten vom »Beruf des Kynikers« schreibt:

»Und wie ist es möglich, daß ein Mann, der nichts hat, der nackt ist, ohne Haus und Herd, schmutzig, ohne einen Sklaven, ohne eine Stadt, ein Leben führen kann, das so leicht hinfließt? Seht, Gott hat euch einen Mann geschickt, der euch zeigt, daß das möglich ist. Seht mich an, der ich ohne Stadt bin, ohne Haus, ohne Besitz, ohne einen Sklaven; ich schlafe auf der Erde; ich habe keine Frau, keine Kinder, kein Praetorium, sondern nur Erde und Himmel und einen armen Mantel. Und was fehlt mir denn? Bin ich nicht sorgenfrei? Bin ich nicht ohne Furcht? Bin ich nicht frei? Wann hat einer von euch mich den Gegenstand meines Begehrens verfehlen sehen? Oder erlebt, daß ich hineingeriet, in was ich zu vermeiden trachtete? Habe ich mich jemals über Gott oder Menschen beschwert? Habe ich jemals einen Menschen angeklagt? Hat mich irgend jemand von euch jemals mit betrübter Miene erblickt? Und wie begegne ich denen, vor denen ihr euch fürchtet und die ihr bewundert? Behandle ich sie nicht wie Sklaven? Wer glaubt, wenn er mich sieht, nicht, seinen Herrn und Meister zu sehen?«

Armut ist also nicht gleichgültig hingenommenes Schicksal oder äußerer Selbstzweck zum Ziele der Freiheit, sondern eine Haltung, die in Bedürfnislosigkeit und Verzicht, mit einem Wort, in der Nichtachtung der materiellen Welt und ihrer Versuchungen, ihres äußeren Glanzes und ihrer kurzlebigen Beglückungen besteht.

Hier kommt westliches philosophisches Denken und Bekennen dem buddhistischen Weg näher als je zuvor oder nachher, obwohl gerade die Lehre Jesu eine andere Entwicklung hätte erwarten lassen. Doch scheint es, daß die philosophische Überzeugung des einzelnen mehr Kraft und Dauer haben kann als die religiöse Lehre, die von Adepten und Priestern in Gemeinschaftsgut aufgenommen und verwandelt wird, entsprechend dem äußeren Geist von Gemeinden, Sekten und Kirchen, die allemal daraus entstehen. Die buddhistischen Gemeinschaften nach Buddha sind dafür ein genauso deutliches – wenn auch nicht so weit vom Geist der Lehre abgerücktes – Beispiel wie die christlichen Kirchen und Sekten.

Die Sehnsucht nach einem anderen, das heißt nach einem besseren, sinnvollen Leben aber steht hinter all den Bemühungen, dem menschlichen Ungeist mit menschenwürdigem Geist zu begegnen und eine Wandlung auf Erden herbeizuführen – sei es durch rechtes Denken und Handeln, sei es durch die so sehr viel einfachere Erwartung von Wundern.

Nun darf man freilich die damalige Wirklichkeit nicht so verstehen, als ob der Welt der Reichen und der Mächtigen eine Welt der Armen, Verzichtenden gegenübergestanden hätte, in der sich Edelmut, reine Gesinnung und Menschlichkeit verwirklicht hätten. Die Mehrzahl der Armen haderte vielmehr mit ihrem Schicksal, genauso wie heute. Und viele von ihnen griffen zu Mitteln der Gewalt, um ihr Schicksal zu wenden. Auch dahinter stand natürlich die Sehnsucht nach einem anderen, einem besseren Leben.

Die Folge solchen Denkens und Handelns aber war wachsende Kriminalität, war Bandentum, wie wir es zu Wasser bei den Piraten angetroffen haben und wie es nun mehr und mehr die Handelsstraßen und auch die Städte – besonders Rom – verunsicherte. Die meisten dieser Aktivitäten waren jedoch, das muß deutlich gesagt werden, nicht Aktion, sondern Reaktion. Sie waren eine Folge von immer unhaltbarer werdenden Zuständen. Die Reichen wurden auf Grund der ungesunden Gesellschafts- und Sozialstruktur immer reicher, die Armen verloren ihr Letztes. Hunger und Obdachlosigkeit waren in einer prunksüchtigen Welt des Luxus und der Prachtentfaltung keine Seltenheit, sondern eine von den Wohlhabenden kaum zur Kenntnis genommene Randerscheinung.

Die aus solcher Situation erwachsende Kriminalität, die schließlich auch zur Bandenbildung führte, ist in der neueren Literatur, so von Eric Hobsbawm, als »Sozialbanditentum« charakterisiert worden. Diese Beurteilung von Kriminalität blieb natürlich nicht unwidersprochen, zumal Kriminelle, wie wir wissen, oft ein viel besseres Verhältnis zu den Mächtigen als zu den Armen unterhalten, von denen sie sich so schnell wie möglich emanzipieren und unterscheiden möchten.

Man darf bei solcher Betrachtung auch nicht außer acht lassen, daß mächtige Herrscher und große Verbrecher in ihrer Art und ihrer Handlungsweise sich oft sehr nahe stehen. Nur, daß der eine das meist selbstgemachte Gesetz auf seiner Seite hat, während der andere gegen bestehendes Recht verstößt. Beispiele für Räuber, die zu Herrschern wurden, gibt es genug, ebenso für Herrscher, die zu großen Verbrechern wurden, wie gerade unser zu Ende gehendes Jahrhundert lehrt.

Die scheinheilige Forderung nach einem besseren, einem gerechteren Leben stand oft am Anfang gewalttätiger Aktivitäten, ob sie nun von zunächst rechtmäßigen oder von illegalen, revolutionären Machthabern ausgingen. Hängt doch die Entscheidung, ob

etwas gut oder böse, Recht oder Unrecht ist, ohnehin von denen
ab, die Macht haben und ausüben.

Das läßt sich am Verhältnis zwischen Rom und seinen Provinzen sowie den jeweiligen Machthabern und Statthaltern sehr gut
nachvollziehen. Denn von der Mitte des ersten vorchristlichen
Jahrhunderts an beherrschen, wie wir schon gesehen haben, nicht
nur Mord und Totschlag, sondern auch Gewalt, Unterdrückung
und Kampf der Mächtigen untereinander das Geschehen in Rom
wie in den Provinzen. Ein prägnantes Beispiel bietet der palästi-
nensische Bürgerkrieg, der dem römischen Bürgerkrieg jener Zeit
an Härte und Grausamkeit in nichts nachstand. Ja, man kann
sagen, sie inspirierten sich gegenseitig.

In Palästina brachen nach dem Tode von Herodes dem Großen
4 v. Chr. schwere Volksaufstände aus, die von dem syrischen Legaten Roms, Quinctilius Varus, nur unter dem Einsatz von drei römischen Legionen und zahlreichen Hilfstruppen zeitweise unterdrückt werden konnten. Es war ein Aufstand gegen Rom, der
dann, trotz aller Unterdrückungsmaßnahmen, in den großen Jüdischen Krieg überging, der 70 n. Chr. mit der Zerstörung des Tempels von Jerusalem und der Vertreibung der Juden aus Palästina
endete.

Der Aufstand richtete sich aber nicht nur gegen die Römer,
sondern ebenso gegen die eigenen jüdischen Landsleute, mit denen man auf Grund alter Streitigkeiten in Fehde lag. Flavius
schreibt darüber: »So war Judäa eine wahre Räuberhöhle, und wo
sich nur immer eine Schar von Aufrührern zusammentat, wählten
sie gleich Könige, die dem Staate sehr verderblich wurden. Denn
während sie den Römern nur unbedeutenden Schaden zufügten,
wüteten sie gegen ihre eigenen Landsleute weit und breit mit
Mord und Totschlag.«

Das war die eine, die schreckliche Seite jener Jahre um Jesu
Geburt, die, in der Weihnachtsgeschichte so verklärt, in Wirklichkeit Jahre entsetzlichster Untaten waren. Nach immer neu auf-
flammender, sich über das ganze Land verbreitender Rebellion,
die vor allem unter den armen Bauern in den Dörfern ihre Anhän-

ger fand, wurde Jagd auf die Aufrührer gemacht. Zweitausend von ihnen starben innerhalb kurzer Zeit am Kreuz, ohne daß Ruhe ins Land einzog. Der Geist der Gewalt ging überall um und machte auch vor den Priestern und Pharisäern des heiligen Tempels nicht halt. Einer war des anderen Feind.

Durch Flavius Josephus wissen wir von dem Auftreten dreier sich messianisch gebender Männer in dieser unruhigen Zeit: Judas in Galiläa, Simon in Peräa und Athronges in Judäa. Sie, die aus niederen Volksschichten kamen, strebten nach der Darstellung des Flavius Josephus jedoch alle drei allein nach weltlicher Macht. Sie wollten Messias – Volksbefreier – im Sinne altjüdischer Prophetie sein.

Judas in Galiläa war der Sohn des durch Herodes den Großen hingerichteten Räuberhauptmanns Ezechias. Von ihm schreibt Flavius Josephus:»Judas brachte einen beträchtlichen Haufen zusammen, erbrach die königlichen Waffenlager, bewaffnete seine Anhänger und griff die an, die nach der Herrschaft strebten.« Judas war also offensichtlich der genaue Nachfolger seines Räubervaters. Nur, daß er sein gewalttätiges Auftreten mit dem königlichen Anspruch verband, der verheißene Messias zu sein.

Simon in Peräa war ein Sklave des Herodes, der, auffallend durch Wohlgestalt und Körpergröße, sich zum Herrscher berufen fühlte und, wie selbst Tacitus zu berichten weiß, sich das königliche Stirnband anlegte und damit den Königstitel für sich in Anspruch nahm.

Athronges in Judäa war ein Schafhirt und offenbar der gewalttätigste, der am wenigsten königliche dieser drei. Von ihm schreibt Flavius Josephus in seinen *Jüdischen Altertümern*:

»Hierauf vermaß sich auch ein gewisser Athronges, ein Mann, der sich weder auf vornehme Herkunft noch auf Tüchtigkeit und Reichtum berufen konnte, sondern ein einfacher Schafhirt war und sich durch nichts anderes als durch einen riesenhaften Körperbau und gewaltige Stärke auszeichnete, seine Hand nach der Krone auszustrecken. Dieser sehnte sich so sehr nach der Macht, anderen Schaden zufügen zu können, daß er, obgleich er beständig den Tod vor Augen sah, doch den Verlust des Lebens, den er sich durch seine Übeltaten zuziehen würde, für nichts achtete. Er hatte vier Brüder, welche, da sie ebenfalls von gewaltigem Körperbau und so handfest waren, daß sie jedem noch so schwierigen Unternehmen gewachsen schienen, seiner Meinung nach ihm sehr nützlich bei der Behauptung der errungenen Herrschaft sein konnten. Jeder von diesen vier Brüdern befehligte eine Rotte Abenteurer, da eine große Menschenmasse ihnen zugelaufen war, und als Anführer dieser Rotten ließen sie sich auf Gefechte ein und schlugen sich für Athronges. Er selbst aber setzte sich die Königskrone auf, hielt Rat, wie man die einzelnen Unternehmungen anzugreifen habe, und ordnete alles nach seiner Willkür an. So hielt er sich lange Zeit, führte den Titel König und tat, was ihm beliebte.«

Alle drei strebten vor allem nach einem glanzvollen Leben für sich selbst, waren aber wohl auch davon überzeugt, der jeweils rechte Herrscher zu sein, zumal sie offenbar großen Zulauf vom Volke hatten, wie Flavius Josephus berichtet: »Ein solcher Taumel war damals über das ganze Volk gekommen, weil es keinen eigenen König hatte, der durch eine gerechte und kraftvolle Regierung die Menge hätte lenken können, und weil die Ausländer, die zur Züchtigung der Aufständischen ins Land eingedrungen waren, durch ihren Übermut und ihre Habsucht das Üble nur noch verschlimmerten.«

Es war, wie wir sehen, sowohl die Sehnsucht des Volkes nach Ordnung wie auch die Unterdrückung der Massen durch die Römer oder durch eigene jüdische Landsleute, die zu solchen Auswüchsen führten.

Dabei waren diese drei gewalttätigen Juden nicht die einzigen, die Anspruch auf messianische Herkunft und königliche Würden erhoben. Bei allen aber, auch bei denen, die während des Jüdischen Krieges als Anführer auftraten, sehen wir weltlichen und geistlichen Anspruch vereint, wobei offenbar religiöse Gedanken und Absichten die geringste, ja wohl meistens überhaupt keine Rolle gespielt haben. Doch bilden diese Ereignisse, das müssen wir uns vergegenwärtigen, den historischen Hintergrund für das Auftreten und die Wirkung von Männern wie Johannes dem Täufer und Jesus, die nicht nach Macht, sondern nach Gerechtigkeit strebten, die Liebe gegen Gewalt und Hilfsbereitschaft gegen Grausamkeit setzen wollten.

Ein Mann namens Jesus – Heiliger oder Rebell?

Im Gegensatz zu den drei beschriebenen Messias-Anwärtern und weiteren an die Macht drängenden Juden taucht der Name Jesus Christus, neben vielen anderen Trägern des Namens Jesus, in den *Jüdischen Altertümern* des Flavius Josephus nur einmal auf, als Bruder des Jakobus, der »wegen Gesetzesübertretung gesteinigt wurde«. Eine zweite Einfügung über Jesus erfolgte erst lange nach seiner Kreuzigung, nachdem sich seine Anhänger, die Christen, bereits als Gemeinde formiert hatten.

Dieser Text, der in die Schilderung vom Aufruhr der Juden gegen Pontius Pilatus eingefügt ist, hat folgenden, völlig aus dem Rahmen des historischen Berichtes herausfallenden Wortlaut:

»Um diese Zeit lebte Jesus, ein weiser Mensch, wenn man ihn überhaupt einen Menschen nennen darf. Er war nämlich der Vollbringer ganz unglaublicher Taten und der Lehrer aller Menschen, die mit Freuden die Wahrheit aufnahmen. So zog er viele Juden und auch viele Heiden an sich. Er war der Christus. Und obgleich ihn Pilatus auf Betreiben der Vornehmsten unseres Volkes zum Kreuzestod verurteilte, wurden doch seine früheren Anhänger ihm nicht untreu. Denn er erschien ihnen am dritten Tage wieder lebend, wie gottgesandte Propheten dies und tausend andere wunderbare Dinge von ihm vorherverkündigt hatten. Und noch bis auf den heutigen Tag besteht das Volk der Christen, die sich nach ihm nennen, fort.«

Es kann kein Zweifel sein, daß dieser Text nicht im Zusammenhang der durchgehenden historischen Darstellung entstanden ist. Seine Aussage aus jüdisch-römischer Feder wäre selbst in den letzten Jahren des ersten nachchristlichen Jahrhunderts, in denen die *Jüdischen Altertümer* erschienen sind, eine schwer verständliche Überraschung. Wir dürfen deshalb sicher sein, daß es sich hier um eine spätere Einschiebung, um eine Fälschung von christlicher Seite, handelt.

Tatsächlich war Jesus zu seinen Lebzeiten und auch nach seiner Kreuzigung kein Thema für Josephus oder für einen der zeitgenössischen römischen Autoren. Es gibt auch sonst keine Zeugnisse, die von ihm berichten. Sein Leben und seine Lehren blieben unbeachtet im Treiben der Zeit. Er war einer unter Hunderten, die predigend, heilend und Wunder wirkend durch die Lande zogen. Selbst sein angeblicher Kreuzestod – ein Schicksal, das er, wie wir hörten, damals mit Tausenden teilte – erregte offenbar kein Aufsehen.

So wissen wir heute, nach über zweihundert Jahren Leben-Jesu-Forschung, die hauptsächlich von Protestanten betrieben worden ist, daß es keine Zeitzeugen, keine Dokumente und Berichte gibt, die eine zuverlässige Jesus-Biographie ermöglichen würden. Noch nicht einmal sein Geburtsjahr ist gesichert. Es dürfte eines der letzten Jahre vor der Zeitenwende gewesen sein. Doch alle Versuche, es an historischen Ereignissen oder astronomischen Besonderheiten, wie dem »Stern von Bethlehem«, festzumachen, scheiterten.

Dennoch dürften heute bei Jesus genauso wie bei Gautamo Buddha die im neunzehnten Jahrhundert aufgetauchten Zweifel an ihrer realen Existenz ausgeräumt sein. Die 1910 erschienene *Christusmythe* von Arthur Drews wird nicht mehr ernsthaft diskutiert. Genausowenig aber findet man in den sich oft widersprechenden, die Christus-Legende unterschiedlich kolportierenden vier Evangelien, die von der Kirche in den Kanon der biblischen Schriften aufgenommen wurden, beweiskräftige Aussagen zum Leben und Wirken von Jesus. Keines der vier Evangelien hat historische Beweiskraft, wenngleich sie sicher neben viel Phantastischem auch manche auf Fakten beruhende Aussage machen. Denn keines der Evangelien ist zu Lebzeiten Jesu oder unmittelbar danach entstanden. Selbst das als früh angesehene Markus-Evangelium läßt kaum vermuten, daß es von einem Augenzeugen des Wirkens Jesu geschrieben worden ist. So hat auch keines der

Evangelien den Jünger oder Anhänger Jesu zum Autor, dessen Namen es im Titel trägt.

Die Evangelien sind, das muß man betonen, nicht als Biographien Jesu konzipiert, sondern als christliche Bekenntnisschriften, als Texte der Glaubensverkündigung, die auf der Lehre und dem Wirken Jesu fußen. So klaffen hier von Anfang an Wirklichkeit und Offenbarung, Gewußtes und Geglaubtes, weit auseinander. Dabei kam es neben der Frage nach der Bedeutung und dem Sinn christlicher Offenbarung, wie sie die Kirche vermittelt, auch zu der Frage nach der Rolle, die Jesus als verkündeter Sohn Gottes wie als »Menschensohn« in dieser Religion spielt.

Die Evangelien in ihren sehr unterschiedlichen Aussagen führten kritische Geister schon früh zu der Frage, ob Christus wirklich existiert oder dem jungen Christentum, dieser ersten Offenbarungsreligion, nicht nur als eine Art Anfangsmythos, als Begründung gedient habe. Für den Verkündigungscharakter und Erlösungsanspruch der Kirche hatten solche Überlegungen und Vorstellungen keine entscheidende Bedeutung.

Dann aber sind mit der im achtzehnten Jahrhundert durch Reimarus im protestantischen Deutschland eingeleiteten und von Lessing im »Fragmentenstreit« publizierten Leben-Jesu-Diskussion für Kirche und Christentum sehr viel schwerwiegendere Fragen aufgetaucht, als sie ein Zweifel an der historischen Existenz des Gottessohnes darstellte. Mit dem Mythos Jesus Christus als Glaubens- und Existenzgrundlage hätte die Kirche, so wie sie sich darstellt und wie sie seit zweitausend Jahren agiert, wohl leben können. Ob sie allerdings den Dualismus des angeblich ein Jüngstes Gericht und ewiges Leben verheißenden Gottessohnes Jesus Christus – des »Erlösers« – und des in den letzten hundert Jahren durch die Leben-Jesu-Forschung immer stärker demontierten Straßenpredigers Jesus bei ständig wachsender Skepsis wird durchhalten können, ist eine andere Frage. Vielleicht helfen ihr die verbreitete menschliche Oberflächlichkeit und das erschreckende Nichtwissen der meisten Menschen von den großen Zusammenhängen der Weltgeschichte auch über diese Krise hinweg.

Uns aber geht es nicht um Spekulation oder Glaubenshilfe, sondern um Wahrheit. Die ist im Falle Jesu ebenso schwer zu gewinnen wie bei Gautamo Buddha. Denn bei beiden großen Lehrern fehlen uns neben genauen, zeitgenössischen Berichten über ihre Existenz und ihr Wirken auch die Kriterien zur Unterscheidung von Wirklichkeit und Legende in ihrer Lebensgeschichte und ihrer Heilstätigkeit.

Interessant ist dabei, wie überaus ähnlich Legende und Realität in den uns überlieferten Viten miteinander verwoben sind. Das beginnt mit beider himmlischer Verkündung und der jungfräulichen Empfängnis ihrer Mütter – Maya und Maria –, wobei auch die Namensähnlichkeit der Mütter auffällt. Ihre Geburt ist – nach der Legende – von sichtlichen Anzeichen ihrer besonderen Bedeutung für die Zukunft der Menschheit geprägt. Und beide stammen sie – Buddha ohne Zweifel, Jesus nach der alttestamentarischen Genealogie – aus Fürstenhäusern. Bei Buddha leitet sich daraus allerdings nichts für sein künftiges Wirken ab. Die Jesus-Legende dagegen entwickelt aus der Herkunft von König David die Bestimmung zum Messias, die später im Christentum umgemünzt wird in die Gottessohnschaft und die durch seinen Opfertod am Kreuz bewirkte Menschheitserlösung.

Doch all das ist spätere Deutung aus alttestamentarischer Lehre und christlicher Spekulation. Es hat mit dem historischen Jesus und seinen gesicherten Aussagen nichts zu tun. Für ihn kann man weder königliches Geblüt – sein Vater war Zimmermann – noch eine überzeugende Kindheitsgeschichte nachweisen.

Nazareth als Herkunftsort der Eltern ist umstritten, hat wahrscheinlich zu Jesu Zeiten noch gar nicht oder doch nur als unbedeutender Flecken existiert. Hinzu kommt, daß, wie so vieles in der Jesus-Geschichte, auch die Bezeichnung Nazarener für »Jesus aus Nazareth« irreführend ist. Denn als Nazarener, Naziräer oder auch Nazariten bezeichnete man eine Gemeinde, die das blutige Ritual des jüdischen Tempelkultes ablehnte und dafür von den orthodoxen Juden gehaßt und verfolgt wurde. Ob Jesus zu diesen Nazarenern gehörte, ist nicht nachzuweisen, daß er aber auch in seinem Prozeß als Nazarener bezeichnet und als solcher in der Kreuzesinschrift benannt wurde, läßt darauf schließen, daß man ihn für einen Nazarener hielt und deshalb verfolgte.

Doch kehren wir zurück zur Geburtsgeschichte, die wir im Markus-Evangelium als dem wohl ältesten zusammenhängenden Text über Jesus vermissen. Selbst die anderen Evangelien besitzen hier wenig Überzeugungskraft. Ist doch die Krippengeburt des Jesuskindes in Bethlehem genausowenig zu belegen wie der angeblich von dem 4 v. Chr. verstorbenen König Herodes angeordnete Kindermord.

Zum Nachdenken dagegen veranlaßt uns der Auslöser dieser selbst zu Herodes' grausamen Zeiten kaum vorstellbaren Kinderschlächterei: das Auftauchen der drei »Weisen aus dem Morgenland« auf der Suche nach Jesus. Das legendär Anmutende dieser Geschichte sollte uns nicht abhalten, es im Zusammenhang mit den von uns beobachteten Jahrhunderte währenden Ost-West-Kontakten, die über die Seidenstraße verliefen, näher zu untersuchen.

Was können drei alte Männer, die nach einem neugeborenen Kind fahnden, in damaliger Zeit bedeuten? Im Vorderen Orient stellen sie etwas Neues, Einmaliges dar. Doch gibt es Vorbilder für solches Suchen in der buddhistischen Welt. Dort, wo die Wiedergeburtslehre in Verbindung mit dem Bodhisattva-Ideal den Lehrhorizont des Gautamo Buddha ins Mahayana – dem Großen Fahrzeug zur Erleuchtung – erweitert hatte, waren neue Erlösungsvorstellungen entstanden. Sie folgten einer Idee, die sich in Indien und seinen westlichen Nachbarländern in den Jahrhunderten nach Buddhas Nirvana ausgebildet und sehr zum Überleben der buddhistischen Lehre in bewegten Zeiten beigetragen hatte.

Der Bodhisattva als Mittler im Mahayana-Buddhismus ist der zu wiederholten Malen wiedergeborene Erleuchtete, der auf das Nirvana verzichtet hat, um allen Lebewesen zu helfen, selbst Erleuchtung und damit Erlösung zu erlangen. Das ist eine Heilsvorstellung, die sich mit Jesus, seiner Lehre und seinem Tun sehr gut verbinden läßt.

Geht man nun von der zu Jesu Zeiten auch im Westen selbstverständlichen Wiedergeburtsvorstellung aus, die von der christlichen Kirche erst in den Zeiten ihrer dogmatischen Beschränkung und Verhärtung verworfen wurde, so öffnet sich ein ganz neuer Blick auf das Jesuskind. Es ist nicht, wie es ins jüdisch-christliche Klischee passen würde, der Messias, sondern vielmehr der Bodhisattva – eine im buddhistischen Raum, der damals bis nach Ägypten reichte, ganz normale Erlösererscheinung, von der Jesus selbst später auch sehr genau wußte.

Nun haben solche zum Helfer der Menschheit bestimmte Wesen als Bodhisattva ganz klare Aufgaben, für die sie gesucht, gefunden und dann vorbereitet werden. Suchaktionen dieser Art werden heute noch im ganzen Himalaya von weisen, mit den Geheimnissen der besonderen Wiedergeburt vertrauten Männern durchgeführt – Männern, wie sie in der Christus-Geschichte als die drei Weisen aus dem Morgenland erscheinen. Es sind Bodhisattva-Sucher – initiierte Buddhisten – auf dem Wege zu einer für besondere Aufgaben vorgesehenen und vorzubereitenden Reinkarnation. So ergibt die bisher wie ein Märchen erscheinende Anbetungsgeschichte im Stall von Bethlehem einen einleuchtenden, ganz natürlichen Sinn.

Auch die »Flucht nach Ägypten« erhält in diesem Zusammenhang eine besondere Bedeutung. Denn in Ägypten bestehen zu jener Zeit buddhistische Gemeinden, mit denen der wiedergeborene Bodhisattva in Verbindung gebracht werden sollte. Für den Aufenthalt der Jesus-Familie in Ägypten gibt es keine Zeugnisse. Wohl aber hören wir von einem über sein Alter geistig gereiften zwölfjährigen Jesus im Lukas-Evangelium, einem Knaben, der im Tempel von Jerusalem mit den Priestern und Pharisäern diskutiert. Dazu heißt es: »Und alle, die ihm zuhörten, verwunderten sich seines Verstandes und seiner Antworten.«

Es war wohl das Wissen, das er aus Ägypten mitgebracht hatte: Bodhisattva-Wissen des Zwölfjährigen, mit dem er überraschte. Darauf folgt bei Lukas der rätselhafte Satz, der eine Lücke von etwa achtzehn Jahren im Lebensbericht von Jesus überbrückt: »Und Jesus nahm zu an Weisheit, Alter und Gnade bei Gott und den Menschen.« Wir erfahren allerdings weder wie noch wo das geschehen ist. Jesus entschwindet aus dem Blick des Evangelisten. Auch bei Matthäus klafft die gleiche Lücke zwischen der Heimkehr der Familie aus Ägypten und der Begegnung des etwa dreißigjährigen Jesus mit Johannes dem Täufer am Jordan. Weder bei Markus noch bei dem Evangelisten Johannes wird die Kindheit Jesu überhaupt erwähnt. So stehen wir vor der entscheidenden Frage, wo Jesus zugenommen hat an Weisheit und Gnade und wo er denn älter wurde. Die einen sagen als Zimmermann in der Werkstatt seines Vaters, die anderen schweigen sich ganz aus, übergehen die Lücke. Wir wollen zumindest eine Möglichkeit aufweisen, sie zu schließen, wohl wissend, daß diese Deutung genauso in Zweifel zu ziehen ist wie alles, was bisher über das Leben Jesu berichtet, spekuliert und ausgesagt worden ist.

Wir folgen dem Bodhisattva auf seinem Erleuchtungsweg. Er führt Jesus nach Osten, und es gibt dafür sogar eine, wenn auch nicht unumstrittene Quelle. Sie wird allerdings fast in der gesamten Jesus-Literatur verschwiegen. Es handelt sich um ein Buch des russischen Forschungsreisenden Nikolaus Notowitsch, das den Titel *Die Lücke im Leben Jesu* trägt.

Notowitsch schrieb es nach einer Reise, die ihn 1887 nach Kaschmir und Ladakh führte. Im Kloster Hemis, einem der Hauptheiligtümer der tibetischen Rotmützen-Lamas, stieß er auf ein altes Manuskript mit sensationellen Nachrichten, dessen Original sich in einem Lamakloster nahe Lhasa befinden soll. Dieses Manuskript, das seither, wie so mancher der kirchlichen Lehre zuwiderlaufende Text, unauffindbar ist, trägt den Titel *Das Leben des heiligen Issa, des besten der Menschensöhne.* Es ist die Darstellung einer Reise des jungen Issa – das ist der Sanskritname für Jesus – mit Kaufleuten über die Seidenstraße nach Indien.

Notowitsch sah sich wegen der Veröffentlichung dieses Manuskripts zahlreichen Anfeindungen und Verleumdungen ausgesetzt. Albert Grünwedel spricht im Vorwort seiner *Legenden des Naropa*, eines Manuskripts, das gleichfalls aus Hemis stammt und das er infolge zunehmender Geistesschwäche mit großer Mühe und doch sehr unzulänglich übersetzt hat, vom »Notowitsch-Schwindel«. Er begründet diese Diffamierung eines ihm persönlich Unbekannten mit dem Hinweis darauf, daß »ein eingeborener Missionar den strikten Nachweis führt, daß die Entdeckung des Issa-Manuskripts auf eitel Humbug beruhe«. Diese Weisheit bezieht Grünwedel aus dem 1906 in Benares erschienenen Buch *Four Years in Tibet* von einem gewissen Ahmad Shah.

Der umstrittene Text beginnt mit einer kurzgefaßten Darstellung der Geschichte des Volkes Israel und geht über in einen Bericht vom Leben und Sterben Jesu, der in der Wiedergabe von Nikolaus Notowitsch mit den Sätzen anhebt:

»Geschaudert hat die Erde, und die Himmel haben geweint ob einer schweren Missetat, welche begangen wurde im Lande Israel.

Denn dort hat man gepeinigt und hingerichtet den großen gerechten Issa, in welchem die Seele des Weltalls wohnte.

Die Fleisch geworden war in einem einfachen Sterblichen, um Gutes zu tun den Menschen und auszurotten die bösen Gedanken. Um zurückzuführen den durch Sünden entwürdigten Menschen zum Leben des Friedens, der Liebe und des Guten, und um ihn zu erinnern an den einigen und unteilbaren Schöpfer, dessen Barmherzigkeit unendlich ist und ohne Grenzen.«

Im Mittelpunkt des Manuskripts steht die Beschreibung des Aufenthaltes Jesu unter verschiedenen Bevölkerungs- und Glaubensgruppen in Persien, Indien und im Himalaya sowie seiner ausgedehnten Studien der buddhistischen Lehre. Der Bericht stammt eindeutig aus westlicher Feder, ist also wohl zu einem späteren Zeitpunkt, so wie einst Jesus selbst, über die Seidenstraße nach Osten gekommen und dort als Zeugnis für einen großen westlichen Guru – einen bedeutenden Bodhisattva – vervielfältigt und kolportiert worden.

Es scheint mir für unser Thema sinnvoll, einen Ausschnitt des umstrittenen Textes folgen zu lassen, in dem sich Jesus, genau wie fünfhundert Jahre vor ihm Buddha, gegen die Kastenunterschiede wendet, die nur den priesterlichen Brahmanen und den Kshatriyas – der Fürsten- und Kriegerkaste – das Studium der heiligen Schriften erlaubt. Vaishyas und Shudras dagegen, Händler und Bauern sowie Arbeiter, Knechte und Sklaven, sind angeblich vom großen Gott Brahma zu Lehre und Studien nicht zugelassen. Gegen diese Auffassung der Hindus vertritt Issa seine Lehre von der Gleichheit aller Menschen. Dabei erkennt er, daß nur die Lehre Buddhas den Menschen zur Erkenntnis dieser Grundwahrheiten und damit zur Erlösung führen kann. So gibt er sich mehrere Jahre dem Studium dieser Lehre hin, bis er sie selbst vollkommen beherrscht. Sie wurde für ihn zur Basis dessen, was er auf seinem Heimweg nach Palästina und dort lehrte und wirkte. Dabei ist deutlich zu erkennen, wie Issa östliche und westliche Weisheit zum besseren Verständnis für seine jüdischen Landsleute miteinander verschmolz, wobei er auch den Gott der Alten Schriften in seine Lehre einschloß.

Und so klingt es in Notowitschs Aufzeichnung der vom Abt des Hemis-Klosters gegebenen Übersetzung:

»Sechs Jahre verbrachte er in Dschagarnat, in Radschaghir, in Benares und in den anderen heiligen Städten. Jedermann liebte ihn, denn Issa lebte im Frieden mit den Vaishyas und den Shudras, welche er unterrichtete in den heiligen Schriften. Aber die Brahmanen und die Kshatriyas sagten zu ihm, der große Gott Brahma verböte ihnen, sich solchen zu nähern, welche er erschaffen hätte aus seinem Unterleib und aus seinen Füßen. Die Vaishyas wären nur berechtigt, die Lesung der Vedas anzuhören, und das bloß an den Festtagen. Es wäre den Shudras nicht allein untersagt, der Vorlesung der Vedas beizuwohnen, sondern sogar sie anzuschauen; denn ihr Beruf wäre, ununterbrochen und als Sklaven den Brahmanen zu dienen, den Kshatriyas und selbst den Vaishyas. ›Einzig der Tod kann sie befreien von ihrer Knechtschaft‹, hat Gott Brahma gesagt. ›Verlasse sie also und komme mit uns, die Götter anzubeten, die sich erzürnen werden wider dich, wenn du ihnen nicht gehorchst.‹ Aber Issa hörte nicht auf ihre Reden; denn er predigte sofort bei den Shudras gegen die Brahmanen und Kshatriyas. Er lehnte sich mächtig auf gegen die Tatsache, daß ein Mensch sich anmaße, seinesgleichen der Menschenrechte zu berauben. ›Wahrlich‹, sagte er, ›Gott der Vater stellt keinen Unterschied auf zwischen seinen Kindern, die ihm alle gleich lieb sind.‹ Issa verneinte den göttlichen Ursprung der Vedas und der Puranas. Er sagte: ›Der große Schöpfer hat mit niemandem seine Macht geteilt; noch weniger mit leblosen Gegenständen, wie man euch gelehrt hat; denn er allein besitzt die Allmacht.‹«

Dieser Auszug aus dem Issa-Text und sein Fortgang machen deutlich, wie hier jüdisches und buddhistisches Glaubensgut mit dem zusammenfließen, was wir als spätere Lehre Jesu verstehen. Dabei ist es wichtig, die besondere Stellung des Judentums innerhalb der Gesellschaft und Religionen jener Zeit zu erkennen.

Die Juden waren hinsichtlich ihrer Lebensformen, ihrer Tabus und ihres Kultes isoliert in der hellenistischen Welt. Jesus aber war aus ihrer Mitte hervorgegangen und hatte diese Isolierung durch seinen Aufbruch nach Osten gesprengt. Ihm war bewußt, daß jüdisches Denken und traditionelle jüdische Moral zu eng waren für seine Auffassung vom Menschen und seinem eigenen Lebensziel, das er wohl ziemlich eindeutig im hilfreichen Lehren und Handeln aus dem Bewußtsein der Erleuchtung im Sinne Buddhas sah. So war Jesus von Anfang an ein Lehrer, ein Verkünder, das aber heißt seinem Denken, seiner Lebenshaltung nach ein Heiliger.

Gemessen an seiner Herkunft jedoch, als Sproß einer jüdischen Handwerkerfamilie, fern dem erblichen Priestertum und den Studiermöglichkeiten der Pharisäer, war er ein Aufbegehrender, ein Rebell von Kindheit an, und so auch unter den Hindus in Indien.

Auf Erkenntnis und Umkehr der Menschen, die unter römischer Herrschaft in erbärmlichen Verhältnissen oder kriminell ausgenutzten Positionen lebten, war sein Bodhisattvatum gerichtet. Das hatte ihn gehen lassen, um zu lernen und wiederzukommen, um zu lehren, was er gelernt hatte und wozu er berufen war.

JESUS AUF DEM WEG
NACH JERUSALEM

Auf die Frage nach der von der Kirche gelehrten himmlischen Bestimmung Jesu und der von ihm verkündeten Heilslehre geben die Evangelien erschöpfende Auskunft. Die Vielgestaltigkeit und Vieldeutigkeit seines Lebens, Denkens und Wirkens tritt jedoch in den apokryphen Schriften und dort besonders in den Evangelien deutlicher in Erscheinung. Die Straße seiner irdischen Berufung aber war der Weg von Indien über Persien, wo Priester sein Leben bedrohten, nach Galiläa, zum Jordan, kreuz und quer dann durchs jüdische Land als Prediger und Heiler, als Erwecker auch, um schließlich unter dem Jubel seiner Anhänger in Jerusalem einzuziehen.

Es ist die Stadt, die Jesus zum Schicksal zu werden drohte, doch weder sein Ende bedeutet hat, wie die Ungläubigen meinen, noch seine Auferstehung, wie viele Gläubige immer noch bekennen. Wir werden eine dritte, die einzig realistische, dem Bodhisattva entsprechende Möglichkeit aufzeigen, die, wenn auch nicht beweisbar, doch die wahrscheinlichste ist: der Weg des Überlebenden zurück zu seinen Freunden und Glaubensgenossen in Indien.

Doch das ist ein langer, zum Teil sehr gefahrvoller Weg, der in seinem palästinensischen Anfang vieles von dem erkennen läßt, in Tun und Lehre, was Jesus in seinen indischen Jahren gelernt und auf dem Heimweg erprobt hat. Es ist der ständige Versuch, gegen die alten verkrusteten Formen gesellschaftlichen, vor allem aber religiösen Lebens anzugehen, wie er ihn schon in den indischen Städten der Hindu entschlossen, wenn auch nicht immer erfolgreich unternommen hat. Konventionen zu durchbrechen, Machtstrukturen zu entlarven, Rituale zu demaskieren, das herrschende Patronat zu überwinden, das waren Aufgaben, die sich Jesus nicht als Religionslehrer, sondern als wirklicher Menschheitserlöser gestellt hat. Es waren Probleme, die nur im Kampf gegen die bestehende Ordnung angegangen werden konnten, soziale Probleme, Fragen nach der Gleichheit und der Gerechtigkeit. Doch im Gegensatz zu den vielen, die sich solche Parolen auf ihre Fahnen geschrieben hatten und zum Teil auch unter Gewaltanwendung dafür eintraten, trachtete Jesus, sein hohes Ziel auf friedliche Weise zu erreichen. Das unterschied ihn von den meisten seiner Landsleute und Zeitgenossen. Er war und blieb der Außenseiter, als den wir ihn schon früh kennengelernt haben.

Doch es gab auch im jüdischen Land und anderswo Gleichgesinnte, Sektierer, wie wir sie nennen hören, die sich von der hellenistischen Verfremdung Israels wie von der breiten Masse und ihrem ziellosen Treiben losgesagt hatten, die in die Einsamkeit gegangen waren, so die Essener. Das war eine Glaubens- und Lebensgemeinschaft, die durch Handschriftenfunde in Qumran am Toten Meer seit einigen Jahrzehnten zunehmend stärker ins Zentrum breiten Interesses gerückt ist, wobei die Frage »War Jesus ein Essener?« noch immer die Köpfe erhitzt.

In dieser und anderen Glaubensbewegungen, die sich vor allem der Hellenisierung des Judentums widersetzten, und zu denen die bekannteren Pharisäer sowie die Sadduzäer gehörten, lebte der ungebrochene Glaube an Jahwe, den Gott Abrahams, Moses und der Propheten. Sein Gesetz hielt in diesen Gruppen den Wunsch und Willen lebendig, sich von der verbreiteten Oberflächlichkeit und Verweltlichung des Lebens fernzuhalten und sich ganz Gott und seinen strengen Glaubensregeln zu unterwerfen. Ihr Ziel war es, ein reines, unbeflecktes, sündenfreies Leben zu führen.

Während Pharisäer und Sadduzäer dabei als Altgläubige anzusprechen sind, die in der jüdischen Tradition wurzelten und die religiöse Ordnung auch unter römischer Herrschaft aufrechtzuerhalten versuchten, stellten die Essener eine Gemeinde dar, die ihren geistigen und religiösen Ursprung wohl in östlichen Weisheitslehren hat, wenn sie sich auch, wie alle Juden, zu Gott im Himmel bekannten.

Flavius Josephus gibt als erster Zeugnis von den Essenern. In seiner *Geschichte des Jüdischen Krieges* schreibt er über diese Gemeinschaft:

»Die Essener meiden die sinnlichen Freuden wie die Sünde, und die Tugend erblicken sie in Enthaltsamkeit und Beherrschung der Leidenschaften. Über die Ehe denken sie gering, dagegen nehmen sie fremde Kinder auf, so lange dieselben noch in zartem Alter stehen und bildungsfähig sind, halten sie wie ihre Angehörigen und prägen ihnen ihre Sitten ein. Doch wollen sie damit die Ehe und die Erzielung von Nachkommenschaft durch dieselbe nicht gänzlich aufheben, sondern sich nur vor den Ausschweifungen der Weiber sichern, da sie glauben, daß keines derselben dem einen Gatten die Treue bewahre.

Den Reichtum verachten sie, und bewundernswert ist bei ihnen die Gemeinschaft der Güter, so daß man niemand unter ihnen findet, der mehr besäße als die anderen. Es besteht nämlich die Vorschrift, daß jeder, der der Sekte beitreten will, sein Vermögen der Gesamtheit abtreten muß, und so bemerkt man durchgehends weder niedrige Armut noch übermäßigen Reichtum, sondern alle verfügen wie Brüder über das aus dem Besitztum der einzelnen Ordensmitglieder gebildete Gesamtvermögen.

Sie haben keine eigene Stadt, sondern in jeder wohnen ihrer viele. Ordensangehörigen, die anderswoher kommen, steht alles, was sie bei ihren Genossen finden, wie ihr eigener Besitz zur Verfügung, und bei Leuten, die sie nie zuvor gesehen, treten sie ein, als wären es vertraute Freunde von ihnen. Deshalb nehmen sie auch auf die Reise durchweg nichts anderes mit als Waffen zum Schutze gegen die Räuber. In jeder Stadt ist ein Beamter eigens für die Fremden angestellt, um sie mit Kleidung und allen anderen Bedürfnissen zu versehen. In ihrem Anzug und ihrer ganzen äußeren Erscheinung machen sie den Eindruck von Knaben, welche noch unter der Zuchtrute ihrer Lehrmeister stehen. Kleider und Schuhe wechseln sie nicht eher, als bis sie gänzlich zerfetzt oder durch langen Gebrauch verschlissen sind. Untereinander kaufen und verkaufen sie nichts, sondern ein jeder gibt von seinem Eigentum dem anderen, was dieser nötig hat, und empfängt umgekehrt von ihm das, was er selbst brauchen kann. Ja, sogar ohne alle Gegenleistung kann jeder von einem beliebigen Ordensbruder das Nötige beanspruchen.«

Diese Darstellung der Essener, denen wir in den Schriften des Neuen Testaments nicht begegnen, ist sehr aufschlußreich. Wenngleich sie, wie Günter Stemberger in seiner Studie über die jüdischen Glaubensgemeinschaften anmerkt, historisch nichts hergibt, so zeigt die vorgeschriebene Lebensordnung der Essener doch, daß wir es hier mit einer außergewöhnlichen Gruppierung zu tun haben, die ohne Zweifel vom Geist des Buddhismus bestimmt war. Wenn wir auch auf Grund der Forschungslage und der zahllosen Spekulationen heute eine Geschichte der Essener, vor allem auch ihrer Ursprünge, noch nicht schreiben können, so erkennen wir dennoch ihre Brückenfunktion bei den immer deutlicher werdenden religions- und geistesgeschichtlichen Zusammenhängen zwischen Asien und dem Mittelmeerraum. Doch es gibt noch weitere Brücken.

Neben nach strengem religiösem Gesetz lebenden Gemeinschaften wie den Essenern begegnen wir zu Zeiten des heimkehrenden Jesus am Jordan auch einem frommen Einzelgänger, zu dem Jesus sich offenbar auf geheimnisvolle Weise hingezogen fühlte. Es war Johannes der Täufer.

Der religiöse Umgang mit Wasser zum Zwecke der Weihe oder der Wandlung ist uralt. Wir finden ihn am Nil, am Euphrat und Tigris wie am Ganges und anderen heiligen Flüssen. Wasser, vor allem aber geweihtes Wasser, ist ein Urstoff vieler Religionen. Er gilt als heiligendes Element in den Veden, im Hinduismus, im Buddhismus wie in den Mysterienreligionen Vorderasiens. Neben der Bedeutung körperlicher und geistiger Reinigung hat das Wasser auch den Sinn eines weihenden Elementes. Es dient der

Taufe – wie hier am Jordan –, aber auch der Einweihung in einen Kult, in eine Gemeinschaft, in einen heiligen Kreis. So kennen die Balinesen noch heute Tirtha – das heilige Wasser – als kosmisches Element ihrer Religion, das die Funktionen von Weihe, Reinigung und Bewahrung in sich vereint.

Als Jesus aus dem Osten kommt, trifft er am Grenzfluß Jordan jene markante Erscheinung des Johannes, den die Evangelien den Täufer nennen. Dieser heilige Mann weiß um die ursprüngliche Bedeutung des Wassers, und er nutzt sie zum Besten der Menschen, die ihm vertrauen. Das erkennt Jesus, als er ihm entgegentritt. Die Begegnung wird zu einer Art Schlüsselerlebnis für den Heimkehrenden.

So stellt sie sich auch in den Evangelien dar, die vom Täufer und dem ersten Wiederauftreten Jesu in seiner Heimat nach etwa achtzehn Jahren fast übereinstimmend berichten. Endzeitstimmung liegt über diesen Texten. Sie künden fast mit gleichen Worten von den letzten Tagen der Menschheit: vom Weltuntergang. Diese Verheißungen haben ihre Vorbilder im Alten Testament, wo immer wieder Sünden aufgerechnet und schwere Strafen prophezeit werden, so, als ob das auserwählte Volk der Juden auch ein besonders sündenanfälliges Volk sei.

Am Anfang des Markus-Evangeliums heißt es:

»Johannes der Täufer war in der Wüste und predigte die Taufe der Buße zur Vergebung der Sünden. Und es ging zu ihm hinaus das ganze jüdische Land und alle Leute von Jerusalem und bekannten ihre Sünden und ließen sich von ihm taufen im Jordan. Johannes aber war bekleidet mit Kamelhaaren und mit einem ledernen Gürtel um seine Lenden und aß Heuschrecken und wilden Honig und predigte und sprach: Es kommt einer nach mir, der ist stärker als ich, und ich bin nicht genug, daß ich mich bücke und die Riemen seiner Schuhe auflöse. Ich taufe euch mit Wasser; er aber wird euch mit dem heiligen Geist taufen.

Und es begab sich zu der Zeit, da kam Jesus von Nazareth in Galiläa und ließ sich taufen von Johannes im Jordan. Und alsbald, da er aus dem Wasser stieg, sah er, daß sich der Himmel auftat und der Geist gleichwie eine Taube herabkam auf ihn. Und da geschah eine Stimme vom Himmel: Du bist mein lieber Sohn, an dir habe ich Wohlgefallen.«

Hier mischen sich nicht nur Wahrheit und Legende, hier wird auch bereits auf Künftiges – auf den Christus – angespielt, den zu verkünden die Evangelien ja geschrieben sind. Wenn sie trotzdem vieles vom wirklichen Weg Jesu bewahrt haben, so hängt das vermutlich mit der Unverwechselbarkeit seines Lehrens und Handelns zusammen, die ihn nicht nur als Bodhisattva bestätigen, sondern auch als den verheißenen Erlöser in jüdischen Landen möglich erscheinen lassen.

Die Taufe, wie sie Johannes im Jordan an Gläubigen vornimmt, ist ein Bindeglied zwischen uraltem und neuem Ritus. Sie umschließt die Gemeinde, der es um Sündenvergebung, aber auch um Erlösung geht. Moderne Juden jener Zeit haben Johannes und seine Anhänger geringschätzig als Nazaräer – als Bewahrer – bezeichnet. Von daher mag das Etikett auch an Jesus hängengeblieben sein.

Der nächste Schritt des Getauften bringt ihn wieder in die Nähe der Lebensgeschichte des Buddha. So wie dieser geht er vom Jordan in die Einsamkeit. Bei Markus heißt es: »Und alsbald trieb ihn der Geist in die Wüste; und er war in der Wüste vierzig Tage und ward versucht von dem Satan und war bei den Tieren, und die Engel dienten ihm.«

Das stimmt fast wörtlich mit dem Bericht von der Versuchung Buddhas durch den Teufel Mara und seine Töchter überein. Es ist in beiden Fällen die Konfrontation mit der sündigen Welt und ihren vielfältigen Versuchungen. Jesus widersteht ihnen wie Buddha. Und gleich jenem beginnt er seine Lehrwanderungen. Dabei kommt es nach dem Matthäus-Evangelium gleich am Anfang der Lehrtätigkeit, nachdem Jesus so wie vor ihm Buddha seine ersten Jünger gewonnen hat, zu einer Szene, die ebenfalls in den Reden Buddhas stehen könnte. Wir meinen die mit Recht so bekannte Bergpredigt. Auch Buddha hat sich oft auf Hügeln niedergelassen, um seinen zahlreichen Anhängern zu predigen. Und wenn wir die Texte vergleichen, so sind sie vom selben Geist der Erkenntnis beherrscht. Ähnlichen Lehrsätzen wie in der Bergpredigt begegnen wir im sechsten Kapitel des Lukas-Evangeliums. In beiden Fällen geht es wie bei Buddha um den rechten Weg zur Überwindung des Bösen und zur Wohl bringenden Lebensführung.

Mit Rücksicht auf die Religion seines Volkes, vielleicht auch aus eigenem Glauben, bezieht Jesus die ethischen Forderungen wie die Schuldzuweisungen auf Gott im Himmel, wie ihn die Juden kennen und verehren. Doch die Lebensbetrachtung und Wegweisung entspricht völlig der Lehre des Buddha und damit der edelsten und vernünftigsten Zielsetzung menschlichen Lebens.

Es ist schwer, aus den Worten Jesu seine spezifische Lehrauffassung des Buddhismus herauszufinden, zumal wir nicht wissen, welche der damals aufkeimenden Mahayana-Ideen in Indien an ihn herangetragen worden sind. Doch scheint es, daß er durch seine Lehrer, die wir ja nicht kennen, und durch seine eigene, vielfältig geprüfte Meinung den ursprünglichen Buddha-Thesen sehr nahe gekommen ist.

John Dominic Crossan, Professor für Bibelwissenschaft in Chicago, hat 1994 in seinem Buch *Der historische Jesus* die Aussprüche zusammengestellt, die ihm für Jesus gesichert erscheinen. Viele von ihnen könnten Zitate aus den Reden Buddhas oder der ältesten großen Gurus nach Buddhas Nirvana sein. Wir wollen das am Zitat einiger dieser von Crossan als unzweifelhaft nachgewiesenen Jesus-Worte zeigen:

»Tragt keinen Geldbeutel, keine Tasche, keine Sandalen bei euch. Wenn ihr in ein Haus kommt, eßt, was sie euch geben, heilt die Kranken und sagt zu ihnen: Nahe zu euch gekommen ist die Herrschaft Gottes.«

»Bittet, dann wird euch gegeben; sucht, dann werdet ihr finden; klopft an, dann wird euch geöffnet.«

»Wer Ohren hat zum Hören, der höre.«

»Was in euren Mund hineinkommen wird, wird euch nicht verunreinigen; aber was aus eurem Mund herauskommt, das wird euch verunreinigen.«

»Kein Prophet ist angenehm in seinem Dorf. Kein Arzt heilt die, die ihn kennen.«

»Vergebt und euch wird vergeben werden.«

»So werden die Letzten die Ersten sein und die Ersten die Letzten.«

»Nichts ist verhüllt, was nicht enthüllt wird, und nichts ist verborgen, was nicht bekannt wird.«

»Niemand zündet ein Licht an und stellt es in einen versteckten Winkel oder stülpt ein Gefäß darüber, sondern man stellt es in einen Leuchter, damit alle, die eintreten, es leuchten sehen.«

»Seid klug wie die Schlangen und arglos wie die Tauben.«

»Wer hat, dem wird gegeben werden; wer aber nicht hat, dem wird auch noch weggenommen, was er hat.«

»Selig sind die Armen.«

»Wer mein Jünger sein will, der verleugne sich selbst, nehme sein Kreuz auf sich und folge mir nach.«

»Selig seid ihr, wenn sie euch schmähen.«

»Die Ernte ist groß, aber es gibt nur wenig Arbeiter. Bittet also den Herrn der Ernte, Arbeiter für seine Ernte auszusenden.«

»Wer sein Leben zu bewahren sucht, wird es verlieren; wer es dagegen verliert, wird es gewinnen.«

»Ich warf Feuer über die Welt, und siehe, ich bewahre es, bis sie anbrennt.«

»Meint ihr, ich sei gekommen, um Frieden auf die Erde zu bringen? Nein, sage ich euch, nicht Frieden, sondern Spaltung. Denn von nun an wird es so sein: Wenn fünf Menschen im gleichen Haus leben, wird Zwietracht herrschen. Drei werden gegen zwei stehen und zwei gegen drei, der Vater gegen den Sohn und der Sohn gegen den Vater, die Mutter gegen die Tochter und die Tochter gegen die Mutter, die Schwiegermutter gegen ihre Schwiegertochter und die Schwiegertochter gegen die Schwiegermutter.«

»Warum siehst du den Splitter im Auge deines Bruders, aber den Balken in deinem eigenen Auge bemerkst du nicht? ... Zieh zuerst den Balken aus deinem Auge, dann kannst du versuchen, den Splitter aus dem Auge deines Bruders herauszuziehen.«

»Ein reicher Mann hatte viele Besitztümer. Er sprach: ›Ich werde meine Besitztümer benutzen, daß ich säe und ernte und pflanze und meine Scheuern mit Früchten fülle, damit ich nicht an irgend etwas Mangel leide.‹ Das ist es, was er in seinem Herzen dachte. Und in jener Nacht starb er.«

»Wenn ihr Geld habt, gebt nicht auf Zinsen, sondern gebt dem, von dem ihr es nicht zurückbekommen werdet.«

»Die Jünger sagten zu ihm: ›Deine Brüder und deine Mutter stehen draußen.‹ Er sagte zu ihnen: ›Meine Brüder und meine Mutter sind diese, welche den Willen Gottes tun.‹«

»Liebt eure Feinde und betet für die, die euch verfolgen.«

»Eher geht ein Kamel durch ein Nadelöhr, als daß ein Reicher in das Reich Gottes gelangt.«

»Werdet Vorübergehende.«

»Selig, der gelitten hat!«

»Denn wer sich selbst erhöht, wird erniedrigt, und wer sich selbst erniedrigt, wird erhöht werden.«

Crossan schließt seine Zitatensammlung mit dem Hinweis, daß diese Worte nur im Zusammenhang mit den Taten, zu denen sie herausfordern, zu verstehen sind. Jesus ist also auch hier nicht nur Redner, sondern Täter. Sein Wort ist nichts ohne das Vollbringen des Geforderten – ohne Selbstvollendung. In der gespaltenen Welt, die Jesus antrifft, ist das der höchste Anspruch, den man an Menschen stellen kann. Doch er hat solche Vollendung vorgelebt.

Die monotheistische Gottesvorstellung von Jesus war jüdisch, seine Menschenvorstellung buddhistisch, geprägt durch frühere Existenzen und Lehrerfahrung im Osten. Er hat angesichts des heimischen Gottesglaubens vom Schöpfer nicht gelassen, aber den schrecklichen Gott des Alten Testaments in einen Vatergott verwandelt, den er seinen Vater, unseren Vater im Himmel nennt. Alles andere, das Christentum und Buddhismus voneinander trennt, ist Dogma der Kirche, nicht Lehre Jesu. Die finden wir original, aus dem Geist seiner Buddha-Nachfolge geboren, in der Bergpredigt, in seiner Lehre von der Nächstenliebe, von der Gewaltlosigkeit und der Bedürfnislosigkeit. Auf diesem Wege wollte Jesus – wie alle Bodhisattvas – Wegbegleiter, Lehrer und schließlich Erlöser der Menschen sein.

Alles andere haben ihm die Gründerväter der christlichen Kirche angedichtet, um ihn als Gottessohn, als Opfer und Auferstandenen, als Zeugen christlicher Unsterblichkeit in den Mittelpunkt ihrer Lehre zu stellen. Von alldem hat Jesus nichts gewußt. Es wurde ihm nachträglich in den Mund gelegt und mitsamt Jungfrauengeburt, Eucharistie und Himmelfahrt zum Dogma einer Kirche gemacht, die sich im Laufe ihrer zweitausendjährigen Geschichte millionenfach an Jesus versündigt hat als an einem, der mit den Dogmen dieser Kirche viel weniger zu tun hat als mit der Lehre Buddhas und seiner Nachfolger. Im Kontext dieser Lehre bedarf es weder der Jungfrauengeburt noch der Auferstehung und Himmelfahrt, um Jesus als den erhabenen Lehrer der Menschheit zu erkennen und zu verehren, der er ohne Zweifel trotz mangelnder Zeugenschaft war.

Dieser Sicht Jesu näherte sich Albert Schweitzer schon 1950 in der sechsten Auflage zu seiner 1906 erstmals erschienenen *Geschichte der Leben-Jesu-Forschung*, als er schrieb:

»Das Evangelium vom Reiche Gottes ist in seiner spätjüdischen Gestalt in die Welt eingetreten und konnte diese nicht beibehalten. Das Reich, das alsbald auf übernatürliche Weise kommen sollte, bleibt aus, und das für alsbald erwartete Erscheinen des Menschensohnes auf den Wolken des Himmels findet nicht statt. In der Auseinandersetzung mit dieser Tatsache wird der Glaube mehr und mehr auf eine vergeistigte Vorstellung des Reiches Gottes und der Messianität Jesu hingeführt. Er begreift nunmehr das Reich Gottes als eine geistig-ethische Größe, die es in der Welt zu verwirklichen gilt, und Jesum als den geistigen Messias, der durch

seine ethische Verkündigung den Grundstein zu diesem Reiche
legte.«

Hier zeigt Schweitzer die Brücke, die von Jesus zur buddhistischen Ethik führt und deutlich macht, wes Geistes Kind dieser
Jesus wirklich war, dessen Messianität sich in seiner Bodhisattva-
schaft ausdrückt.

Um so bedauerlicher ist es, daß auch Schweitzer in seinem
sonst so gerechten Buch Notowitsch und die anderen, die über
den Weg des jungen Jesus nach Indien nachgedacht und sich um
eine Klärung der offenen Fragen bemüht haben, auf Grund eines
sehr willkürlichen Urteils des Indologen Max Müller verwirft, ja, in
unwürdiger Weise der Lächerlichkeit preisgibt. Das ist vor allem
deshalb schlimm, weil Notowitschs Text nur ein möglicher Beweis
für den Kontakt Jesu zur buddhistischen Welt ist. Der andere muß
als tiefer, nachhaltiger und bedeutsamer angesehen werden. Er
betrifft die umstrittenen Ereignisse von Kreuzestod und Auferstehung, deren Nachweis für die christliche Kirche nach wie vor
lebenswichtig erscheint.

WAR JESUS DER CHRISTUS? – DIE FRAGE NACH KREUZESTOD UND AUFERSTEHUNG

Wenn wir von Christus sprechen, meinen wir den uns aus den Evangelien bekannten, nach ihrem Text am Kreuz gestorbenen und am dritten Tag von den Toten auferstandenen Jesus. Hat es den wirklich gegeben? Oder anders gefragt: Wurde aus Jesus der Christus, den die Christenheit, ihrer Kirche folgend, seit zweitausend Jahren anbetet und verehrt?

Ich glaube, wir müssen der Redlichkeit wegen und weil wir uns keiner Oberflächlichkeit schuldig machen wollen, beide Fragen entschieden verneinen. Wir wissen, daß wir darin auch mit vielen Christen übereinstimmen. Nur sprechen es die meisten, die mit uns einer Meinung sind, nicht so offen aus. Auch wissen sie keine andere Antwort. Sie sind verunsichert und möchten doch glauben. Was können wir ihnen sagen?

Angesichts der letzten Fragen, die Jesus als verheißener und von der Kirche verkündeter Christus aufwirft, müssen wir vier Fragenkomplexe unterscheiden. Mit dem ersten, der Gestalt und dem Wirken Jesu, haben wir uns bereits eingehend beschäftigt, ohne ihn schon zu Ende gebracht zu haben. Denn mit seinem Einzug nach Jerusalem, den wir als historisch erwiesen ansehen dürfen, berührt das Leben Jesu den zweiten Fragenkomplex. Dieser betrifft das Todesurteil, die Kreuzigung und die Grablegung Jesu. Mit diesen Ereignissen werden wir uns in diesem Kapitel zu beschäftigen haben. Sie führen unmittelbar hinüber zum dritten Fragenkomplex: dem leeren Grab am Sonntagmorgen, der Auferstehung und der Begegnung des überlebenden oder auferstandenen Jesus mit seinen Jüngern und einigen anderen Menschen seiner nächsten Umgebung. Der vierte und letzte Fragenkomplex betrifft das Verschwinden Jesu aus dem Gesichtskreis seiner Anhänger sowie das, was die Kirche daraus gefolgert hat und bis heute zu Pfingsten feiert: die Himmelfahrt Christi.

Im Laufe dieses hier in vier Etappen aufgezeichneten Prozesses hat sich nach frühchristlicher und kirchlicher Auffassung die Wandlung des Jesus zum Christus vollzogen. Der Beweis für die Gottessohnschaft aus der Jungfrauengeburt der Maria, für den wundertätigen Lehrer, Helfer und Heiler, den für die Sünden der Menschheit ans Kreuz geschlagenen Heiland, der begraben wurde, auferstanden und zum Himmel gefahren ist, wo er zur Rechten seines Vaters sitzt bis zum Jüngsten Tag, um die Menschen zu richten, schien damit erbracht.

Jesus Christus wurde zum Fundament der Kirche, doch nicht durch sich selbst, sondern vielmehr durch die, die sich seiner Lehre und angeblichen Verheißungen annahmen. So werden Christentum und Kirche zu einem fünften Fragenkomplex des Jesus-Problems, der aber mit Jesus selbst nichts mehr zu tun hat. Denn er ging, wie wir sehen werden, nach seinen letzten Begegnungen mit den Jüngern andere Wege als die von der Kirche gelehrten, aber von ihren Mitgliedern kaum noch geglaubten. Um seine wirklichen Wege nachzuweisen, bedürfen wir der Zeugen, die sich nicht am Christus-Wunder orientieren, sondern dem Jesus-Leben selbst nachgespürt haben.

Mehr als einhunderttausend Bände sind im Laufe der zweitausendjährigen Geschichte der christlichen Kirche über Jesus, sein Leben und sein Christus-Sein geschrieben worden, ganz zu schweigen von der Unzahl jener Schriften, die sich mit der christlichen Lehre und ihren Dogmen beschäftigen oder auseinandersetzen. Bei all diesen Bemühungen um die große Erscheinung des Jesus und seine Lehre ist wenig Überzeugendes zutage getreten. Das hat schon Albert Schweitzer im Fazit seiner *Geschichte der Leben-Jesu-Forschung* vor fast hundert Jahren gezeigt. Und John Dominic Crossan, der in seinem »Historischen Jesus« Erscheinung und Umwelt Jesu auf Grund neuester Funde und Erkenntnisse eingehend untersucht hat, kommt zu dem Schluß: »Jesus war ein bäuerlicher, jüdischer Kyniker.«

Diese lapidare Feststellung ist aber nicht nur die Quintessenz aus Crossans umfassenden Untersuchungen des Lebens Jesu, seiner Umwelt und der prekären Situation in Palästina zu seinen Lebzeiten. Sie faßt auch zusammen, was diesen Jesus bestimmte, ein aus dem Rahmen fallendes, gegen die orthodoxen jüdischen Ritualformen verstoßendes Leben zu führen.

Jesus entstammte der armen galiläischen Bauernschaft, für die Jerusalem eine ferne Metropole, aber auch ein Sündenbabel war. Kein Wunder also, daß sich Jesus nach seiner Ankunft in der Hauptstadt und nach seinem Eintritt in den Tempel dort sehr auffällig, ja aufsässig benahm. Dieses Verhalten von Jesus im Tempel, wie es die Evangelien beschreiben, hat Anlaß zu vielfältigen und auch vieldeutigen Kommentaren gegeben. Offenbar hat er das für die Jerusalemer Selbstverständliche – nämlich die Händler und Geldwechsler im Tempel – für etwas das Heiligtum Entweihendes gehalten, das ihn, den wie ein Bettler auftretenden Kyniker, den Verächter von Reichtum und Besitz, so sehr erregte, daß er die Zerstörung dieses Tempels ankündigte. Er gebärdete sich offenbar, so menschenfreundlich er uns sonst begegnet, in der Hauptstadt wie ein Terrorist. Er fiel auf, und die Priesterschaft war entschlossen, ihn so schnell wie möglich auszuschalten. Doch das war nicht ganz einfach, denn er hatte viele Anhänger.

Sein Ausspruch, er werde den Tempel niederreißen und »in drei Tagen einen andern errichten, der nicht von Menschenhand gemacht ist«, hat natürlich nach der tatsächlichen Zerstörung des Tempels durch die Römer im frühen Christentum als echte Prophezeiung gegolten. Der neue Tempel aber, der nicht von Menschenhand gemacht ist, das war nach christlicher Überzeugung die junge Kirche.

Doch nicht nur die revolutionären Reden des Kynikers Jesus, der im Volk als Magier, als Wunderheiler galt, der die Armen, Elenden und Kranken anzog, fallen auf in Jerusalem. Auch sein Unbehaustsein, sein freimütiger Umgang mit den Jüngern, die Fußwaschung und das gemeinsame Mahl ohne konventionelle Reinigung machen ihn zu einem mißtrauisch beobachteten Außenseiter. Er steht gewissermaßen unter Polizeiaufsicht, wird vom jüdischen wie vom römischen Geheimdienst überwacht. Er ist fremden, östlichen Geistes in einer brodelnden, von zahlreichen Aufrührern bedrohten unsicheren Stadt. Und er ist nicht allein. Er gilt offenbar als eine Art Bandenchef. Seine Jünger sind bewaffnet, wie der Hinweis auf Petrus besagt, der einem Knecht des Hohenpriesters, der bei der Verhaftung von Jesus dabei ist, mit seinem Schwert das Ohr abhaut.

So friedlich, wie uns Jesus in den Jahren seines Wirkens zwischen Galiläa und Jerusalem in den Evangelien beschrieben wird, kann also der Eindruck nicht gewesen sein, den man im vom Feiern erregten Jerusalem des jüdischen Passahfestes von ihm und seinen Anhängern hatte.

Das in den Evangelien zu lesende Bekenntnis Jesu vor Pilatus und Herodes, er sei der König der Juden, ist mit Sicherheit nicht authentisch – es ist Evangeliensprache. Der Verurteilungsgrund, der Römer und Juden auf Todesstrafe erkennen ließ, wenn auch Pilatus angeblich seine »Hände in Unschuld wusch«, muß also ein anderer gewesen sein.

Im großspurigen Rebellen mit mächtigem, ständig wachsendem Anhang sah man wohl die Gefahr, die für die Besatzungsmacht wie den Tempel durch Jesus erwachsen konnte. Solche Einigkeit zwischen Fremdherrschaft und religiöser Ordnungsmacht hat es in der Geschichte nicht selten und bis in unser Jahrhundert immer wieder gegeben. So dürfen wir in ihrem um Sicherheit besorgten Zusammenwirken auch den Grund für die Verdächtigungen Jesu als Aufrührer und Volksverhetzer sehen. Damit war trotz aller Unsicherheit auf seiten der römischen Machthaber das Todesurteil nicht mehr zu umgehen. Daran, daß es vollstreckt wurde, daß man Jesus ans Kreuz schlug, bestehen keine Zweifel. Die Probleme beginnen vielmehr mit der Kreuzabnahme.

Wir wissen, daß die Kreuzigung eine ganz besonders grausame, sich meist lang hinziehende Art der Hinrichtung ist, bei der das Sterben des Verurteilten zuweilen durch Ersticken, oft aber auch erst nach vielen Stunden durch Hunger, Durst, äußerst schmerzhafte Körperverrenkungen und schließlich durch Erschöpfung eintritt. Überstanden die Gekreuzigten all diese Qualen, wurden sie vom Kreuz genommen. Man zerschlug ihnen dann die Beinknochen und ließ sie elend verenden.

Jesus wurde nach übereinstimmender Aussage der Evangelisten an einem Freitagnachmittag gekreuzigt. Da das strenge Sabbatgesetz der Juden jedoch nicht zuließ, daß ein Gekreuzigter am Freitag bis nach Sonnenuntergang – dem Beginn des Sabbats – oder gar am Sabbat selbst am Kreuze blieb, wurden Jesus und die beiden mit ihm gekreuzigten Mörder bereits vor Sonnenuntergang wieder vom Kreuz genommen. Die zwei Verbrecher waren zu dieser Zeit nach Aussage der Evangelisten noch am Leben, und so zerschlug man ihnen nach der Kreuzabnahme die Beine.

Von Jesus aber heißt es im Markus-Evangelium, er sei nach einem lauten Schrei verschieden, was von einem römischen Hauptmann, der dabeistand, bezeugt wird. Da kam, so berichtet das Markus-Evangelium, »Joseph von Arimathia, ein angesehener Ratsherr, welcher auch auf das Reich Gottes wartete. Der wagte es und ging hinein zu Pilatus und bat um den Leichnam Jesu. Pilatus aber verwunderte sich, daß er schon tot wäre, und rief den Hauptmann und fragte ihn, ob er schon lange gestorben wäre. Und als er's erkundet von dem Hauptmann, überließ er Joseph den Leichnam. Und der kaufte eine Leinwand und nahm ihn ab und wickelte ihn in die Leinwand und legte ihn in ein Grab, das war in einen Fels gehauen, und wälzte einen Stein vor des Grabes Tür.«

Das Johannes-Evangelium ist in der Beschreibung dieser Grablegung noch ausführlicher und genauer. Es spricht von einem schon im dritten Kapitel des Johannes-Evangeliums eingeführten »Pharisäer und Obersten unter den Juden«: Nikodemus. Von dem heißt es, nachdem Joseph von Arimathia Jesus geborgen hatte:

»Es kam aber auch Nikodemus, der vormals bei der Nacht zu Jesus gekommen war, und brachte Myrrhe und Aloe untereinandergemengt, bei hundert Pfunden. Da nahmen sie den Leichnam Jesu und banden ihn in leinene Tücher mit den Spezereien, wie die Juden pflegen zu begraben. Es war aber an der Stätte, da er gekreuzigt ward, ein Garten und im Garten ein neues Grab, in welches niemand je gelegt war. Dahin legten sie Jesus um des Rüsttages willen der Juden, weil das Grab nahe war.«

Dieser Johannes-Bericht, der auch besagt, daß Jesus »die Beine nicht gebrochen wurden, da er schon tot war«, legt den Gedanken nahe, daß zwischen der Aussage des Hauptmanns, der Bitte des Joseph von Arimathia und den Aktivitäten des Nikodemus ein Zusammenhang besteht, der vermuten läßt, daß Jesus in Wirklichkeit noch lebte, als man ihn ins Grab legte. Nun wissen wir auch, daß Aloe eine bei schweren Wunden oft wundertätige Heilpflanze ist. Der Gedanke, Jesus sei wohl schwer verletzt und ohnmächtig, aber nicht tot gewesen, als man ihn mit großen Mengen von Arzneipflanzen versorgte und behandelte, ist also naheliegend. Er gibt dem Auferstehungsbericht eine neue, natürliche Erklärung, die für mich zu einer ganz persönlichen Erfahrung wurde.

Ich bin dieser Sicht der Kreuzigung und Grablegung Jesu zum erstenmal im Sommer 1977 in Kaschmir begegnet. Schon zwei Jahre zuvor hatte ich das Tal mit seiner Hauptstadt Srinagar besucht, um von dort als einer der ersten zugelassenen ausländischen Besucher nach Ladakh, dem indisch verwalteten Teil Tibets, aufzubrechen.

Damals besuchte ich auch das Kloster Hemis, ohne schon um sein Geheimnis zu wissen. Und doch brachte mich bereits diese Ladakh-Reise mit dem Problemkreis Christentum-Buddhismus und so mit dem Thema dieses Buches in Berührung. Es hat mich seither bei all meinen Studien nicht mehr losgelassen.

An die Stunde der ersten Begegnung erinnere ich mich genau. Es war ein sonniger Nachmittag: der 9. Juni 1975. Mein ladakhischer Begleiter, ein Lama, hielt mit mir vor einer etwa acht Meter hohen, aus einem Solitärfelsen gehauenen vierarmigen Statue eines Bodhisattva aus dem siebten oder achten Jahrhundert. Sie stand, damals noch nicht ummauert wie heute, als eine Art Grenzwächter zwischen der islamischen und der buddhistischen Welt Kaschmirs in Mulbekh, einem Dorf mit Lamakloster am Eingang nach Ladakh. Das Stupasymbol in der kunstvoll aufgetürmten Haartracht wies ihn als Bodhisattva der Zukunft – als Maitreya – aus. Mein Lamabegleiter machte mich darauf aufmerksam, daß Maitreya, der Name des vom Buddha Shakyamuni – dem historischen Buddha – verheißenen Nachfolgers, sprachverwandt sei mit dem aramäischen Meschia, dem Messias der Juden und Christen. Aramäisch aber war die Muttersprache von Jesus.

Als ich mich nach mehreren Wochen intensiver Studien bei bedeutenden Gurus in den Lamaklöstern Ladakhs von meinem Begleiter verabschiedete, gab er mir zwei Adressen für Srinagar: die eines Wissenschaftlers und die einer Grabanlage. »Diese Besuche müssen Sie unbedingt machen«, sagte mir der Lama. Da erinnerte ich mich, daß ich den Namen des Wissenschaftlers schon in Hemis vernommen hatte. Dort sagte mir der Abt: »Vergessen Sie in Srinagar nicht, Professor Hassnain zu besuchen.«

Zum drittenmal hörte ich dann seinen Namen von dem jungen Kaschmiri, der mich im Auftrag seines Vaters zu der Grabanlage begleitete: zum Grab des Propheten Yuz Asaf, von dem ich bei früheren Kaschmir-Besuchen noch nie etwas gehört hatte.

Was nun folgte, war für mich nicht nur überraschend, sondern hatte auch auf mein weiteres Leben, auf meine wissenschaftliche Arbeit und die Bücher, die ich seither schrieb, entscheidenden Einfluß.

Ich habe meine alten Tagebücher hervorgeholt und lasse hier folgen, was ich damals über meine Erlebnisse in Srinagar aufgezeichnet habe, beginnend mit dem Besuch eines geheimnisvollen Grabes:

»Der junge Kaschmiri führte mich durch das turbulente Srinagar zu einem einfachen, niedrigen Gebäude mit geschnitzten Fenstern, wie sie hierzulande üblich sind, und einer ebenso kunstvoll geschnitzten, mit Ketten gesicherten Tür. Wir schickten nach dem Verwalter, der uns die Tür öffnet und uns in den schlichten, halbdunklen Raum eintreten läßt. In der Mitte steht ein einfacher, mit einer bunten Decke bedeckter Holzsarg, auf dem ein zerlesener Koran liegt, der wohl schon durch viele tausend Hände gläubiger Besucher des Grabes gegangen ist.

Der Innenraum des Grabgebäudes wirkt wie sein Äußeres ver-
wahrlost. Man hat nicht den Eindruck ständiger Pflege, der sonst
in den heiligen Stätten des Islam vorherrscht.

Der Holzsarg hier oben ist übrigens, wie die meisten Sarko-
phage in islamischen Grabstätten, nur eine Attrappe. Das wirkliche Grab befindet sich in einer darunterliegenden dunklen Gruft,
von der man durch die winzigen Luken im Fundament des Bau-
werkes nichts erkennen kann.

Von meinem jungen Begleiter erfahre ich über den dort unten
Beigesetzten folgendes: Der Prophet Yuz Asaf, der hier, darf man
alten kaschmirischen Aufzeichnungen glauben, begraben liegt,
ist hochbetagt im Jahr 107 verstorben. In einem um 115 n. Chr. in
Sanskrit verfaßten Buch, dessen Fragmente im Besitz der Maha-
radschas von Kaschmir waren und das sich jetzt im Institut für
Orientalistik der Universität von Bombay befindet, wird von einer
Begegnung dieses Yuz Asaf mit dem König Shalewahin von
Kaschmir berichtet.

Dort heißt es, vor König Shalewahin sei eines Tages ein hell-
häutiger Mann im weißen Gewand erschienen. Auf die Frage des
Königs, wer er sei, bezeichnete er sich als Yuz Asaf, der aus einem
fernen Land komme, um die Religion zu erneuern. Denn die
Wahrheit sei untergegangen, und das Böse kenne keine Grenzen
mehr. Auf die Frage des Königs nach seiner Religion antwortete
der Fremde, sie fordere Liebe, Wahrheit und Reinheit des Herzens sowie die Verehrung eines ewigen, unbeweglichen Gottes,
der sein Zentrum in der Sonne habe und alles beherrsche. Er
selber sei der Sohn dieses Gottes, und man nenne ihn auch Yza
Mazih.

In Srinagar gibt es noch heute eine vielköpfige Familie, die sich
von diesem seltsamen Heiligen herleitet. Es sind die Saleems, die –
mit ihrem Oberhaupt, dem Hotelier Basharat Saleem, an der
Spitze – dreimal im Jahr an diesem Grab zusammenkommen, um
ihres großen Vorfahren feierlich zu gedenken und seinen Segen
für die Familie zu erbitten.

Basharat Saleem ist es aber auch, der einer Öffnung der Gruft zu wissenschaftlichen Zwecken anhaltenden Widerstand entgegensetzt, obwohl sie möglicherweise eines der größten Geheimnisse der Menschheit birgt.

Als wir zu unserer Kutsche zurückgehen, empfiehlt mir mein Begleiter, falls ich mehr über das Grab und seinen Toten wissen wolle, Professor Hassnain aufzusuchen, der sich seit Jahren um eine wissenschaftliche Untersuchung des Grabes bemühe – leider bisher ohne jeden Erfolg.«

Es hätte dieses dritten Hinweises auf Professor Hassnain nicht bedurft. Aber nun war mein Interesse aufs höchste gesteigert, und so schrieb ich in meinem Tagebuch:

»Ich habe Glück, als ich bei Professor Hassnain anrufe. Er ist selbst am Apparat und lädt mich ein, am Nachmittag zum Tee zu kommen. Professor Hassnain ist ein international bekannter und anerkannter Wissenschaftler – Gastprofessor in Japan und den USA, Direktor des Kashmir Research Centre for Buddhist Studies und Mitglied der Internationalen Konferenz für Anthropologische Studien in Chicago. Trotzdem ist er ein schlichter, umgänglicher Mensch geblieben. Von der ersten Minute unseres Gespräches an haben wir einen guten, fast möchte ich sagen herzlichen Kontakt. Hassnain ist ein engagierter Wissenschaftler. Das spürt man bei jedem seiner Worte. Und man spürt auch, daß ihn ein großes, ein wichtiges Problem beschäftigt.

›Sie waren in Hemis?‹ fragt er und läßt sich meine Eindrücke von Ladakh schildern. Als ich auf die herrliche Bibliothek von Hemis zu sprechen komme, unterbricht er mich: ›Wissen Sie denn auch, daß in dieser Bibliothek die Antwort auf das Rätsel des Yuz-Asaf-Grabes liegt?‹

Als ich verneine, erzählt er mir von alten Handschriften in Hemis, auf die bereits 1887 der russische Gelehrte Nikolaus Notowitsch gestoßen sei, als er sich einige Wochen in dem Kloster aufhielt. Er hat die Texte studiert und dabei festgestellt, daß darin unter anderem von einem heiligen Mann namens Issa die Rede ist, der als Jüngling aus dem Westen gekommen sei und sich sowohl mit der Lehre der Brahmanen als auch mit dem Buddhismus ver-

traut gemacht habe. Je intensiver sich der russische Gelehrte mit
den Handschriften beschäftigte, um so mehr verstärkte sich in ihm
die Gewißheit, daß sich hinter dem Issa der Texte kein geringerer
verberge als der junge Jesus von Nazareth.

›Doch das ist nur der eine Teil der Geschichte‹, sagt Hassnain.
›Dem zweiten und, wie mir scheint, entscheidenden bin ich jetzt
auf der Spur. Sein Geheimnis liegt unter dem Grabgebäude, das Sie
heute morgen besucht haben. Denn Notowitschs Issa und Yuz Asaf
sind nach meiner Überzeugung ein und dieselbe Person – sind Jesus. Ich behaupte also und hoffe, es eines Tages beweisen zu können, daß Jesus nicht nur einmal, sondern zweimal nach Indien
kam, und daß er nicht – wie die christliche Lehre sagt – am Kreuz,
sondern hochbetagt in Srinagar gestorben ist. Doch um diesen Beweis führen zu können, muß ich nicht nur einem internationalen
Gremium von Wissenschaftlern die Handschriften von Hemis
zugänglich machen, sondern auch die Erlaubnis der indischen Regierung erwirken, das Grab des Yuz Asaf öffnen zu dürfen.‹

›Und was steht in den Handschriften von Hemis?‹ frage ich.

Professor Hassnain wühlt in Papieren und reicht mir Teile
einer Rohübersetzung, die er bald zu veröffentlichen gedenkt. ›Soweit ich feststellen konnte‹, sagt Hassnain, ›ist das Original dieses
Textes in Pali verfaßt und befindet sich in Lhasa. Die Handschriften von Hemis sind in tibetischer Sprache geschrieben. Nach diesem Text, dessen Übertragung ins Englische Sie da in Händen
halten, hat Jesus, wie schon Notowitsch übersetzte, als Dreizehn-
jähriger sein Elternhaus verlassen und kam mit einer Handels-
karawane nach Kaschmir, wo er das Wort Buddhas kennenlernte.
Er wanderte weiter nach Indien, bis in die Provinz Orissa, und stu-
dierte dort die Lehren der Brahmanen. Doch offenbar geriet er mit
den orthodoxen Brahmanen genauso in Streit wie später in Jerusalem mit den jüdischen Schriftgelehrten. Er mußte vor den Brahmanen fliehen und fand Schutz in Nepal, wo er auch den Geburts-
ort Buddhas aufsuchte. Von dort zog er – erfüllt von den Lehren
Buddhas und seiner Schüler – westwärts, predigte in Gandhara
und Persien, bis er schließlich wieder in seine Heimat gelangte.

Den Rest der Geschichte kennen Sie aus der Bibel – bis zur Kreuzabnahme. Und dort beginnen die Fragen, die zugleich an die Fundamente christlichen Glaubens rühren. Sie verstehen die Kom-
pliziertheit der Probleme, die hier aufgeworfen sind. Darum
erscheint es mir wichtig, zunächst einmal Ortsbesichtigung zu halten. Aber Basharat Saleem ist völlig unzugänglich, obwohl ihm ja
auch an einem Beweis liegen müßte. Er bezeichnet sich als Nach-
fahre von Jesus. Fürchtet er die Zerstörung einer Illusion? – Ich
weiß es nicht. Aber ganz fest überzeugt bin ich davon, daß nur
exakte wissenschaftliche Forschung weiterhelfen kann – sosehr
sich auch interessierte Kreise dagegen wehren mögen. Übrigens
hat ein amerikanischer Kollege schon versucht, mit einer elektro-
nischen Kamera Licht in das Dunkel zu bringen. Doch mehr als
ein sargähnliches Gebilde war damit auch nicht nachzuweisen.‹

Als ich mich von Professor Hassnain verabschiede, habe ich
den Eindruck, einen bedeutenden Mann und unerschrockenen
Wissenschaftler kennengelernt zu haben, der weder ein Fanatiker
noch ein Phantast ist.«

Viele der in diesem Buch verzeichneten Überlegungen und
Kombinationen haben ihren Ursprung in meinem damaligen Gespräch mit Professor Hassnain, dem weitere folgten. Und es kam
zu einem umfangreichen Briefwechsel, auch mit Freunden und
Geistesverwandten Hassnains in Europa.

Kehren wir mit dem so erweiterten und vertieften Wissen zurück zu den Evangelisten, die in ihren Texten das Thema des
Gekreuzigten und seiner Grablegung am Sonntagmorgen wieder
aufnehmen, also nach der zweiten Nacht, die Jesus im Felsengrab
des Joseph von Arimathia gelegen hat. Und so lesen wir es im
zwanzigsten Kapitel des Johannes-Evangeliums:

»An dem ersten Tage der Woche kommt Maria Magdalena
frühe, da es noch finster war, zum Grabe und sieht, daß der Stein
vom Grabe hinweg war. Da läuft sie und kommt zu Simon Petrus
und dem andern Jünger, welchen Jesus lieb hatte, und spricht zu
ihnen: Sie haben den Herrn weggenommen aus dem Grabe, und
wir wissen nicht, wo sie ihn hingelegt haben. Da gingen Petrus

und der andere Jünger hinaus und kamen zum Grabe. Simon Petrus ging hinein in das Grab und sieht die Binden gelegt und das Schweißtuch, das Jesus um das Haupt gebunden war. Da ging auch der andere Jünger hinein, und sah und glaubte.

Maria aber stand vor dem Grabe und weinte draußen. Als sie nun weinte, schaut sie in das Grab und sieht zwei Engel in weißen Kleidern sitzen. Und dieselben sprachen zu ihr: Weib, was weinest du? Sie spricht zu ihnen: Sie haben meinen Herrn weggenommen, und ich weiß nicht, wo sie ihn hingelegt haben. Und als sie das sagte, wandte sie sich zurück und sieht Jesus stehen und weiß nicht, daß es Jesus ist. Spricht Jesus zu ihr: Weib, was weinest du? Wen suchest du? Sie meint, es sei der Gärtner, und spricht zu ihm: Herr, hast du ihn weggetragen, so sage mir, wo hast du ihn hingelegt, so will ich ihn holen. Spricht Jesus zu ihr: Maria! Da wandte sie sich um und spricht zu ihm auf hebräisch: Rabbuni! das heißt: Meister! Spricht Jesus zu ihr: Rühre mich nicht an; denn ich bin noch nicht aufgefahren zum Vater. Gehe aber hin zu meinen Brüdern und sage ihnen: Ich fahre auf zu meinem Vater und zu eurem Vater, zu meinem Gott und zu eurem Gott. Maria Magdalena kommt und verkündigt den Jüngern: Ich habe den Herrn gesehen, und solches hat er zu mir gesagt.

Am Abend aber desselben ersten Tages der Woche, da die Jünger versammelt und die Türen verschlossen waren aus Furcht vor den Juden, kam Jesus und trat mitten ein und spricht zu ihnen: Friede sei mit euch! Und als er das gesagt hatte, zeigte er ihnen die Hände und seine Seite. Da wurden die Jünger froh, daß sie den Herrn sahen.«

Im vierundzwanzigsten Kapitel des Lukas-Evangeliums heißt es vom Besuch Maria Magdalenas und der Jünger:

»Aber am ersten Tage der Woche sehr früh kamen sie zum Grabe und trugen die Spezerei, die sie bereitet hatten. Sie fanden aber den Stein abgewälzt von dem Grabe und gingen hinein und fanden den Leib des Herrn Jesus nicht. Und da sie darum bekümmert waren, siehe, da traten zu ihnen zwei Männer mit hellen Kleidern. Und sie erschraken und schlugen ihr Angesicht nieder zur Erde. Da sprachen die zu ihnen: Was suchet ihr den Lebendigen bei den Toten? Er ist nicht hier; er ist auferstanden.«

Die Darstellungen der Begegnung mit Maria Magdalena und den Jüngern klingen realistisch. Ich habe die Probleme mit Professor Hassnain ausführlich diskutiert und schrieb damals dazu in mein Tagebuch:

»Drei Dinge fallen an der Darstellung der Auferstehung Christi auf: die Männer in den hellen Gewändern, die Frage des einen von ihnen ›Was suchet ihr den Lebendigen bei den Toten?‹, und endlich das Verhalten Christi selbst, der sich verborgen hält, ein offenbar an ihm ungewohntes Gewand trägt und sich nur Maria Magdalena zeigt, einer Frau, die durch ihr Gefühl für ihn am ehesten geeignet scheint, das Wunder seiner Auferstehung zu empfinden und entsprechend weiterzugeben. Das jedenfalls ist die Meinung Professor Hassnains und anderer skeptischer Evangelienspezialisten, wie etwa des Italieners Francesco Piccolo.

Sie sagen, daß in Jerusalem zwischen Karfreitag und Ostersonntag kein göttliches Wunder geschehen sei, sondern vielmehr eine wohlvorbereitete Rettungsaktion zum Wunder hochstilisiert wurde. Dabei zeigen sich zwei Gruppen von Beteiligten: die eine, zu der Joseph von Arimathia, Nikodemus und die Männer in den hellen Kleidern gehören – die andere, die aus den uns bekannten Jüngern Jesu und den ihnen nahestehenden Frauen besteht. Letztere ist offenbar im Plan Jesu dazu bestimmt gewesen, selbst an das Wunder der Auferstehung zu glauben und es zu verbreiten. Deshalb sagt Jesus auch zu Maria Magdalena: ›Rühre mich nicht an! Denn ich bin noch nicht aufgefahren zum Vater. Gehe aber hin zu meinen Brüdern und sage ihnen: Ich fahre auf zu meinem Vater und zu eurem Vater, zu meinem Gott und zu eurem Gott.‹

Diese Worte, begreift man sie nicht im Sinne des christlichen Heilsplans, können auch der Vorbereitung der geplanten Flucht gedient haben, die nur gelingen konnte, wenn der Glaube an das Wunder von Auferstehung und Himmelfahrt verbreitet wurde und deshalb eine mögliche Verfolgung unterbleiben würde.

Die Gruppe um Joseph von Arimathia, die offenbar von Jesus

eine geheime Initiation erhalten hatte, kannte, so argumentiert Piccolo, den wahren Sachverhalt und spielte die Rolle von Fluchthelfern. Wo sie öffentlich auftraten, wie am Grab Christi, erweckten sie, vielleicht dank der ihnen durch geheime Initiation übertragenen magischen Kräfte, den Eindruck überirdischer Wesen. Johannes nennt sie entsprechend seiner besonders ausgeprägten Vorstellungskraft Engel.

Ihnen oblag, entsprechend dem Fluchtplan Jesu, die Regie für sein Verhalten in der nun folgenden Zeit. Jesus selbst gab sich immer mehr als einer von ihnen, obwohl er keinen Zweifel daran ließ, daß er mit dem Leib auferstanden war, mit dem man ihn ans Kreuz geschlagen hatte. Ja, er zeigte seinen Jüngern, wie wir bei Johannes lesen, beim ersten geheimen Zusammentreffen zum Beweis seiner Identität ›die Hände und seine Seite‹, was doch wohl soviel heißt, daß er ihnen die Wundmale und den Lanzenstich des Kriegsknechts vorwies. Ganz deutlich wird das in einer weiteren Begegnung der Jünger mit Jesu, an der auch der Apostel Thomas teilnimmt, der bei der ersten Zusammenkunft nicht dabei war. Johannes berichtet in Kapitel 20,24–29 von dieser zweiten Begegnung der Jünger mit Jesu, aus der sich später das geflügelte Wort vom ungläubigen Thomas herleitete. Dort heißt es: ›Thomas aber, der Zwölfe einer, der da heißt Zwilling, war nicht bei ihnen, als Jesus kam. Da sagten die andern Jünger zu ihm: Wir haben den Herrn gesehen. Er aber sprach zu ihnen: Wenn ich nicht in seinen Händen sehe die Nägelmale und lege meinen Finger in die Nägelmale und lege meine Hand in seine Seite, kann ich's nicht glauben. Und über acht Tage waren abermals seine Jünger drinnen und Thomas mit ihnen. Kommt Jesus, da die Türen verschlossen waren, und tritt mitten ein und spricht: Friede sei mit euch! Danach spricht er zu Thomas: Reiche deinen Finger her und siehe meine Hände und reiche deine Hand her und lege sie in meine Seite und sei nicht ungläubig, sondern gläubig! Thomas antwortete und sprach zu ihm: Mein Herr und mein Gott! Spricht Jesus zu ihm: Weil du mich gesehen hast, Thomas, so glaubst du. Selig sind, die nicht sehen und doch glauben!‹

Aus diesem Text erkennen wir, daß sich Jesus in seiner Leidenszeit, vor allem durch die entstellenden Narben der Dornenkrone und der Kreuzigung, sehr verändert hatte, was dazu führte, daß ihn seine Jünger selbst am Tage nicht wiedererkannten. Das förderte, wie Piccolo meint, die Wirksamkeit seines geisterhaften Auftretens und Verschwindens in der Runde der Jünger.

Professor Hassnain wertet die als Wunder erklärten Erscheinungen des auferstandenen Christus, wie er mir sagte, als eindeutigen Beweis für einen von Todeswunden genesenen, auf keinen Fall aber am Kreuz gestorbenen Jesus.

Einen weiteren Beweis dafür meint der katholische Schriftsteller Kurt Berna mit dem im Dom von Turin aufbewahrten Grablinnen erbringen zu können. Nach seiner Meinung zeigen Fotos dieses von vielen Experten für echt gehaltenen Grabtuches Christi, daß die darin erhaltenen Blutspuren deutlich erkennen lassen, daß in diesem Tuch kein Leichnam, sondern ein Schwerverletzter eingeschlagen gewesen sei.

Berna ist geschäftsführender Sekretär des Deutschland-Konvents für das Linnen. Er führt gegen den Vatikan und den Erzbischof von Turin einen ebenso erbitterten Kampf um die Freigabe des Linnens für eine wissenschaftliche Untersuchung, wie Hassnain in Srinagar um die Öffnung des angeblichen Christus-Grabes von Kaschmir.«

Ich flog damals, überzeugt von der Richtigkeit der Auffassung Hassnains, zurück nach Deutschland. Seither habe ich viel Zustimmendes, aber auch Worte strikter Ablehnung gehört, wenn ich bei Gesprächen und Vorträgen auf das Thema Auferstehung kam oder darauf angesprochen wurde. Dabei waren die Thesen der Neinsager, für die ein Zweifel an der Auferstehung Sakrileg war, meist von religiösem Fanatismus geprägt, unzugänglich jedem Zweifel an den Evangelien und an den Dogmen der Kirche.

Da kam überzeugende Hilfe von unerwarteter Seite. Professor Hassnains Deutung des sogenannten Auferstehungsvorganges, der für mich ohne Zweifel ein Genesen Jesu von schweren, zu Ohnmacht führenden Verletzungen war, fand 1990 eine über-

raschende sprachwissenschaftliche Bestätigung durch eine Über-
prüfung der Übersetzungen der Evangelien, die der Bibelwissenschaftler Günther Schwarz in seinem Buch *Wenn die Worte nicht
stimmen* dokumentiert hat.

Er weist dort am Beispiel des Textes über die »Auferweckung
Johannes des Täufers von den Toten« nach, daß hier eine unge-
naue Übersetzung aus dem Aramäischen zugrunde liegt. Es darf
nicht heißen »Johannes wurde auferweckt‹, sondern »Johannes
ist wiederbelebt worden«.

Schwarz führt diesen Nachweis, der natürlich genauso auf die
Übersetzungen des Auferstehungsberichtes Jesu anzuwenden ist,
zum erstenmal bereits in einem 1988 publizierten Aufsatz »Tod,
Auferstehung, Gericht und ewiges Leben nach den ersten drei
Evangelien«. Dort schreibt er:

»Der lexikalische Befund beweist: Nicht ›Auferstehung‹, sondern ›Wiederbelebung‹ ist die einzige in Frage kommende Bedeutung jener beiden aramäischen Wörter, von denen Jesus entweder das eine oder andere gebraucht haben wird. Ich meine
die gleichbedeutenden Wörter *achajuta* und *techijjuta*. Beide
Substantive sind von dem Verb *chaja*, ›leben‹, abgeleitet und bedeuten daher – ich wiederhole –: ›Wiederbelebung‹ und nichts
anderes.«

Das ist überzeugend und macht deutlich, wie genau man bei
mehrdeutigen Aussprüchen auf die Grundwörter und ihre Bedeutung im Volkssprachlichen achten muß. Das ist vor allem dann
wichtig, wenn eine nicht von der Realität gedeckte Übersetzung
herauskommt, auf die sich dann sogar, wie hier, ein ganzes Glau-
benssystem aufbaut und bezieht.

Schwarz zählt zu der kleinen Zahl kritischer Theologen, die
auch das sprachliche Rüstzeug besitzen, allzu leichtfertig entstandene und übernommene Formulierungen bei der Eindeutschung
schwieriger Texte zu überprüfen und einleuchtende Änderungs-
vorschläge zu machen, die allerdings, soweit wir sehen, bisher
weder von der Kirche noch von den zuständigen Verlagen erwogen worden sind. Dieser Tatbestand begründet nicht nur unser

Recht auf Zweifel, sondern auch die unumgängliche Gewißheit, daß menschliches Vertrauen auf seriöse Wissensvermittlung immer wieder, auch von den Kirchen, mißbraucht worden ist und, wie die Klärungen von Schwarz zeigen, nach wie vor mißbraucht wird.

EIN BODHISATTVA
KEHRT HEIM

Wir dürfen also gewiß sein, daß Jesus nie von der Auferstehung der Toten oder gar von seiner eigenen Auferstehung gesprochen hat, sondern nur von Wiederkehr. Er wußte, daß allein die Wiedergeburtslehre dem Wesen der Natur und damit des Menschen entspricht. Auch dafür bietet Günther Schwarz einen Beleg. Er hat das berühmte Jesus-Wort »Wenn ihr nicht umkehrt und werdet wie die Kinder, so werdet ihr nicht ins Himmelreich kommen« auf die Genauigkeit seiner Übersetzung hin überprüft. Dabei kam er zu dem Ergebnis, daß es exakt heißen muß: »Würdet ihr nicht wiedergeboren werden, so dürftet ihr nicht eingehen in die Herrschaft Gottes.« Das aber heißt nach der Voraussetzung von Wiedergeburt im zweiten Teil des Satzes, daß nur der Wiedergeborene auch zur Erleuchtung gelangen kann.

Doch so, wie Jesus von der Wiedergeburt wußte, war ihm auch klar, daß der von ihm beschworene Vater im Himmel nicht der jüdische Gott Jahwe, sondern einfach das verkörperte Wort ist, von dem Johannes gesagt hat, es sei am Anfang gewesen. Es ist das Dharma, auf das der scheidende Buddha seine Mönche hinwies und mit dem auch Jesus seine Jünger als Lehrer in die Welt entlassen hat. Das Dharma ist die geistige Wirklichkeit unseres Seins, Wegbegleiter unserer Straße, die wir gehen, allein oder mit der Hilfe von Bodhisattvas, ob sie nun Avalokiteshvara, Maitreya oder Jesus heißen.

Um das am Beispiel des seine Kreuzigung überlebenden Jesus deutlich zu machen, greife ich noch einmal zu meinen Aufzeichnungen von 1975. Unter der Überschrift »Jesus auf dem Weg nach Kaschmir« schrieb ich damals nach eingehenden Gesprächen mit Professor Hassnain:

»Da die Begegnungen Christi mit seinen Jüngern nach der Auferstehung äußerst selten und immer nur unter Beobachtung größter Sicherheitsvorkehrungen für kurze Zeit stattfanden, erhebt sich die Frage, wo er, der ja in Palästina durch seine Kreuzigung und angebliche Auferstehung zum Landesgespräch geworden war, sich an den übrigen Tagen verborgen hielt, vor allem aber, wo er die Nächte verbrachte. Auch hier wird – wenn man eine natürliche Deutung der Ereignisse anstrebt – klar, daß er neben seinen offiziellen Anhängern, den Jüngern, eine große Anzahl geheimer Anhänger gehabt haben muß, die zum Teil in einflußreichen Stellungen saßen und Schaden von ihm abwehren konnten. Wieder denkt man an die Essener.

Welche Rolle sie insgesamt in der palästinensischen Gesellschaft jener Zeit gespielt haben, wird sich kaum völlig ergründen lassen. Francesco Piccolo meint, sie hätten versucht, der weltlichen Herrschaft Roms ›eine größere Autorität, die Autorität Gottes‹ entgegenzustellen, wobei Christus erwählt wurde oder es auch selbst übernahm, diesen Gott in Fleisch und Blut zu verkörpern. Die jüdische Verheißung eines Erlösers, des Messias, kam solchen Gedanken entgegen.

Aber auch in der buddhistischen Lehre ist die Idee des geistigen Gegengewichtes zur weltlichen Macht enthalten. So wie der jüdische Messias in zweierlei Form erwartet und begriffen wurde – als weltlicher König der Juden und als geistlicher Erlöser der Menschheit –, so war auch im Buddha Shakyamuni die weltliche Herrscherpersönlichkeit und die Gestalt des religiösen Lehrers angelegt. War er doch als Prinz mit den Zeichen des Außergewöhnlichen geboren, und man hatte von ihm prophezeit, daß er entweder ein großer König oder ein großer Guru zu werden verspräche.

Bis in die mittelalterliche *Legenda aurea* – eine berühmte lateinische Textsammlung – ist diese Geschichte Buddhas unter dem Titel ›Von Sanct Barlaam und Josaphat‹ eingedrungen. Warum sollte sie nicht schon viel früher zum möglicherweise von Jesus selbst aus Indien mitgebrachten Geistesgut der Essener geworden sein?

Immerhin würde sich dann das Wort Jesu: ›Ich gehe dorthin, woher ich gekommen bin‹, in jeglicher Hinsicht anders aufklären als im Sinne einer Himmelfahrt. Denn dann wäre – und das ist es, was Hassnain aus den Texten von Hemis herausliest – die buddhistische Welt Indiens und des damaligen Kaschmir seine geistige wie auch seine reale Exilheimat.

Daraus ergibt sich die äußerst prekäre Frage, ob nicht das, was von der christlichen Kirche bis heute als Himmelfahrt Christi gefeiert wird, in Wirklichkeit der von Jesus und seinen Helfern – den Essenern – geschickt inszenierte Aufbruch gen Osten gewesen ist, in eine Welt, in der sich Jesus – glaubt man den Texten von Hemis – heimisch fühlen konnte und in der er vor jüdischer und römischer Verfolgung sicher war.

In dieses Bild paßt nicht nur die Begegnung mit Saulus in Damaskus – jene wohl dramatischste Bekehrungsgeschichte der frühchristlichen Literatur –, sondern auch vieles, was in den sogenannten Thomas-Akten aus den Apokryphen zum Neuen Testament und aus erstaunlicherweise bei uns kaum zitierten persischen Texten abzuleiten ist.

Rausa-tus-Sofa ist der Titel eines persischen Werkes, in dem wir von einer gemeinsamen Pilgerschaft Jesu mit seiner Mutter Maria und dem Apostel Thomas lesen, der als Bruder Jesu bezeichnet wird.

Wir erfahren aus diesem Buch, daß Jesus im türkischen Nusaybin gepredigt und die Bevölkerung gegen die ›ruchlosen Behörden‹ aufgewiegelt habe. So mußte er, um auch hier der Gefahr für Leib und Leben zu entgehen, seine Flucht schleunigst fortsetzen.

Das *Rausa-tus-Sofa* berichtet vom Tod Marias auf der Flucht. Sie wurde dem Text zufolge in der Nähe des heutigen Islamabad – der neuen Hauptstadt Pakistans – beigesetzt. Professor Hassnain ist dieser Geschichte nachgegangen und hat tatsächlich eine Grabstätte entdeckt, die heute noch als ›Mai Mari ke Asthan‹ – Grab der Mutter Maria – bezeichnet wird. Es ist der Platz, wo sich die Brüder Jesus und Thomas getrennt haben sollen – der eine, um weiter nach Kaschmir zu wandern, und der andere, um als Apostel nach Indien zu gehen, wo heute noch in der Nähe von Madras seine im

sechzehnten Jahrhundert von den Portugiesen errichtete Grab-
kapelle zu sehen ist. Auch die christliche Kathedrale von Madras
erinnert an ihn – sie trägt seinen Namen.

In den Thomas-Akten liest sich der Bericht von der Aussen-
dung des Apostels Thomas nach Indien und von den Abenteuern
seiner Reise teilweise wie eine kecke Verwechslungskomödie. Als
Thomas sich vor dem auferstandenen Christus mit Ausflüchten
um das Amt des Indien-Apostels zu drücken versucht, verkauft
ihn Jesus kurzerhand gegen drei Pfund ungeprägten Silbers an
einen Kaufmann namens Abban, der nach Indien unterwegs ist.
Nicht genug dieser wenig heilandmäßigen Handlung, benutzt
Jesus den Sklaven Thomas auf der weiteren Reise – liest man den
Text sorgfältig – als Double. Bei einer ausführlich geschilderten
Königshochzeit geht das so weit, daß er an Stelle des eben nach
Gebet und Segen davongegangenen Thomas im Brautgemach erscheint und den Prinzen mit eigenartigen Worten an der Voll-
ziehung der eben geschlossenen Ehe hindert.

Da heißt es wörtlich: ›Als aber alle hinausgegangen und die
Türen geschlossen waren, hob der Bräutigam den Vorhang des
Brautgemachs empor, um die Braut zu sich zu führen. Und er sah
den Herrn Jesus im Aussehen des Apostels Judas Thomas, der vor
kurzem sie gesegnet hatte und dann von ihnen gegangen war, mit
der Braut reden und sprach zu ihm: Bist du nicht vor allen hinausgegangen? Wie geschah es, daß du jetzt hier bist? Der Herr aber
sprach zu ihm: Ich bin nicht Judas mit dem Zunamen Thomas, ich
bin sein Bruder. Und der Herr setzte sich auf das Bett, ihnen aber
befahl er, sich auf die Sessel zu setzen, und fing an zu ihnen zu sagen: ‚Gedenket meine Kinder, an das, was mein Bruder mit euch
geredet und wem er euch befohlen hat, und erkennet, daß ihr,
wenn ihr euch von diesem schmutzigen Verkehr befreit, heilige
Tempel, rein und solche werdet, die von Leiden und Schmerzen,
offenbaren und nicht offenbaren, befreit sind; und ihr werdet euch
nicht Sorgen für Leben und Kinder auflegen, deren Ende Verder-
ben ist. Wenn ihr euch aber viele Kinder anschafft, so werdet ihr
um ihretwillen Räuber und Habsüchtige, die Waisen schinden und

Witwen übervorteilen, und indem ihr dies tut, unterwerft ihr euch
sehr schlimmen Strafen. Denn die meisten Kinder werden unnütz,
von bösen Geistern besessen, die einen offenbar, die andern auch
unsichtbar. Denn sie werden entweder mondsüchtig oder halb
dürr (abgezehrt) oder gebrechlich oder taub oder sprachlos oder
gelähmt oder dumm. Wenn sie aber auch gesund sind, werden sie
wiederum untauglich sein, indem sie unnütze und abscheuliche
Werke ausrichten. Denn sie werden entweder auf Ehebruch oder
auf Mord oder auf Diebstahl oder auf Unkeuschheit betroffen, und
durch dies alles werdet ihr in Betrübnis versetzt werden. Wenn ihr
aber gehorcht und eure Seelen Gott rein bewahrt, werden euch lebendige Kinder werden, die von diesen Schäden unberührt bleiben, und werdet ohne Sorge sein, indem ihr ein unbeschwertes
Leben ohne Schmerz und Sorge verlebt und jene unvergängliche
und wahrhaftige Hochzeit (als euch gebührend) erwartet zu empfangen, und werdet bei ihr als Brautführer mit hineingehen in
jenes Brautgemach, (das voll von) Unsterblichkeit und Licht ist.'
Als aber die jungen Leute dies hörten, glaubten sie dem Herrn
und übergaben sich ihm und enthielten sich der schmutzigen Begierde und brachten so an dem Orte die Nacht hin.«

Handelte es sich hier nicht um einen einwandfrei belegten apokryphen Text zum Neuen Testament, könnte man glauben, eine
unbekannte Rede Buddhas vor sich zu haben. Nirgendwo spricht
Jesus deutlicher in der Weise eines buddhistischen Guru als hier in
den Thomas-Akten – auf seinem geistigen, den Apostel Thomas
inspirierenden oder – wenn wir Professor Hassnain folgen wollen –
auf seinem wirklichen Weg nach Indien.

Legende oder Wirklichkeit?

Wie auch immer wir die Thesen und Theorien zur zweifachen
Indien-Fahrt Jesu beurteilen mögen, sie sind ein Stück mehr jener
Europa, Vorderen Orient und Indien verbindenden Gemeinsamkeiten und Sehnsucht weckenden Gegensätze, die ihren ältesten
Ausdruck im griechischen und indischen Mythos und ihre historische Wirklichkeit in Alexanders Indien-Zug und seinen vielfältigen Folgen gefunden haben.«

Beim Wiederlesen dieses vor zwanzig Jahren entstandenen Textes, der aus ersten Eindrücken einer neuen, mich seither stark bewegenden Erkenntnis hervorging, bin ich mir heute sicher, mit der Hilfe Hassnains die richtige Erklärung für das Jesus-Schicksal gefunden zu haben. Sie ist von der Lehre der christlichen Kirche genauso weit entfernt wie von den vielfältigen Aussagen der Zweifler und Leugner, die Jesus auf unterschiedlichste Weise interpretieren, ohne ihn auch nur im mindesten verstanden zu haben.

Er war ein großer Lehrer, ein machtvoller Bodhisattva, aber weder der Sohn Gottes noch der Messias, von dem damals Juden wie Christen träumten. Wenn er von Gott oder dem Reich Gottes sprach, dann meinte er den Logos, den Geist, und damit das Dharma, die allumfassende Lehre, das Wort im Sinne von Grundsatz, von dem der Evangelist Johannes sagt: »Im Anfang war das Wort und das Wort war bei Gott und Gott war das Wort.«

Um das Wort, von dem hier die Rede ist, muß man wissen. Es ist das Wort, das von Buddha aus wirkt, seit er in Sarnath bei Varanasi das Dharmacakra – das Rad der Lehre – in Bewegung gesetzt hat. Dabei geht es um Erkenntnis, um Einsicht und schließlich um Erleuchtung. Einsicht und rechtes Handeln vor allem sind es, die Jesus den Menschen vermitteln und für die er den Weg bereiten wollte als Bodhisattva eines sinnvollen, gerechten Lebens. Voraussetzung dafür ist nicht der Glaube, sondern das Verstehen und das Bemühen.

Jesus spricht deshalb nicht von Gnade, sondern von Hilfe. Er hat den Menschen in seiner Hilfsbedürftigkeit im Auge. Damit wendet er sich an alle Menschen, die guten Willens sind, nicht nur an die, denen die Gnade des Glaubenkönnens zuteil wurde. Das ist buddhistisch – ist Bodhisattva-Haltung.

Jesus ist wie Buddha ein Friedensherr. In einer Zeit, die vom Mittelmeer bis tief nach Asien vom Lärm der Waffen und von den Gewalttaten der politisch Mächtigen wie auch der Räuberbanden erfüllt war, predigte er Menschenliebe, Rücksichtnahme und Friedensbereitschaft – alles Eigenschaften, von denen man später auch in der christlichen Kirche hörte, die man aber, vor allem an der Spitze ihrer Hierarchie, nur selten verwirklicht hat.

So gesehen war Jesus, der »Wiederbelebte«, auch über sein uns bekannt gewordenes persönliches Wirken hinaus, ein Einzelgänger. Und er blieb es wahrscheinlich bis ins hohe Alter als angesehener Lehrer, als Helfer und Heiler in Kaschmir.

Dagegen wurde Jesus als Christus, als Auferstandener und zum Himmel Gefahrener, wie ihn die Kirche predigt, zur göttlichen Wundererscheinung hochstilisiert – als einer, »wie es ihn noch nie gegeben hatte und wie es ihn auch nie wieder geben wird«. Darauf gründeten das frühe Christentum und die daraus erwachsene christliche Kirche das Postulat ihrer Einmaligkeit, ihr Erlösungsversprechen und ihren Missionsauftrag für die ganze Welt.

So unterscheiden sich hilfreiche Lehrer und religiöser Anspruch. Es ist der Unterschied zwischen Buddha und Jesus auf der einen und den Begründern des Christentums – den Kirchenvätern, Scholastikern und Päpsten – auf der anderen Seite. Menschliche Hilfsbereitschaft und Machtstreben haben sich in ihrer krassen Gegensätzlichkeit nie deutlicher, aber auch nie erschreckender gezeigt und durchgesetzt als hier.

Schon der Anfang des kirchlichen Christentums ist von Intoleranz und Gewaltanwendung gegen alles geprägt, was sich nicht den strengen Glaubensvorschriften und der Enge des Dogmas fügte. Das zeigt sich in der Frühzeit des Christentums vor allem im Vorgehen der Kirche gegen gnostische Gruppierungen, in denen der geistig-religiöse Ost-West-Kontakt lebendig geblieben war, der aber auch Inhalt der ursprünglichen Lehre Jesu, so sehr sie später entstellt wurde, ohne Zweifel gewesen ist.

Die Entstehungsgeschichte des Christentums ist weit von den menschlichen Idealen und Glaubensvorstellungen entfernt, die Jesus gepredigt hatte. Es gab von der ersten Stunde an Streit zwischen den Aposteln, später harte Auseinandersetzungen zwischen priesterlicher Macht und christlichem Geist, zwischen Indoktrination und Freiheit des Denkens, zwischen Gewaltanwendung und Liebe.

Jesus hat in seinem indischen Exil von diesen Spannungen wohl kaum etwas erfahren. Seine ursprüngliche Lehre aber schien schon bald überholt. Und doch ist von seiner buddhistischen Erkenntniswelt im frühen Christentum vieles lebendig geblieben und immer wieder, nicht nur in Gnosis und Mystik, sondern auch in der offiziellen Kirche zum Ausdruck gekommen. Daß sich dafür, trotz aller Verfolgung und Unterdrückung fremder Lehrinhalte, über Jahrhunderte Beispiele erhalten haben, gleicht angesichts der angestrebten Totalvernichtung aller dogmenfeindlichen Kräfte einem Wunder, dem es nachzuspüren lohnt.

Nachdem Jesus, wie wir nachweisen konnten, seine Heimat zum zweitenmal verlassen hatte, um dorthin zu gehen, wo seine geistige Heimat war, gab es zweifellos auch weiterhin Kontakte zwischen seinen in Galiläa gebliebenen Jüngern und Buddhisten, die im Vorderen Orient zu Hause waren oder über die Seidenstraße immer wieder dorthin gelangten. So dürfen wir davon ausgehen, daß neben gnostischen Lehren auch im Westen buddhistisches Gedankengut weiter verbreitet wurde und in die christliche Vorstellungswelt eindrang. Denn in beiden Bewegungen, der gnostischen wie der buddhistischen, war auch der Geist Jesu ungebrochen lebendig. Hatte er doch das gnostische Streben nach der Erkenntnis übersinnlicher, kosmischer Zusammenhänge genauso gelehrt wie Buddhas Grunderkenntnis vom Leidvollen unseres Daseins. Besonders diese letzte Erkenntnis war es, die wohl, angesichts des jüdischen Schicksals im Kampf mit Rom, ein Teil christlicher Lebenserkenntnis blieb, besonders bei solchen Christen, die sich aus tiefer weltlicher Verstrickung dem Glauben in Hoffnung auf Rettung zuwandten und dabei die Wirklichkeit unseres Daseins durchschauten.

Ein frühes Beispiel dafür gibt der Kirchenvater Augustinus im vierten Jahrhundert im Sermo 60 seiner Bekenntnisschriften:

»Hart und grausam ist das Leben der Sterblichen. Geborenwerden heißt doch nichts anderes als der Beginn eines unsäglich mühsamen Lebenslaufs. Das Weinen eines neugeborenen Kindes ist bereits Zeuge der Mühsal, die uns alle erwartet ... Den Trank, den uns Adam gereicht hat, müssen wir alle trinken. In diesem einen Menschen ist die Lage der gesamten Menschheit vorgebildet. Er hat sich selbst verfehlt und jede Überlegung verloren; er ist abgeirrt vom Wege des rechten Denkens und Trachtens. Er häuft Schätze an und weiß nicht für wen. Es gibt nichts Törichteres und Unglücklicheres als diesen Menschen ...«

Dieser Augustinus-Text liest sich wie ein Ausschnitt aus den Reden Buddhas. Und tatsächlich hat sich solche Betrachtungsweise des Lebens auch weiterhin in der christlichen Literatur erhalten. Doch galt sie nicht als realistisch, sondern als pessimistisch, später als nihilistisch, da die Überwindung solcher Lebenshaltung mit Hilfe unseres erkennenden Bewußtseins, wie sie Buddha gelehrt hatte, nicht im christlichen Denken des Mittelalters verankert war. Hier fehlte die Annahme vermittelnder Worte Jesu. Und trotzdem ist erstaunlich viel buddhistisches und auf den wahren Jesus zurückgehendes Gedankengut in der mittelalterlichen christlichen Literatur zu finden.

Wir wollen in diesem Zusammenhang einen Text als Beispiel der Anwesenheit und des Fortwirkens buddhistischen Geistes, selbst im offiziellen Kirchenchristentum des Mittelalters, betrachten. Er stammt aus der Feder Lotario de Segnis, des späteren Papstes Innozenz III. (1160–1216), und trägt den Titel *Vom Elend des menschlichen Daseins*. Bei der Lektüre könnte man wiederum, wie schon bei Augustinus, meinen, auf eine Rede Buddhas gestoßen zu sein, mit der er seine Vier Edlen Wahrheiten, zumindest in ihrer Grundaussage »Alles Leben ist leidvoll«, weitläufig kommentiert.

Doch das Erstaunliche an diesem Text ist, daß er auch einen für westliches Denken sehr entlegenen Gedanken Buddhas aufgreift, der mit der Zeugung verbunden ist. Wir wissen aus Buddhas Reden, daß er im Hinblick auf die Wiedergeburtslehre eine dem Westen fremde Vorstellung von der Zeugung eines Kindes entwickelt hat. Dabei erklärt er, wie das, was von jedem einzelnen Menschen wiedergeboren wird, nämlich sein Karma – das ist alles, was er in seinem Leben je gefühlt, gedacht und getan hat –, in einen neugezeugten Menschen eintritt. Buddha sagt dazu:

»Wenn drei zusammenkommen, dann entsteht eine Leibesfrucht. Außer Vater und Mutter muß ein ›Jenseitiger‹ – eines jener Karmabündel, die den Leib beim Tod verlassen – dazutreten, daß eine Leibesfrucht und damit ein neues Lebewesen entsteht, um auf Grund des in früheren Leben von ihm Gewirkten nun wieder in den Samsara, den endlosen Kreislauf, einzutreten.«

Papst Innozenz III. beschreibt den gleichen Vorgang in seiner Schrift *Vom Elend des menschlichen Daseins* so:

»Es gibt eine doppelte Empfängnis, die des Samens und jene, bei der der Mensch entsteht. Die erste ereignet sich in geheimer Zusammenkunft, die zweite, wenn sich die Seele mit der Materie verbindet. Bei der ersten kommen die Eltern zusammen, bei der zweiten entsteht das Kind. Weiß doch jeder, daß ehelicher Geschlechtsverkehr die fleischliche Begierde und damit verbunden die Ausschweifung voraussetzt, weshalb auch der Same die Empfängnis befleckt und anstößig macht. Hieraus zieht dann die eingegossene Seele den Makel der Sünde und der Schuld. Sie deutet so bereits hin auf die Ungerechtigkeit des späteren Lebens. Es verhält sich in diesem Zusammenhang genau wie bei einem schlechten Gefäß: Die Flüssigkeit, die man hineingießt, wird verdorben und befleckt durch die Unreinheit, die herrührt vom Kontakt mit dem verdorbenen Gefäß.«

Hier ist ein urbuddhistischer Gedanke im Sinne christlicher Unschuld und Sündenauffassung umgedeutet, geht aber auf die im buddhistischen Kanon verankerte Vorstellung zurück, daß der Zeugungsakt mehr ist als ein Koitus. Doch im Gegensatz zu Buddha, dessen klare Einsicht in die Zusammenhänge menschlichen Kommens und Schwindens ihn zu letzten Aussagen über das Vorübergehende unseres Daseins befähigen, zieht Innozenz III. dubiose Schlüsse aus der Menschwerdung. Er nimmt sie nicht als die natürliche Folge aus dem Samsara, sondern als ein aus der Sünde geborenes Schrecknis. Dabei sieht er den Vorgang richtig. Doch seine Wertung ist weder eines an Gnade glaubenden Kirchenfürsten noch eines die Welt richtig einschätzenden Realisten würdig. Sie kennzeichnet den Papst, von dessen weltlichen

Machtansprüchen selbst gegenüber Kaiser Friedrich II. wir wissen, als einen geistig schwachen und moralisch minderwertigen Menschen.

Er gibt dabei ein Beispiel für viele mächtige Vertreter des Abendlandes, besonders auch der katholischen Kirche. Aus solcher in falsch verstandener Jesus-Lehre und krankhafter Selbstüberschätzung gründender Dynamik des Negativen ist für die westliche Welt viel Unheil erwachsen, das in den letzten Jahrhunderten auch Asien zunehmend erfaßt hat. Das ist um so bedauerlicher, als wir immer deutlicher erkennen, welche Chancen einst in der west-östlichen Begegnung angelegt waren.

Denn östliches und westliches Denken – Buddhismus, Jesus-Lehre und Christentum – sind in ihren Ursprüngen, wie wir an diesen und anderen Beispielen sehen können, enger und tiefer miteinander verknüpft, als das bisher erkannt worden ist.

Das Schweigen, das die einschlägige abendländische Literatur über diese Gemeinsamkeiten breitet, die sie noch immer nicht wahrhaben will, ist einer der Gründe für die einseitige, gefahrvolle Entwicklung, die das europäische Denken genommen hat – ein Denken, das trotz großer Leistungen und Erfolge im ganzen gesehen doch ins Unglück führen mußte, dessen Ende noch nicht abzusehen ist.

VOM VERRATENEN
GEIST UND VOM ELEND DES
MATERIALISMUS

Schauen wir zurück auf die Welt des Mythos und der religiösen Bekenntnisse, wie sie uns in den Kapiteln dieses Buches vielfältig und vieldeutig begegnet ist, so können wir drei Grundformen der religiösen und damit der geistigen Bindung des Menschen und der dazugehörenden Lehren unterscheiden. Es sind anfangs die aus der Natur erwachsenen, im Kosmos gründenden Gottesvorstellungen, die wahrscheinlich in der Vorgeschichte mit der Großen Göttin begannen und im strengen Monotheismus der Juden gipfelten. Ferner haben wir die in Pantheons vereinigten, vielfach miteinander verwobenen und sich auseinander entfaltenden Götterwelten des Mythos, aus denen geheimnisvolle Mysterienreligionen entstanden, deren Wirken noch in christlicher Zeit von Mittelasien über Rom in weite Teile Europas reichte. Schließlich begegnen wir den im Ethos wurzelnden menschlichen Erscheinungen mit religiöser oder auch einfach nur ethischer Zielsetzung, zu denen Buddha und die Bodhisattvas zählen, deren einer – Jesus –, westlich verfremdet, zu einem überirdischen Heiland gemacht wurde, der er nie war, und den die sich auf ihn berufenden christlichen Kirchen für ihre mehr oder weniger strengen Anhänger nur durch Dogmen glaubhaft machen konnten.

Wenn wir Jesus der Bedeutung seiner Lehre entsprechend verstehen und als Helfer begreifen wollen, müssen wir ihn als Bodhisattva – als Mittler zwischen Ost und West – annehmen, der er mit Sicherheit war. Nur so, wenn wir seine aus der Lehre Buddhas weiterentwickelte buddhistische Ethik als Brücke zum Westen erkennen, besteht die Hoffnung, die Kirchen im Sinne seines helfenden Menschseins, nicht aber einer an ihn geknüpften überirdischen Erwartung, noch einmal, und zwar im Ganzen, zu reformieren. Das ist zweifellos die wichtigste religiöse, menschlichem Bewußtsein entsprechende Aufgabe für das nächste Jahrtausend.

Die Kirche hat infolge ihrer früh einsetzenden repräsentativen Veräußerlichung den Geist Jesu, der in Bescheidenheit und Liebe gründet, nicht in eine nachvollziehbare Glaubenswirklichkeit umsetzen können. Sie ist selbst der heute weltweit ihrem Höhepunkt zustrebenden Tendenz materialistischen, geistfernen Lebens zum Opfer gefallen. Das aber heißt: Wir leben in einer Welt, in der mit Jesus auch der Geist verraten worden ist und damit das rechte Bewußtsein, in dessen Beschreibung und Verkündigung sich Buddha und Jesus getroffen haben. Im Buddhismus ist man sich, zumindest zum Teil, dieser Absicht und dieses Wirkens des Buddha bis heute bewußt geblieben.

Im Christentum dagegen gab es von früh an nur eine abseitige, oft verlästerte und meist bekämpfte Richtung, die sich des Jesus als eines geistigen Verkünders bewußt war: die Mystik. Aus ihr schöpfen selbst Kirchenchristen heute zum Teil noch eine Kraft, die erstaunen macht, angesichts der sonst zu beobachtenden Veroberflächlichung und Verweltlichung kirchlichen Lebens.

Ich weiß sehr wohl, daß viele Christen, auch viele Pfarrer und Priester, um diese Not wissen und darunter leiden. Es kann hier auch nicht darum gehen, eine Kritik des Kirchenchristentums vorzutragen. Die ist vielfältig geleistet und ergibt sich für jeden, der willens ist zu verstehen, als Folgerung auch aus diesem Buch. Zeigt doch der Weg, den Jesus nach seinem Aufstehen vom Schmerzenslager, nach seiner »Wiederbelebung«, gegangen ist, symbolisch an, welche Richtung einzuschlagen wäre, um der Menschheit und damit auch der Christenheit noch eine Chance zu bieten. Es ist der geistige Weg nach Osten, der Weg zum Verständnis dessen, was Buddha der Menschheit gebracht und was Jesus aus dieser Weisheit gewonnen und an die westliche Welt vermittelt hat. Aus beider Lehre ergibt sich ein unüberhörbarer Appell an das menschliche Bewußtsein als Seins- und Sinnesorgan, an das, was wir eigentlich sind und woraus wir auch die Kraft schöpfen könnten – so wir nur ernsthaft wollten –, die Krise zu überwinden, in die eine geistferne Menschheit, wie wir beobachten können, immer tiefer hineingerät.

Der Grund für diese Krise – einer Krise unseres in Wissenschaft und Technik so erfolgreichen Jahrhunderts – ist einfach und einsehbar. Er betrifft die Mehrzahl der Menschen – längst nicht alle – und heißt Gleichgültigkeit, Bequemlichkeit. Diese verbreitete, durch vielfältige technische Voraussetzungen unterstützte, ja, wohl begründete Haltung führt zu der großen Versuchung, trotz des vorhandenen Krisengefühls weiterzuleben wie bisher. Denn dieses weithin ziellose, nur dem Tag hingegebene Leben, wie es heute viele führen, ist so einfach, so anstrengungslos, so verführerisch.

Die große Gefahr, die damit verbunden ist, besteht in der so oft kritisierten, doch nur von wenigen erkannten verhängnisvollen Abhängigkeit vom Materiellen in fast allen Sphären menschlichen Daseins. Unsere von außen inspirierten ständig wachsenden Wünsche und ihre von interessierter Seite versprochene schnelle Erfüllung, die dem Menschen angeblich Glück und das Gefühl großer Freiheit bringt, führen in Wirklichkeit in immer größere Abhängigkeit, die schließlich zur totalen Gefangenschaft im Spinnennetz von Besitzgier, Konsum und Süchtigkeit wird. Im gleichen Maße, in dem wir uns diesen Verführungen hingeben, verlieren wir unsere Selbständigkeit.

Vieles von dem, was sich heute als Fortschritt ausgibt, ist in Wirklichkeit Verflachung und Verrat am Geist. Denn all die auf schnellen, großen Gewinn ausgerichteten Aktivitäten unserer Zeit können nur funktionieren, wenn sie den kritischen Geist des einzelnen, sein klares, durchschauendes Bewußtsein weitgehend ausschalten. Nur so ist das angestrebte Ziel der totalen Vereinnahmung der Menschheit durch eine kleine Zahl von Mächtigen, die wirtschaftlich alles in der Hand halten und überall gewissenlos ihre Interessen verfolgen, zu erreichen. Es ist das von den Medien, den Industrien und der Werbung angestrebte, wenn auch nicht eingestandene Ziel des manipulierbaren, unbedacht konsumierenden Menschenautomaten, dessen Lebenswelt die von George

Orwell in seinem Roman *1984* prognostizierte totale Überwachung und Kontrolle bei weitem übertrifft.

Das Raffinierte der angestrebten und zum Teil schon verwirklichten Totalvereinnahmung besteht darin, daß man eine Freiheit der Entscheidung suggeriert, die in Wirklichkeit für den in die weltweite Vernetzung eingebundenen Menschen gar nicht mehr besteht. Die Zahl der Vielfalt vortäuschenden Angebote, etwa im Bereich der zahllosen Fernseh- und Videoprogramme, hat mit Freiheit der Wahl nur insoweit zu tun, als man sich auf niedrigstem Niveau ohne selbständiges Denken bedienen lassen kann.

Es geht also, dies sei hier ausdrücklich betont, nicht etwa um die Ablehnung oder gar Verteufelung technischen Fortschritts, nicht um Sinn und Brauchbarkeit internationaler Informationssysteme, sondern um deren Mißbrauch zum Zwecke des puren Geldverdienens durch Nivellierung des Geschmacks und billige Sensationsmache, die den Menschen das Staunen, aber auch den Schrecken lehren sollen.

Dahinter steht als einziger Impuls das Geschäft. Denn nur der auf solche Weise in den Konsum, auch in den Schaukonsum eingespannte Massenmensch kann, wenn man ihn erst einmal an eine Totale der Bedürfnisse gewöhnt hat, immer neu zur Kasse gebeten werden, auch dann noch, wenn er die Mittel für sein Konsumvolumen gar nicht mehr aufbringen kann. Banken, aber auch Sozialämter können darüber erschütternde Auskunft geben.

Doch wir sind noch längst nicht am Ende dieser Entwicklung, wie uns hoffnungsfrohe Manager des Massengeschmacks versichern. Für den heute noch in kritischer Haltung verharrenden, nur am Rande vom Unterhaltungsboom betroffenen Menschen geht es angesichts dieses vorausschaubaren Ablaufes nach dem alten Hamlet-Wort um Sein oder Nichtsein. Denn am Ende dieses Weges – das haben inzwischen viele Menschen begriffen – steht, in anderem Sinne, als man das Wort bisher gebrauchte, der Unmensch, der lebende Automat.

Geist und Menschenwürde werden dann Fremdworte sein, bei deren Nennung uns aus tausend und mehr Fernsehkanälen und Onlines, Satelliten und anderen Raumgespenstern als Reaktion ein einziges Höllengelächter entgegenschallen wird – das Gelächter der Gewinnriesen über die Dummheit und Manipulierbarkeit ihrer nicht so cleveren Artgenossen.

Denn das müssen wir uns vor Augen halten: Der Mensch hat sich in den von uns betrachteten Jahrtausenden gar nicht so sehr verändert. Aber er hat, soviel wir auch von Freiheit und Demokratie reden hören, viel von seiner Selbständigkeit, von seinen Entscheidungsmöglichkeiten – das aber heißt, von seiner persönlichen Freiheit – verloren. Sein Geist ist eingespannt in ein Bezugssystem der Medien mit ihren vielfältigen Verlockungen, den Werbekampagnen und Kaufangeboten, die ein freies, unabhängiges Denken kaum noch zulassen.

Was wir zu Beginn dieses Buches vom »Verhängnis des Priestertums« sagten, gilt heute für die Manager der Macht, des Konsums und der allseitigen Massenbeeinflussung. Die Chance, ihrem Einfluß zu entgehen, ist geringer denn je. Die Gefahr der Vereinnahmung aller aber wächst von Generation zu Generation. Denn die Herren am Schaltwerk der Zukunft arbeiten global, und sie wollen uns glauben machen, daß wir ohne Annahme ihrer großartigen, phänomenalen Angebote weltweiter Kommunikation hoffnungslos antiquiert, eigentlich lebensuntüchtig sind.

Dieses Lebensgefühl der großen Chance für alle, die mitmachen, die jedes Superangebot akzeptieren, vermittelt Bill Gates' Bestseller *Der Weg nach vorn.* Ich muß gestehen, daß ich selten so viel konzentrierte Einfalt, so viel Primitives über das Leben des sogenannten modernen Menschen und seine großartigen Zukunftsaussichten durch totale Vernetzung gelesen habe wie in diesem Buch, mit dem der Autor doch offensichtlich nur eines im Sinne hat: noch mehr Menschen als Kunden für seine Software und damit für die totale Informationsabhängigkeit zu gewinnen. Männer wie Bill Gates sind die falschen Priester unserer Zeit. Doch ihre weltweite Macht, ihr verhängnisvoller Einfluß durch Wirtschaftsdiktatur, übersteigt den früherer Priestersysteme um ein Vielfaches.

Ich habe seit langem darüber nachgedacht, wie man diesem ebenso erschreckenden wie übermächtigen Phänomen diabolischer Machtentfaltung von Vertretern eines hemmungslosen Materialismus begegnen kann. Sicher nicht mit der weinerlichen Weltuntergangsprognostik von Kulturpessimisten. Wohl aber auch nicht mit Parteien, Vereinen, Gesellschaften und Sekten, die sich mit idealistischer Gebärde des Dämons Macht, der heute in Politik, Wirtschaft, Wissenschaft und Kultur gleich unverschämt und erschreckend auftritt, meinen erwehren zu können. Versuche dieser Art sind gescheitert oder werden von denen, die man damit treffen, die man verhindern möchte, belächelt.

Des Trends zu geisttötenden Schaukulissen, zur Reizüberflutung von allen Seiten und um jeden Preis kann sich die Menschheit als Gemeinschaft wohl kaum noch erfolgreich erwehren. Dazu ist es zu spät. Maschinenstürmer haben keine Berechtigung, aber auch keine Chance in unserer Zeit. Denn es geht nicht um die Gesamtentwicklung von heute, es geht um ihre Auswüchse, um die Verkrebsung am menschlichen Geist, die ihn allerdings nicht wuchern, sondern verkommen lassen. Doch auch Konsumverweigerer verfallen dem allgemeinen Spott. Sie gelten als museale Gestalten.

Wir müssen das Grundübel der Zeit erkennen: den geistlosen Materialismus. Und wir müssen uns fragen, ob es eine Kraft gibt, ihn in seiner schäbigen Oberflächlichkeit zu entlarven und seine Bedeutungslosigkeit für ein sinnvolles Menschsein jenseits der Computerwelt zu enthüllen. Es gibt diese Kraft in uns: das kritische Bewußtsein, das es zu aktivieren und gegen die immer mächtiger werdenden Umwelteinflüsse zu mobilisieren gilt.

Damit gelangen wir zurück zum Thema unseres Buches und zu den beiden, die wir im zweiten Kapitel als Überwinder der Angst bezeichnet haben: Buddha und Jesus.

Denn Angst ist es ja vor allem, die das materialistische Zeitalter unserer Tage mit all seinen als Fortschritt ausgegebenen Horrorszenarien den meisten Menschen einjagt, ob sie es sich eingestehen wollen oder nicht. Nun kann es weder darum gehen, vor dieser Angst Zuflucht in einer buddhistischen Gemeinde oder einer sich auf Jesus berufenden Glaubensgemeinschaft zu suchen, falls man, wie viele, von den christlichen Kirchen bereits Abschied genommen hat. Auch Sekten aller Art, was immer sie versprechen, sind hier keine Hilfe, selbst wenn sie den Menschen den Eindruck von Geborgenheit zu vermitteln suchen.

Den Weg aus der Angst, aus der Unsicherheit können wir nur mit dem Einsatz unseres eigenen kritischen Bewußtseins, dem besten Orientierungsinstrument, das uns Menschen gegeben ist, zunächst als einzelne angehen.

Dazu vermitteln die ursprünglichen Lehren von Buddha und Jesus brauchbare Hilfen, die über das Wort hinausreichen und einen Weg weisen, der allmählich auch von der Angst zu befreien vermag. Denn diese Lehren lassen uns, wenn wir sie richtig verstehen und anwenden, das Elend des Materialismus durchschauen und die erkennen, die den Geist verraten haben, obwohl sie sich immer wieder auf ihn berufen.

Als totale Informationsgesellschaft, wie uns Bill Gates als Opfer seiner Geschäfte sieht, sind wir verloren. Denn der nur noch für Informationen offene, auf Informationen wartende Mensch ist der im Netzwerk Gefangene, der Abhängige, der seine persönliche Freiheit verloren hat, obwohl man ihm suggerieren will, daß er sie gerade durch die Überfülle an Informationen gewinnt.

Die Lebenslüge der Gegenwart ist die von Politik, Wirtschaft, Wissenschaft und Kirche verbreitete Behauptung, weiterer Fortschritt und ständiges Wirtschaftswachstum seien notwendig für den Bestand der Menschheit. Das Gegenteil ist wahr. Je weiter sich die Technik unkontrolliert entwickelt, um so ärmer werden wir an schöpferischer Kraft, an Möglichkeiten wirklicher Persönlichkeitsentfaltung und vor allem an Menschlichkeit, an Willen und Fähigkeit zu ethischem Denken und Handeln.

Es ist erstaunlich, daß offenbar sehr viele Menschen dieser Meinung sind und sich trotzdem nicht aus den Schlingen des vernetzten und vermarkteten Daseins befreien können. Die Fähigkeit zur Abstinenz scheint geringer als die Lust bedenkenloser Hingabe an die Versuchungen einer Scheinwelt, die uns vorgaukelt, sie könne uns glücklich und zufrieden, ja vielleicht sogar geistig reicher machen. Bedient man sich doch fürs Geschäft auch längst schon philosophischer und religiöser Argumente. Man ist darum nirgendwo sicher vor Vereinnahmung und Verführung. Das Leben ist zum Karussell vorbeifliegender Illusionen geworden, die man uns als das wirkliche, das lohnende Leben verkaufen möchte. Wenn wir das durchschaut haben, sind wir reif, dem Dasein anders zu begegnen.

Der Weg zu sich selbst

Durch den Brückenschlag aus der Achsenzeit, die eine Epoche des geistigen Aufbruchs war, in unsere Gegenwart, die dazu die weiteste nur mögliche geistige Entfernung darstellt, will ich die im Abendland erfolgte menschliche Fehlentwicklung verdeutlichen, die in den letzten hundert Jahren ihre Hybris erreicht hat. Daß die Weichen zu solcher Fehlentwicklung zum Teil bereits in der Achsenzeit selbst gestellt worden sind, dürfte aus ihrer historischen Darstellung deutlich geworden sein.

Schon zu Buddhas Zeiten traten in Gestalten wie Devadatta, dem Schwager des Erleuchteten, die Versucher, Verführer, Vergewaltiger, Verbrecher hervor, die seither immer wieder Unheil über die Menschheit gebracht haben. Sie sind die Beherrscher des Samsara. Aus ihren Aktivitäten erwächst das ständig neue Leid der Menschheit, das Buddha einsichtsvoll und klar beschrieben hat.

Die Versuche, diesem Leid und seiner Ausbreitung wirkungsvoll entgegenzutreten, die von den Anhängern Buddhas wie Jesus seit zweieinhalbtausend Jahren immer wieder und zum Teil kontinuierlich unternommen worden sind, konnten die verhängnisvollen Wirkungen des Samsara für unser Dasein nicht verhindern. Die meisten Menschen verharren darin wie in einem Rausch, dessen Faszination im ständigen Wechsel der Erscheinungen, in der Bilder Flucht, wie sie uns heute das Fernsehen beschert, zutage tritt.

Die Welt der Erscheinungen, die für die Mehrzahl der Menschen eine faßbare, materielle Wirklichkeit voller möglicher Wunscherfüllungen suggeriert, ist, wie wir sahen, bereits von Buddha und Jesus als Scheinwelt entlarvt worden. Trotzdem halten die meisten Menschen an dieser technisch aufgeputzten, illusionistischen Scheinwirklichkeit fest, wie sie uns vor allem die Medien als Lebensinhalt vermitteln wollen.

Diese Selbstverlorenheit des Menschen an das ihn in seinen Netzen gefangenhaltende Samsara ist um so weniger zu verstehen, als seiner frühen Entlarvung durch Buddha in jüngster Zeit die naturwissenschaftliche Bestätigung gefolgt ist. So hat Hans-Peter Dürr, der Direktor des Werner-Heisenberg-Instituts am Max-Planck-Institut für Physik in München, in den achtziger Jahren mehrfach betont, daß es nach neuesten physikalischen Erkenntnissen »eine gegenständliche Realität, wie wir sie bei unserer objektiven Betrachtung als selbstverständlich voraussetzen, gar nicht wirklich gibt, sondern daß diese eine Konstruktion unseres Denkens ist«. Damit wird die Gleichsetzung unserer Wahrnehmung von Wirklichkeit mit der Wirklichkeit selbst durch einen heutigen Physiker entsprechend der Lehre Buddhas als Irrtum erkannt und bezeugt.

Doch weder in der Wissenschaft noch im alltäglichen Leben des Menschen werden aus dieser Erkenntnis Konsequenzen gezogen. Dabei sind hier die Voraussetzungen für einen Weg des einzelnen zu befreiender Bewußtheit gegeben. Um ihn zu gehen, bedarf es keines begleitenden Priesters oder Gurus, sondern nur eines wachen kritischen Bewußtseins, das sich nicht täuschen, nicht blenden läßt durch die Scheinwelt des verführerischen Samsara.

Je mehr wir uns davon gefangennehmen, davon verführen lassen, um so größer ist die darauf zwangsläufig folgende Enttäuschung. Warum das so ist, hat Buddha in seiner ersten Predigt in Sarnath eindrucksvoll und überzeugend dargelegt: weil alles Leben leidvoll ist. Dem Leiden, das sich in Geburt, Krankheit, Alter und Tod für jeden von uns unabweisbar manifestiert, können wir nur mit klarem, erkennendem Bewußtsein begegnen.

Den Pfad dieser Bewußtseinsausbildung hat Buddha in unnachahmlicher Klarheit aufgezeichnet. Es ist der Achtfache Mittlere Pfad seiner Lehre, der, wie wir feststellen konnten, auch Jesus nicht fremd gewesen ist. Wir wollen ihn hier aus heutiger Sicht betrachten und ihm in Gedanken folgen als einer Initiative gegen die Verflachung, die Vereinnahmung und die weltweite Versuchung, die unsere geistige Selbständigkeit zu zerstören drohen.

Worum geht es dabei? Es geht um den Versuch, der immer mächtiger, immer aufdringlicher werdenden Welt des Samsara, des Wirbels der Aktivitäten und der Fatalitäten, den Versuch der Beruhigung und der Besinnung entgegenzusetzen. Wir wissen, daß ein solches Unternehmen in unserer turbulenten Welt überschäumender Dynamik und Diabolik gewiß nicht leicht zu verwirklichen ist. Und doch bedürfen wir heute der Gegenposition zur Samsara-Welt mehr denn je. Wir wollen sie für den Menschen unserer Tage aus Buddhas Achtfachem Pfad und den damit verwandten Thesen aus Jesu Bergpredigt neu zu entwickeln und als Hilfe zu verstehen versuchen. Unser Ziel ist dabei der rechte, der gangbare, der sinnvolle Weg.

Acht Stufen hat Buddha für diesen Weg vorgeschlagen. Es sind Schritte einsichtiger Selbstverwirklichung – in anderer Weise allerdings, als egozentrische Singles heute diese begreifen und realisieren möchten. Es ist kein Weg des Ego, sondern ein Weg zu seiner Überwindung.

Betrachten und betreten wir ihn!

Dabei erkennen wir sofort, daß er mit den heutzutage üblichen, uns vorgeschlagenen Lebenswegen nichts zu tun hat. Denn es ist kein Weg der Wunscherfüllung, kein Weg des bedenkenlosen Lebensgenusses in all seinen Varianten. Vor allem jedoch besteht dieser Weg nicht in der Aufgabe des eigenen kritischen Bewußtseins zugunsten einer Hinwendung an das Glücksangebot der vom Materialismus beherrschten Macher, die nie begreifen werden, daß ihr Tun des Teufels ist.

Wenden wir uns der Realität, das heißt unserem Bewußtsein zu. Bedenken, betrachten wir den ersten Schritt. Er besteht in der rechten Anschauung, der rechten Erkenntnis. Es ist die Erkenntnis der Wahrheit, wie wir sie, auf unsere Gegenwart bezogen, im vorangegangenen Kapitel zu durchschauen versucht haben. Dabei wurde uns klar, daß Welterkenntnis, zumal in unserer Zeit, Leiderkenntnis ist. Denn was man uns als Freude, als Glück verheißt, ist in Wirklichkeit Leidbereitung, ist Vergänglichkeit und Bedeutungslosigkeit in ihrer schnell dahinschwindenden Illusionsfülle, die nichts als Inhaltsleere, als leidvorbereitendes Faszinationsbild ist.

Rechte Anschauung muß deshalb kritische, Distanz nehmende Anschauung sein. So führt sie zur Erkenntnis und zur Einsicht in die Bedeutung des Erschauten, des im Samsara als Erlebnis angebotenen Scheins, den Buddha als Wahn bezeichnet.

Im zweiten Schritt nehmen wir Stellung dazu durch unsere Einsicht, unsere Gesinnung. Sie hilft uns, die Ergebnisse unserer Betrachtungen zu verstehen und in rechtem Bewußtsein zu verarbeiten.

Wenn wir Zeugnis davon geben, bedarf es der rechten Rede. Sie ist der dritte Schritt. Rede ist Verständigung, aber auch Versuchung. »Bewahre deine Zunge«, heißt es in der Bibel. Und auch Buddha empfiehlt Zurückhaltung im Reden.

Wichtiger noch ist sie im Handeln, der vierten Stufe seines Achtfachen Pfades, der rechtes Tun zur Aufgabe macht, aus dem sich in fünfter, strenger Stufe dann die Forderung der rechten Lebensführung ergibt. Solche Lebensführung ist auf Abstand zu den vielfältigen Angeboten und Verlockungen des Tages und vor allem der Nacht bedacht. Sie ist eine Lebensführung selbstkritischer Beurteilung unseres Denkens und Handelns, wie sie schon Jesus empfohlen hat. Es geht hier nicht, wie den Christen in der Kirche gelehrt wird, um einen Weg des Glaubens und Vertrauens, sondern um einen Weg der rechten Lebenshaltung, der geistigen Verantwortlichkeit und der daraus folgenden verantwortungsvollen Bewältigung des Alltags. Die ist schwerer zu leisten als Kirchgang und Tischgebet. Denn sie ist nicht von einer Gnade, sondern eben von der richtigen Lebensführung abhängig. Der gläubige Kirchgänger ist manipulierbar, der kritische Benutzer eines an den Tagesereignissen geschulten Bewußtseins nicht.

Mit dem fünften Schritt beginnen die Überlegungen, die eine rechte Lebensführung erforderlich machen. Dazu gehören die Frage des Berufs, das Problem eines ethisch zu verantwortenden

Broterwerbs, das Nachdenken über die Stellung, die man in Beruf und Gesellschaft einnimmt, und welche Folgen sich für das eigene Leben und für andere daraus ergeben oder ergeben können. Von der persönlichen Entscheidung auf dieser Stufe hängen die weiteren Schritte und ihr Gelingen ab.

So fordert der sechste Schritt das rechte Mühen, die rechte Anstrengung, das Leben im vorbedachten, das heißt im vertretbaren Sinne zu bewältigen.

Wir sind hier an einem Punkt angelangt, der ständige Selbstprüfung, des Tuns wie auch des Denkens, der Absichten, erfordert. Dazu bedarf es uneingeschränkter Achtsamkeit und Bedachtsamkeit. Wenn uns dies gelingt – es ist eine schwere Forderung an sich selbst –, dann haben wir die Voraussetzungen erfüllt, die zur rechten Sammlung, zu Einkehr und nachdenkendem Verweilen – zur Meditation – nötig sind.

Schauen wir von hier aus zurück auf die Jahrhunderte, die wir von Buddha bis Jesus, mit Buddha und Jesus, gegangen sind, zurück auch auf das Samsara von damals und heute, wie wir es gerade in diesem und dem vorangegangenen Kapitel zu erkennen und zu durchschauen uns bemüht haben. Es ging dabei um die Weckung kritischen Bewußtseins. Das ist die Kraft, derer wir bedürfen, wenn wir uns nicht vom chaotischen Wirbel der Umwelt mitreißen lassen wollen. Solchen Widerstand zu entwickeln und für sich zu behaupten ist nicht leicht.

Wir werden deshalb im letzten Kapitel dieses Buches unter Rückgriff auf die von uns kritisch betrachtete Vergangenheit versuchen, mögliche Kraftquellen der Selbstbehauptung zu erschließen. Sie liegen, wie ich denke, in Selbstbesinnung und Meditation unter Rückschau auf die Schritte des Achtfachen Mittleren Pfades, der uns zwischen Askese und hemmungslosem Lebensgenuß einen Weg der Vernunft ohne Selbstpreisgabe zeigt.

MEDITATION ALS
SELBSTBESINNUNG

Buddhismus und Christentum, die beiden weltumspannenden Religionen, sind, wie wir gesehen haben, aus dem Wissen, der Erkenntnis und der Erleuchtung ihrer Begründer Buddha und Jesus hervorgegangen. Es sind ihrem Ursprung nach ethische Lehrreligionen. Sie wollen den Menschen zur Einsicht und zur Erkenntnis, vor allem zur Selbsterkenntnis führen. Das ist ihre Bestimmung, die allerdings von den späteren Glaubensvertretern bis heute nur selten verwirklicht wurde. Denn Buddha und Jesus hatten im Laufe der Jahrhunderte tatsächlich nur wenige ihnen angemessene und ihrer würdige offizielle Nachfolger. Daß ihre ursprünglichen Lehren trotzdem nicht völlig untergegangen sind, verdanken sie ihrer Tiefe und Wahrheit, aber auch den Menschen, die, unberührt von Fehldeutung und Mißbrauch, am Kern des einst Verkündeten festhielten. Es waren und sind öfter Einzelgänger als Glieder der sich auf die Religionsstifter berufenden Kirchen und Gemeinden. Das ist bemerkenswert. Müßte man doch annehmen, daß sich der Geist eines Verkünders in einer Gemeinschaft besser, klarer und intensiver verwirklichen läßt als im Einzelleben. Doch haben oft die, denen in den Gemeinschaften kraft ihres Geistes Macht zufiel, in der späteren Ausübung ihres Amtes mehr an sich und die eigenen Bedürfnisse als an die Verbreitung und Verwirklichung der Lehre gedacht. Das beobachten wir in der Geschichte des Buddhismus – seiner Orden, Klöster und Gruppierungen – wie auch der christlichen Kirchen, Orden, Sekten und Gemeinden. Da waren und sind es häufig die Machtgierigen, die Einfluß Heischenden, die Erfolgshungrigen, die sich durchsetzen gegen die wirklich vom Glauben Erfüllten, von tieferem Wissen Beherrschten, denen es um die

Anwendung und Verwirklichung der Lehre für den Menschen und nicht um äußere Präsentation und Prachtentfaltung zu tun ist.

Weder Buddha noch Jesus haben an so etwas gedacht, noch es je gepredigt. Daraus ergibt sich für uns die Frage, ob das, was sich im Laufe der Jahrhunderte als religiöse Wirklichkeit und Praxis etabliert hat – wie groß auch äußerer Erfolg und Nachfolge sein mögen –, den Geist der Religionsschöpfer verwirklicht und dem Menschen den Weg zur Lehre öffnet. Hier sind Zweifel angebracht, und man muß sich, angesichts weltweit veräußerlichter Praxis, fragen, ob es nicht andere, sinnvollere, der Lehre angemessenere Wege zum Heil gibt als die oberflächlichen Prozessionsereignisse und Massenbegegnungen derer, die sich mit einem Schau- oder Lippenbekenntnis in der Gemeinschaft begnügen.

Die Frage nach dem anderen Weg ist zunächst eine Frage nach dem menschlichen Bewußtsein und der Rolle, die es für den einzelnen spielt. Es geht dabei um Selbsterkenntnis und kritische Welterkenntnis, vor allem aber um rechte Lebensführung. Je weniger jemand bereit ist, das Gegebene ungeprüft anzunehmen und den Spuren der Massen zu folgen, um so mehr wird sich in ihm das Bedürfnis einstellen, sich selbst und seine gegenwärtige Existenz zu beobachten und kritisch zu hinterfragen.

Nur wenn wir uns selbst verstehen, können wir hoffen, allmählich die Welt, auch die heutige Welt, zu verstehen. Allein aus vollem Bewußtsein vermögen wir uns ganz zu entfalten. Mit dieser Erkenntnis, die zugleich ein Postulat sein muß, sollten wir der Welt in all ihren Erscheinungsformen gegenübertreten und so Religionen, Politik, Wirtschaft, Kultur, Arbeitswelt, Medien, Umwelt und menschliches Verhalten beurteilen. Das Ergebnis wird eine Klarheit sein, die wir als mitgerissene Teilnehmer eines von außen bestimmten, auf Zerstreuung und Unterhaltung ausgerichteten Lebens, das in Wirklichkeit ein Gelebtwerden ist, nie erfahren würden.

Was hier aus dem Geiste Buddhas und Jesu angeregt wird, ist

der andere, der in ihrer Lehre erkennbare, aber weithin verschüttete Weg: der Weg des einzelnen zum sinnerfüllten Leben, unabhängig vom Treiben des Samsara, durch Selbsterkenntnis und Selbstbegegnung.

Die Forderung lautet: Suche und finde dich selbst. Es ist die Forderung, die auch hinter den hier aufgezeigten Lehren steht, trotz all der möglichen Irrwege, die sich im Laufe der Jahrtausende aus ihnen entwickelt und zu einem unübersehbaren Wirrwarr von falschen Verheißungen geführt haben.

Ich möchte darum aus der weiträumigen historischen Darstellung euro-asiatischer Geistesgeschichte und ihrer Verirrungen Schlüsse ziehen und ein paar Denkanstöße geben, die für den heutigen Menschen, so weit er ein Suchender ist, hilfreich sein könnten. Es sind Vorschläge zur richtigen Welteinschätzung und zum rechten Umgang mit sich selbst.

Einer der Klarheit schaffenden, hilfreichen Pfade zur Erkenntnis, den jeder von uns für sich finden und gehen kann, heißt Meditation. Doch sehen und fassen wir die Meditation anders, als es heute in esoterischen Gemcinden, Seminaren und Selbsterfahrungsgruppen geschieht.

Meditation erfordert vor allem Alleinsein und Klarsein. Sie braucht nicht unbedingt die begleitende Stimme des anderen, sondern nur die vorsichtige Öffnung des Zugangs zu sich selbst, verbunden mit der Einsicht in die Zusammenhänge der uns umgebenden Welt. Wir bedürfen der Erkenntnis unserer karmischen Situation und ihrer möglichen Bewältigung. Schon in meinem Buch *Buddha. Die Wege der Erleuchteten* habe ich mich bemüht, Möglichkeiten solcher Erkenntnissuche und Erkenntnisfindung aufzuzeigen. Sie betrafen dort, dem Thema entsprechend, buddhistische Wege. Doch ich glaube, der suchende Mensch muß sich weder auf eine Lehrtradition noch auf ein Glaubensbekenntnis festlegen. Und selbst wenn er eine solche Bindung hat, sollte er sie nicht als Hindernis betrachten, sich einen eigenen Weg der Selbstbegegnung und des Selbstverständnisses zu erschließen.

Der Versuch ist nicht leicht, doch er lohnt sich, ja, für den Erkennenden ist er im genauen Wortsinn notwendig, weil nur so ein klares Bewußtsein von Ethik entstehen kann. Und dessen bedarf die Menschheit heute dringender denn je. Es geht also zugleich um ein persönliches und ein gemeinschaftliches Streben, wobei sich letzteres nur aus dem Bemühen des einzelnen zu entwickeln vermag, wenn es auch heißt: Einer trage des anderen Last.

Doch gerade daran denkt heutzutage niemand. Selbstverwirklichung ist das Gebot der Stunde. Sie führt in den meisten Fällen zur Rücksichtslosigkeit, die man gern Cleverneß nennt. Damit wird jeder auf sich selbst zurückgeworfen. Denn Nächstenliebe und daraus folgende Nächstenhilfe sind selten geworden, passen nicht in das moderne Erfolgskonzept. Der Mensch, der das erkennt und verwirft, sieht sich im Lebenswirbel der vielfachen Aktivitäten und Verlockungen allein. Als einzelner muß er darum das Leben und seine Meisterung angehen. Das kann nicht ohne Besinnung, ohne Überlegung geschehen. Denn sie sind auch die Voraussetzung für ein Vorankommen auf dem oben beschriebenen Achtfachen Pfad.

Der Anfang sollte im Abstand-Nehmen bestehen. Abstinenz gegenüber den täglichen Versuchungen des Konsum- und des Medienangebots sind dafür die besten Voraussetzungen. Wir müssen die bedürfnislose Stille üben, das in uns Hineinhören. Dabei vermag der intensive Gedanke an Buddha oder Jesus, an ihr beispielhaftes Leben und ihre Lehren hilfreich zu sein. Beide bieten vielfältige Ansätze zum Nachdenken und zu Distanz schaffender Meditation. Diese kann man einfach als stille Besinnung beginnen. Sie bedarf keiner äußeren Vorbereitungen, keines besonderen Raumes und vorgeschriebenen Sitzens. Sie kann in jeder Körperhaltung erfolgen und erfordert nichts als die Bereitschaft zur Konzentration. Diese erreicht man am besten durch kontrolliertes Atmen.

Wenn ich auf das Ein- und Ausatmen achte, tritt der Gedankenstrom des Samsara, treten die äußeren Eindrücke von selbst zurück. So beginnt sich unser Bewußtsein von der Fülle äußerer Eindrücke zu leeren. Wir erkennen Samsara als Draußen, als das

Andere und begreifen, wie stark wir ohne Selbstkontrolle von ihm
beherrscht und durchdrungen sind. Doch gewinnen wir mit dieser
Einsicht und Erkenntnis die Möglichkeit, davon Abstand zu nehmen, wann immer wir wollen. Damit haben wir, zumindest für
den Augenblick, ein Stück Freiheit erlangt, das uns hilfreich sein
kann bei unserem Bemühen um Lebensverständnis und Daseinsbewältigung.

Atembeobachtung und Atembewußtsein sind wichtige Hilfen
auf dem Wege zu uns selbst. Man gewinnt damit ein klares Verhältnis zu seinem körperlichen wie geistigen Sein. Es ist eine
Erfahrung, die am Anfang eines neuen Bewußtseins steht, das
wir durch kritische Selbstbetrachtung erreichen können. Voraussetzungen dafür sind nicht nur Atemkontrolle und Beobachtung
unserer Sinnensphäre, sondern auch die angemessene Gangart
unseres Alltags, unserer Lebensführung. Wir müssen uns vor
Übertreibungen genauso hüten wie vor einer Trägheit des Denkens und Tuns. Inaktivität birgt die gleichen Gefahren wie unkon-
trolliertes, unüberlegtes Tätigsein. Ehrgeiz kann uns genauso
schaden wie Phlegma.

Der richtige Lebensweg verläuft in der Mitte. Er bringt uns
Hilfe im Chaos widerstreitender Aktivitäten und Ereignisse, wenn
wir es erst einmal gelernt haben, Abstand haltend damit umzugehen. Dabei kommt es darauf an, Stille zu üben, Wünsche zu
unterdrücken, Verständnis für die Umwelt aufzubringen, ohne
ihren Verlockungen zum Opfer zu fallen. Indem wir uns frei
machen von der Vielfalt der täglichen Ansprüche und Versuchungen, loszulassen lernen, wo wir besitzen oder erwerben möchten,
wird uns wohl.

Wer hat nicht schon selbst erlebt, wie wenig oftmals die
Wunscherfüllung bedeutet, wie Glücksgefühl oft nur als Wunsch-
gefühl bestand und im Augenblick des erlangten Besitzes nicht
mehr viel, ja, häufig gar nichts mehr bedeutete? Man kann solches
Erleben, solche Haltung trainieren, indem man auf Einkaufsbum-
mel, auf das verführerische Blättern in bunten Versandkatalogen
verzichtet und sich bei Anschaffungen von vornherein auf das

beschränkt, was man nach genauer Bedarfsprüfung wirklich braucht. Viele Menschen glauben, das Leben würde dadurch langweilig und ereignisarm. Das Gegenteil aber kann der Fall sein, wenn man an die Stelle eines Stadtganges die Schritte in die Natur lenkt oder eine Kunstausstellung, ein Museum besucht.

Je mehr wir unseren Geist anregen und geistige oder künstlerische Erlebnisse dem Erwerb von materiellen Dingen vorziehen, um so mehr Zufriedenheit werden wir erfahren. Denn das Kleidungsstück oder das technische Gerät, das wir heute kaufen, verfällt schnell dem Alterungsprozeß, wird unmodern oder reparaturbedürftig, verliert schon bald seinen Reiz oder seine Funktionstüchtigkeit.

Der Umgang mit religiösen oder philosophischen Texten, mit Literatur, Musik, Kunst dagegen bereichert unsere Erlebnissphäre, unser Bewußtsein, gibt unserem Dasein Form und Inhalt. Wir erreichen, wenn wir das ganz gezielt üben, eine Kontinuität des Erlebens, die nichts mehr mit der oberflächlichen Suche nach Zerstreuung, mit Zeitvertreib und Aktivitäten gegen Langeweile zu tun hat, sondern uns auf einmal erkennen läßt, daß bei rechtem Vorgehen im geistigen wie im künstlerischen Bereich Zusammenhänge des Erlebens und der Erfahrung entstehen, die uns auf ganz andere Art zu befriedigen, ja zu beglücken vermögen als der ungeplante, diskontinuierliche Fernsehabend, der Kneipen- oder Discobesuch oder die stupide Welt der Computerspiele, die immer mehr Menschen stundenlang fesseln und von einer vernünftigen, geistig kommunikativen Lebensgestaltung mehr und mehr abbringen.

Ich will deshalb einige Vorschläge zur Lektüre machen, die das hier ausgebreitete Erfahrungsfeld erweitern und die daraus gewonnenen Erkenntnisse im Sinne kommunikativer Lebensgestaltung vertiefen können.

Beginnen möchte ich mit den Reden Buddhas, die in mehreren deutschen Übersetzungen fast vollständig vorliegen. Sie sind keine Lektüre für den Einsteiger, können am Anfang eher verwirren als helfen. Doch ist in jüngster Zeit ein Band mit dem Titel *Der*

Buddha sprach nicht nur für Mönche und Nonnen von Fritz Schäfer erschienen, der in Dialogform, als Gespräch mit interessierten Laien, die Lehre Buddhas für »Nichtasketen«, also für den Weltmenschen, darstellt.

Für viele wird im Hinblick auf die Jesus-Kapitel auch ein prüfender Blick in die Evangelien sowie ins Alte Testament anregend und hilfreich sein. Dabei kann die Beschäftigung mit der bereits zitierten Übersetzung von Martin Buber und Franz Rosenzweig neue Perspektiven biblischer Geschichte, wie sie der allgemeine Religionsunterricht nur sehr eingeschränkt bietet, eröffnen.

Doch sollten wir, wenn uns der Weg, den wir von 600 v. Chr. bis zur Zeitenwende nachzuzeichnen versucht haben, als menschlicher Schicksalsweg bewegt und interessiert, auch den Texten der frühen vorderasiatischen und abendländischen Literatur, besonders den ältesten Philosophen unsere Aufmerksamkeit schenken. Diese Texte liegen zum großen Teil in hervorragenden deutschen Übersetzungen, nicht selten mit gegenübergestelltem griechischem oder lateinischem Originaltext vor. Wenn wir dabei der Vielfalt der sogenannten Vorsokratiker, dem Sokrates bei Platon und Xenophon sowie dem Alexander-Lehrer Aristoteles begegnen, wird uns klar, daß hier wirklich die geistigen Brücken zwischen Asien und dem Abendland liegen, die von der europäischen Wissenschaft so völlig übersehen werden. Noch deutlicher wird das bei der Lektüre der Stoiker und der Epikureer, deren ethische Grundhaltung auch für den heutigen Menschen Vorbild sein kann. Denn unter kommunikativer Lebensgestaltung verstehe ich nicht nur ein geistig erfülltes, sondern auch ein ethisch verantwortungsbewußtes Leben, wie es uns die beiden großen Angstüberwinder Buddha und Jesus, aber auch viele der großen Denker jener Zeit vorgelebt und in ihrer Lehre als menschenwürdig dargestellt haben.

Wir können ethisches Verhalten, wie sie es uns gelehrt haben, am besten im Umgang mit unseren Mitmenschen üben und schließlich als selbstverständlich gewordene Lebensform praktizieren. Bewährungsplätze für solches Tun sind die Familie, der

Beruf – aber auch die Vielfalt der Fremdbegegnungen auf der Straße, in Verkehrsmitteln und überall dort, wo wir sonst noch Menschen begegnen.

Freundlichkeit, Hilfsbereitschaft, Höflichkeit sind in der heutigen Welt keine Selbstverständlichkeit mehr. Doch sie sollten es wieder werden. Umgang mit Eltern und Kindern, mit Freunden, Arbeitskollegen und Sportkameraden können wir zu Prüfsteinen praktizierter Menschlichkeit machen, unabhängig von Glaubensbekenntnissen, Sektenwesen und Cliquenbildung.

Der für den Mitmenschen offene, hilfsbereite Mensch sollte das erste ethische Ziel für die Zukunft sein. Wir wissen wohl, wie weit die meisten Menschen davon entfernt sind. Der nächste ethische Schritt heißt dann Ehrlichkeit, Anständigkeit, Abstand nehmen von Falschheit, Betrug, Diebstahl, selbst im kleinsten.

Das sind ethische Grundgedanken, die wir in unserer Vorstellungswelt unverrückbar verankern sollten. Sie werden uns bei ihrer Verwirklichung ein Glücksgefühl vermitteln, das alle Freuden über eine gelungene Täuschung, einen Betrug oder andere Unanständigkeiten bis hin zu jenen Delikten, die heutzutage kaum noch jemand als kriminell empfindet, obwohl sie es in Wirklichkeit sind, bei weitem übertrifft.

Wenn wir diese beiden ethischen Anfangsstufen des rechten Umgangs und des rechten Verhaltens beherrschen und in unserem Leben so weit wie nur möglich umsetzen, wird es uns leicht werden, aus Selbstbesinnung die rechte Selbstverwirklichung entstehen zu lassen. Selbstverwirklichung dieser Art läßt freilich vieles draußen, was man heute damit verbindet oder doch in Kauf nimmt. Egoismus, Selbstsucht, Mißgunst, Neid, Haß, Falschheit haben darin keinen Platz, wenn das auch von den meisten Menschen, die bedenkenlos dahinleben, nicht so erkannt und empfunden wird. Sie erfreuen sich am täglichen Erfolg, am billigen Glück, an der schnellen Mark und vergessen dabei, daß solches Leben keine Sinnerfüllung bringt, daß an seinem Ende Enttäuschung und oft genug Verzweiflung stehen. Das von so vielen ersehnte Heil für unser Selbst und damit für die gesamte Menschheit sieht jedenfalls anders aus als das, was viele heute in selbstgefälligem Narzißmus und lebenshungriger Oberflächlichkeit dafür halten.

Um das zu erkennen und nachzuvollziehen, haben wir einen weiten Weg zurückgelegt – einen Weg durch die wechselvolle Geschichte der Länder zwischen Indien und dem Mittelmeer. Dabei konnten wir viel von den Gedanken wie von den Nöten der Menschen erfahren, aber auch von all den Bemühungen, diesen Nöten entgegenzutreten und ein sinnvolles Dasein anzuregen und zu versuchen.

Buddha und Jesus waren und sind, wie wir gesehen haben, mit anderen großen Denkern und Lehrern ihrer Zeit Wegbereiter solcher Bemühungen für alle, denen es um echte Selbstbesinnung und daraus erwachsende Selbstverwirklichung geht.

Ihr Leben und ihre Lehren blieben beispielhaft als Ansätze und Möglichkeiten zur Überwindung der Angst, die den Menschen gerade heute in immer stärkerem Maße erfaßt und bedrängt. Das Ziel heißt darum Selbstbehauptung durch gesteigertes Bewußtsein. Das kann den Durchbruch zu einem Dasein ohne Angst ermöglichen.

LITERATUR-
VERZEICHNIS

Altheim, Franz: Weltgeschichte Asiens im griechischen Zeitalter. 2 Bde. Halle 1947/48.

Altheim, Franz: Alexander und Asien. Tübingen 1953.

Aristoteles: Philosophische Schriften. 6 Bde. Hamburg 1995.

Arrian: Alexanders des Großen Siegeszug durch Asien. Zürich 1950.

Bachofen, Johann Jakob: Das Mutterrecht. Stuttgart, Basel 1861.

Bareau, André: Der indische Buddhismus. Stuttgart 1962. (Die Religionen der Menschheit, Bd. 13.)

Bengtson, Hermann: Grundriß der römischen Geschichte. München 1967.

Berger, Klaus: Wer war Jesus wirklich? Stuttgart 1995.

Berve, Helmut: Das Alexanderreich. 2 Bde. München 1926.

Buddha: Die Reden Gotamo Buddhas. 3 Bde. Übertragen von Karl Eugen Neumann. Zürich 1956.

Capelle, Wilhelm: Die Vorsokratiker. Fragmente und Quellenberichte. Stuttgart 1935.

Crossan, John Dominic: Der historische Jesus. München 1994.

Cumont, Franz: Die orientalischen Religionen im römischen Heidentum. Darmstadt 1975.

Dacqué, Edgar: Urwelt, Sage und Menschheit. München, Berlin 1928.

Darwin, Randolph Charles: Die Entwicklung des Priestertums und der Priesterreiche. Leipzig 1929.

Debes, Paul: Meisterung der Existenz durch die Lehre des Buddha. Bindlach 1982.

Deussen, Paul: Sechzig Upanishads des Veda. Leipzig 1921.

Drews, Arthur: Die Christusmythe I, II. Jena 1910/11.

Dürr, Hans-Peter: In Geist und Natur. Über den Widerspruch zwischen naturwissenschaftlicher Erkenntnis und philosophischer Welterfahrung. Bern, München 1991.

Durkheim, Émile: Die elementaren Formen des religiösen Lebens. Frankfurt am Main 1981.

Dutoit, Julius: Das Leben des Buddha. Leipzig 1906.

Eibl, Heinz: Delphi und Sokrates. Salzburg 1949.

Eisenstadt, Shmuel N. (Hg.): Kulturen der Achsenzeit. 2 Bde. Frankfurt am Main 1987.

Epiktet, Teles, Umsonius: Schriften. Zürich 1994.

Epikur: Von der Überwindung der Furcht. Übertragen von Olof Gigon. Zürich 1949.

Errington, Malcolm: Geschichte
Makedoniens. München 1986.

Forschner, Maximilian: Die stoische
Ethik. Darmstadt 1995.
Fränkel, Hermann: Wege und Formen
frühgriechischen Denkens.
München 1955.
Fränkel, Hermann: Dichtung und
Philosophie des frühen Griechen-
tums. München 1962.

Gates, Bill: Der Weg nach vorn.
Hamburg 1995.
Gigon, Olof: Sokrates. Sein Bild
in Dichtung und Geschichte.
Tübingen 1947.
Gruber, Elmar R./Holger Kersten:
Der Ur-Jesus. Die buddhistischen
Quellen des Christentums.
München 1994.
Guardini, Romano: Der Tod des
Sokrates. Godesberg 1947.

Hadas, Moses: Hellenistische Kultur.
Stuttgart 1963.
Hecker, Hellmuth: Das buddhistische
Nirvana. Hamburg 1971.
Hecker, Hellmuth: Das Leben des
Buddha. Hamburg 1973.
Hecker, Hellmuth: Reden Buddhas.
München 1987.
Hennecke, Edgar: Neutestamentliche
Apokryphen. 2 Bde. Tübingen 1959,
1964.
Heraklit: Fragmente. München 1965.
Herbst, Karl: Kriminalfall Golgatha.
Düsseldorf 1962.
Herodot: Geschichten und
Geschichte. 2 Bde. Zürich 1973,
1983.
Hesiod: Sämtliche Gedichte.
Zürich 1970.

Heuß, Alfred: Römische Geschichte.
Darmstadt 1960.
Hoffmann, Paul (Hg.): Zur neu-
testamentlichen Überlieferung
von der Auferstehung Jesu.
Darmstadt 1988.

Jaeger, Werner: Paideia. Die Formung
des griechischen Menschen. 3 Bde.
Berlin 1933–1947.
Jaeger, Werner: Die Theologie der
frühen griechischen Denker.
Stuttgart 1953.
Jaspers, Karl: Vom Ursprung und Ziel
der Geschichte. München 1949.
Jaspers, Karl: Die großen Philo-
sophen I. München 1957.
Jatakam. Das Buch der Erzählungen
aus früheren Existenzen Buddhas.
7 Bde. Leipzig 1908–1921.
Jonas, Hans: Gnosis und spätantiker
Geist. 2 Bde. Göttingen 1954,
1993.
Josephus, Flavius: Jüdische Alter-
tümer. Übersetzung von Heinrich
Clementz. Wiesbaden 1983.
Josephus, Flavius: Geschichte des
Jüdischen Krieges. Übersetzung
von Heinrich Clementz.
Wiesbaden 1988.

Kerényi, Karl: Apollon. Wien 1937.
Kerényi, Karl: Mythologie der
Griechen. 2 Bde. München 1966.
Kerényi, Karl: Dionysos. München
1976.
Kersten, Holger: Jesus lebte in Indien.
München 1993.
Kirk, G. S./J. E. Raven/M. Schofield:
Die vorsokratischen Philosophen.
Stuttgart, Weimar 1994.
Kranz, Walther: Vorsokratische
Denker. Berlin 1949.

Laertius, Diogenes: Leben und Meinungen berühmter Philosophen. 2 Bde. Berlin 1955.

Leisegang, Hans: Die Gnosis. Stuttgart 1955.

Leroy, Herbert: Jesus. Darmstadt 1978.

Lessing, Gotthold Ephraim: »Von dem Zwecke Jesu und seiner Jünger«. Anonym ed. Fragment von H. S. Reimarus. Braunschweig 1778.

Lingwood, Dennis: Das Buddha Wort. Bern 1992.

Livius: Römische Geschichte. Ab urbe condita. 11 Bde. München, Zürich 1983 ff.

Lovelock, James: Das Gaia-Prinzip. Die Biographie unseres Planeten. Frankfurt am Main 1993.

Lüdemann, Gerd: Die Auferstehung Jesu. Stuttgart 1994.

Menandros: Die Fragen des Königs Menandros. Aus dem Pali von Otto Schrader. Berlin 1905.

Mensching, Gustav: Buddha und Christus. Stuttgart 1978.

Milindapanha: Die Fragen des Königs Milinda. Aus dem Pali übersetzt von Nyanatiloka. Interlaken 1985.

Nestle, Wilhelm: Die Vorsokratiker. Jena 1907.

Nestle, Wilhelm: Die Sokratiker. Jena 1923.

Nestle, Wilhelm: Die Nachsokratiker. 2 Bde. Jena 1923.

Nestle, Wilhelm: Vom Mythos zum Logos. Stuttgart 1940.

Nietzsche, Friedrich: Sämtliche Werke. 15 Bde. Berlin, New York 1980.

Nonnos: Dionysiaka. Bremen o. J.

Notowitsch, Nikolaus: Die Lücke im Leben Jesu. Stuttgart 1894.

Nötscher, Friedrich: Altorientalischer und alttestamentlicher Auferstehungsglauben. Darmstadt 1970.

Nyanaponika: Im Lichte des Dhamma. Konstanz 1989.

Nyanatiloka: Das Wort des Buddha. Konstanz 1953.

Nyanatiloka: Buddhistisches Wörterbuch. Konstanz 1976.

Obermeier, Siegfried: Starb Jesus in Kaschmir? Düsseldorf 1983.

Oldenberg, Hermann: Reden des Buddha. München 1922.

Oldenberg, Hermann: Die Lehre der Upanishaden und die Anfänge des Buddhismus. Göttingen 1923.

Oldenberg, Hermann: Buddha. Sein Leben – seine Lehre – seine Gemeinde. 13. Auflage. Stuttgart 1959.

Otto, Walter F.: Dionysos. Mythos und Kultus. Frankfurt am Main o. J.

Otto, Walter F.: Die Manen oder von den Urformen des Totenglaubens. Darmstadt 1958.

Pindar: Siegeslieder. Übertragen von Dieter Bremer. München 1992.

Platon: Gastmahl. Übertragen von Rudolf Kassner. Leipzig 1903.

Platon: Sämtliche Dialoge. 7 Bde. Hamburg 1920–1922.

Platon: Phaidon. Übertragen von Rudolf Kassner. Jena 1922.

Plutarch: Große Griechen und Römer. 6 Bde. Zürich 1954–1965.

Pohlenz, Max: Stoa und Stoiker. Zürich 1950.

Pohlenz, Max: Die Stoa. Geschichte
    einer geistigen Bewegung. 2 Bde.
    Göttingen 1959, 1979.

Reitzenstein, Richard/Hans Heinrich
    Schrader: Studien zum antiken
    Synkretismus aus Iran und
    Griechenland. Darmstadt 1965.
Reitzenstein, Richard: Hellenistische
    Mysterienreligionen.
    Darmstadt 1977.
Renan, Ernest: Vie de Jésus.
    Paris 1863.

Sahtonis, Elisabet: Gaia. Vergangen-
    heit und Zukunft der Erde. Frank-
    furt am Main 1993.
Schachermeyr, Fritz: Alexander in
    Babylon und die Reichsordnung
    nach seinem Tode. Wien 1970.
Schachermeyr, Fritz: Alexander der
    Große. Wien 1973.
Schäfer, Fritz: Der Buddha sprach
    nicht nur für Mönche und Nonnen.
    Heidelberg 1995.
Schavernoch, Hans: Die Harmonie
    der Sphären. Freiburg,
    München 1981.
Schippmann, Klaus: Grundzüge der
    parthischen Geschichte.
    Darmstadt 1980.
Die Schrift. Die hebräische Bibel.
    Das Alte Testament. Verdeutscht
    von Martin Buber mit Franz
    Rosenzweig. 5 Bde.
    Hellerau 1930 ff.
Schumann, Hans Wolfgang: Der
    historische Buddha. Köln 1982.
Schwarz, Günther: »Wenn die Worte
    nicht stimmen«. München 1990.
Schweitzer, Albert: Geschichte der
    Leben-Jesu-Forschung.
    Tübingen 1906.

Segni, Lotario de (Papst Innozenz III.):
    Vom Elend des menschlichen
    Daseins. Hildesheim 1990.
Seibert, Jakob: Alexander der Große.
    Darmstadt 1981.
Seibert, Jakob: Das Zeitalter der
    Diadochen. Darmstadt 1983.
Seydel, Rudolf: Buddha und Christus.
    Breslau 1884.
Seydel, Rudolf: Die Buddha-Legende
    und das Leben Jesu nach den
    Evangelien. Weimar 1892.
Sibyllinische Weissagungen.
    München 1951.
Smith, Morton: Auf der Suche nach
    dem historischen Jesus. Berlin 1974.
Snell, Bruno: Die sieben Weißen.
    München 1952.
Strauß, David Friedrich: Das Leben
    Jesu. 2 Bde. Leipzig 1835/36.

Tarn, Wilhelm: Die Kultur der helle-
    nistischen Welt. Darmstadt 1966.

Uhlig, Helmut: Am Thron der Götter.
    München 1978.
Uhlig, Helmut: Das Bild des Buddha.
    Berlin 1979.
Uhlig, Helmut: Die Seidenstraße.
    Antike Weltkultur zwischen China
    und Rom. Bergisch Gladbach 1986.
Uhlig, Helmut: Die Mutter Europas.
    Ursprünge abendländischer Kultur
    in Alt-Anatolien.
    Bergisch Gladbach 1991.
Uhlig, Helmut: Die Große Göttin. Eine
    Weltreligion des Weiblichen.
    Bergisch Gladbach 1992.
Uhlig, Helmut: Buddha. Die Wege des
    Erleuchteten.
    Bergisch Gladbach 1994.
Uhlig, Helmut: Leben mit Göttern.
    Feste auf Bali. Nürnberg 1995.

Varro: Altertümer. Teile der enzyklo-
pädischen Schriften. O. O. 1906.

Wiesehöfer, Josef: Das antike Persien.
  Zürich 1993.
Winternitz, Moritz: Geschichte der
  indischen Literatur. 3 Bde. Stuttgart
  1908–1920.

Xenophon: Erinnerungen an
  Sokrates. Zürich 1987.

Zarathustra. Hrsg. v. Bernfried
  Schlerath. Darmstadt 1970.
Zimmer, Heinrich: Die indische
  Weltenmutter. Frankfurt am
  Main 1980.

REGISTER

Helmut Uhlig

BUDDHA
Die Wege des Erleuchteten

Das Leben
des großen Religionsstifters

Keine religiöse Bewegung hat in den letzten Jahrzehnten so
viel Interesse erregt und so starken Zulauf gefunden wie der
Buddhismus. Viele sehen in ihm – enttäuscht vom kirchlichen Christentum und besorgt angesichts der latenten
Intoleranz des Islam – die künftige Weltreligion. Es ist eine
Religion ohne Gott, die aber die Götter nicht leugnet. Sie
zeigt dem Menschen einen Weg aus den Nöten der Zeit und
aus seinen persönlichen Bedrückungen. Es ist ein Weg, den
Buddha entdeckt hat und den er als Erster gegangen ist. Für
ihn war es der Weg des Erwachens.
Helmut Uhlig beschreibt Buddhas Erdenwandel vor etwa
2500 Jahren und läßt den Erleuchteten aus dem nordindischen Shakyageschlecht auch selbst zu Wort kommen.

ISBN 3-404-61350-3

BASTEI
LÜBBE